詩堂

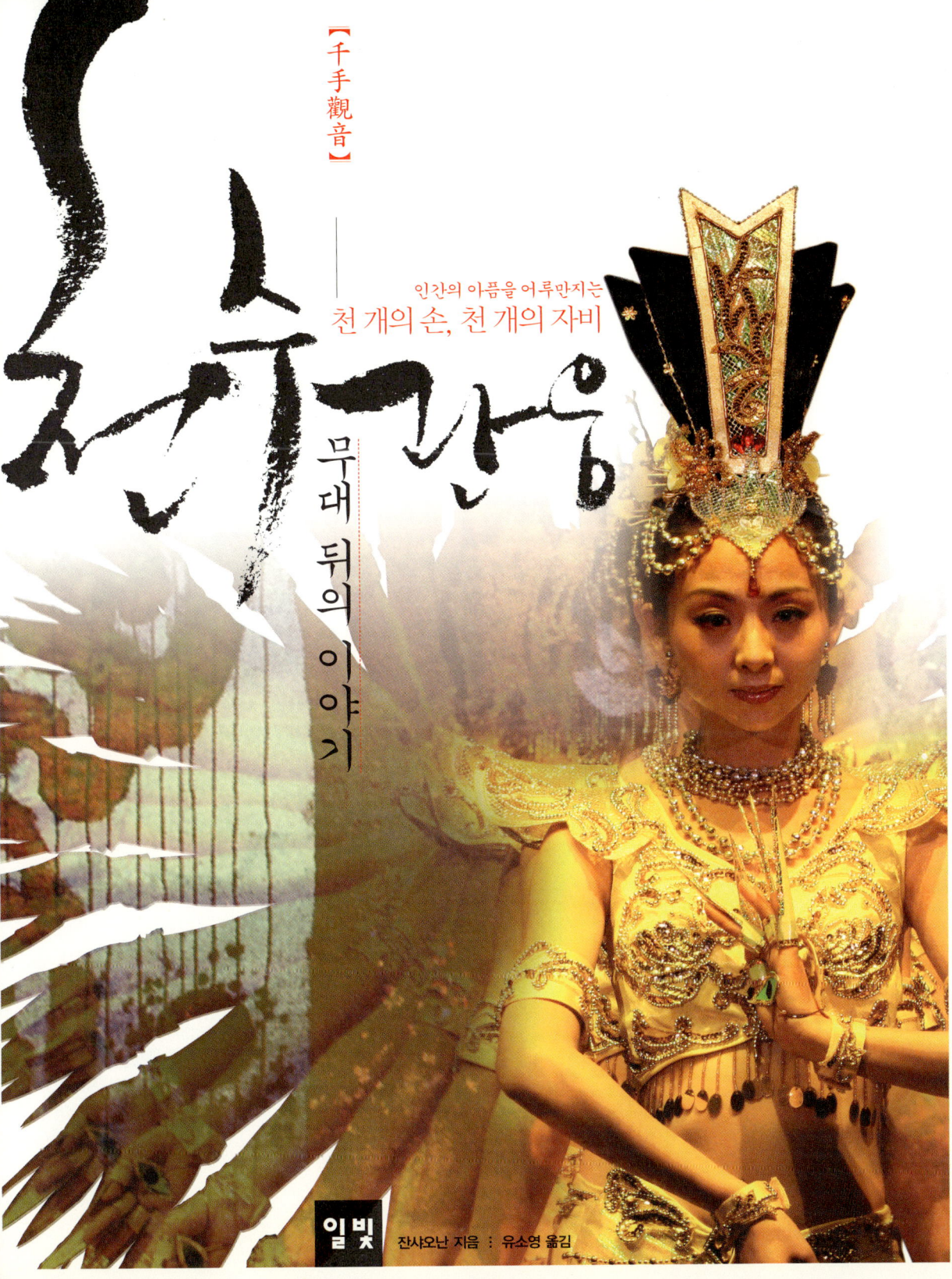

【千手觀音】

인간의 아픔을 어루만지는
천 개의 손, 천 개의 자비

천수관음

무대 뒤의 이야기

일빛

잔샤오난 지음 : 유소영 옮김

천수관음의 유래

천수관음에 관한 전설은 여러 가지가 있다. 여기에서는 중국 민간에서 전해져 내려오는 전설 하나를 소개하고자 한다.

옛날에 한 왕이 살고 있었다. 왕에게는 셋째 딸이 있었는데 사람들은 그녀를 셋째 공주라 불렀다. 어느 날 셋째 공주와 오해가 생겼고 왕은 셋째 공주를 땔감 창고에 가두어버렸다. 얼마 후 왕이 큰 병에 걸렸다. 이 병을 고치기 위해서는 사람의 팔과 눈이 필요했다. 셋째 공주는 아버지의 병환을 듣고 몰래 자신의 팔과 눈을 왕에게 주었다. 아무 것도 모르는 왕은 셋째 공주의 팔과 눈으로 병을 고칠 수 있었다. 이 일을 알게 된 부처는 셋째 공주에게 천 개의 팔과 천 개의 눈을 주었다. 셋째 공주는 천수관음이 되었다.

사람들은 공연 예술을 즐기고, 또 예술가들을 선망의 눈길로 바라본다. 중국의 선현들은 '예술'을 '예악禮樂'이라 했다. 여기서 '악'은 오락, '예'는 문명을 가리킨다. 예술은 인류의 정신적 생활에 도움을 주고, 인류는 심미적인 예술을 통해 자극을 받는다. 몸과 마음이 가벼워지고 자신의 감정을 드러내면서 마음이 맑아짐을 느끼기도 한다. 예술은 언제나 인류의 문명과 자리를 함께 하였다.

청력을 잃은 위대한 작곡가 베토벤은, 스스로는 비록 불우한 삶을 살았으나 사람들에게 즐거움을 선사했고, 그의 영혼은 영원히 사람들의 가슴 속에 살아 숨쉰다. 중국의 시각장애인 음악가 아빙阿炳은 절망적인 고통의 삶 속에서도 3백여 곡을 창작하였다. 「이천영월二泉映月」은 중국 민족에 있어 소중한 창작물로 세상에 길이 남을 경전이 되었다. 또한 바이올리니스트 이작 펄만Itzhak Perlman, 시각장애인 가수 안드레아 보첼리Andrea Bocelli 등도 장애인으로 무대에서 활약하고 있다.

아마도 지금 이 세상에 장애인이 6억이나 된다는 사실을 알고 있는 사람은 그리 많지 않을 것이다. 그들 또한 삶을 사랑하고, 예술을 갈망하고 있다. 1989년 6월, 국제 특수예술의 날 행사가 워싱턴에서 개최되었다. 장애인들은 예술에 대한 갈망, 삶에 대한 열정을 보여주기 위해 특별한 방식으로 예술을 창작했다. 그들은 나름의 예술 형식으로 삶의 의미를 일깨우고, 사랑을 호소했다. 특히 문화적 저력이 가득한 중국 대지 위에서 중국 장애인들은 든든한 예술인들의 관심어린 지도 속에 특별한 예술의 길을 모색할 수 있었다. 다섯 차례에 걸쳐 전국 장애인 예술제를 개최하여 장애인 예술가들을 탄생시킴으로써 매우 특별한 예술 분야를 개척했다. 이렇게 탄생한 중국 장애인 예술단은 조국의 산하뿐만 아니라 40여 개 국가와 지역에서 공연을 가졌다. 이들은 세계 최고 예술의 전당인 카네기홀, 스칼라 극장 무대에서도 공연했을 뿐만 아니라 일반 가정에까지 예술적 흥취와 감동을 전달했다. 물론 다른 유명한 예술단의 공연, 수많은 장애인 예술단의 공연 모두 매우 훌륭한 공연이었지만, 나는 중국 장애인 예술단의 공연을 보고는 특별한 감동을 받았다. 시각장애인들이 연주하는 절묘한 음율, 음악에 맞춰 춤을 추는 청각장애인들, 이들 모두는 온몸으로 그들의 삶을 표현하고 있었다. 또한 정신지체 장애를 지닌 지휘자가 지휘하는 교향악을 들으며 관객들은 멋진 감동의 세계로 몰입하였고, 관객들은 장애인들의 아름다운 몸짓을 주시하고 부드러운 선율에 귀를 모으며 놀라운 예술의 세계로 빠져들었다. 때로는 눈물이 글썽거리는 눈으로 탄성을 지르며 마음 깊은 곳에서 우러나는 감동의 물결에 휩싸였다. 수시로 우레와 같은 박수와 더불어 소리 높여 노래를 부르는 등 위대한 생명의 힘에 찬사를 보냈다. 장애인 예술가들이 보여주는 성정과 예술미에 흠뻑 빠져든 나는 이것이야말로 진정한 예술의 매력이란 생각이 들었다. 모든 이들이 중국 장애인 예술단을 통해 예술과 위대한 인류의 정신을 느낄 수 있는 기회를 가졌으면 하는 바람이다. 상애인들의 아름다운 삶과 예술을 향한 무한한 꿈이 실현될 수 있도록 모두가 사랑의 손을 내밀어 주길 바란다.

추천사

중국 장애인 예술단의 공연 「천수관음」은 이 책을 통해 처음 접하게 되었습니다. 세계적으로 유명한 「천수관음」이 이미 2006년 우리나라에서 공연을 했다는 것도 새로운 사실이지만, 그 구성원이 모두 청각장애인이라는 사실을 알고 깜짝 놀랐습니다.

장애인 관련 비영리재단에서 일하고 있는 저는 매일 많은 장애인을 만납니다. 제가 만나는 분들은 어려운 환경에 있지만 늘 희망을 잃지 않으려고 노력합니다. 선천적인 장애를 가진 분도 계시고 어느 날 갑자기 발병한 희귀질환이나 교통사고 같은 한순간의 불행으로 중층 장애인이 되신 분들도 계시지만 장애와 가난, 절망의 끝자락에서 오히려 당당하게 스스로 힘으로 당당하게 살아가려는 분들이 대부분입니다.

이 책에 나오는 중국 장애인 예술단의 단원, 한 사람 한 사람의 이야기를 읽으면서 제가 만난 많은 장애인 분들을 떠올렸습니다. 들리지 않는 고요한 세상에서 머릿속의 리듬을 상상하며 춤을 춘다는 것이 얼마나 어려운 일일까요. 그것도 혼자가 아니라 여러 사람이 아무런 리듬이 들리지 않는 고요 속에서 일사불란하게 춤을 춘다는 것은 이 책을 보기 전까지는 상상하지 못했습니다. 그들이 신체적인 장애를 극복하기 위해 음악을 최대한 크게 틀고 리듬을 웅웅 거리는 소리로 느끼던 장면, 자신의 부족함 때문에 단원 전체가 피해를 입지 않게 하기위해 잠을 잘 때도 팔을 침대에 묶어 놓고 자던 모습들은 정말 놀라운 충격이었습니다.

또 한 가지 놀란 점은 이들에 대한 '사회적인 관심과 지원' 입니다. 한해의 마지막 날을 장식하는 우리나라 텔레비전 버라이어티쇼에서 장애인들의 공연을 과연 볼 수 있을까요? 물론 이들이 해외에서 먼저 주목을 받았지만, 가장 중요한 쇼에서 장애인 예술단이 출연해 공연하고 이들이 '특별 대상' 을 받았다는 사실은 많은 것을 생각하게 합니다.

우리나라에도 장애인 예술을 돕는 분들이 많습니다. 하지만 아직까지 장애인 예술을 모르시는 분들이 더 많을 것이라 생각됩니다. 이 책을 통해 청각장애인 예술단인 「천수관음」의 예술성을 감상하시면서 우리 곁에 있는 장애인들을 다시 한 번 되돌아보는 계기가 되시길 바랍니다.

백경학(푸르메재단 상임이사, 『장애인천국을 가다』저자)

차
례

2장 나의 꿈 '아테네에서 자금성까지'

5장 스물 한 명의 관음, 스물 한 개의 꿈

Thousand-hand
BODHISATTVA

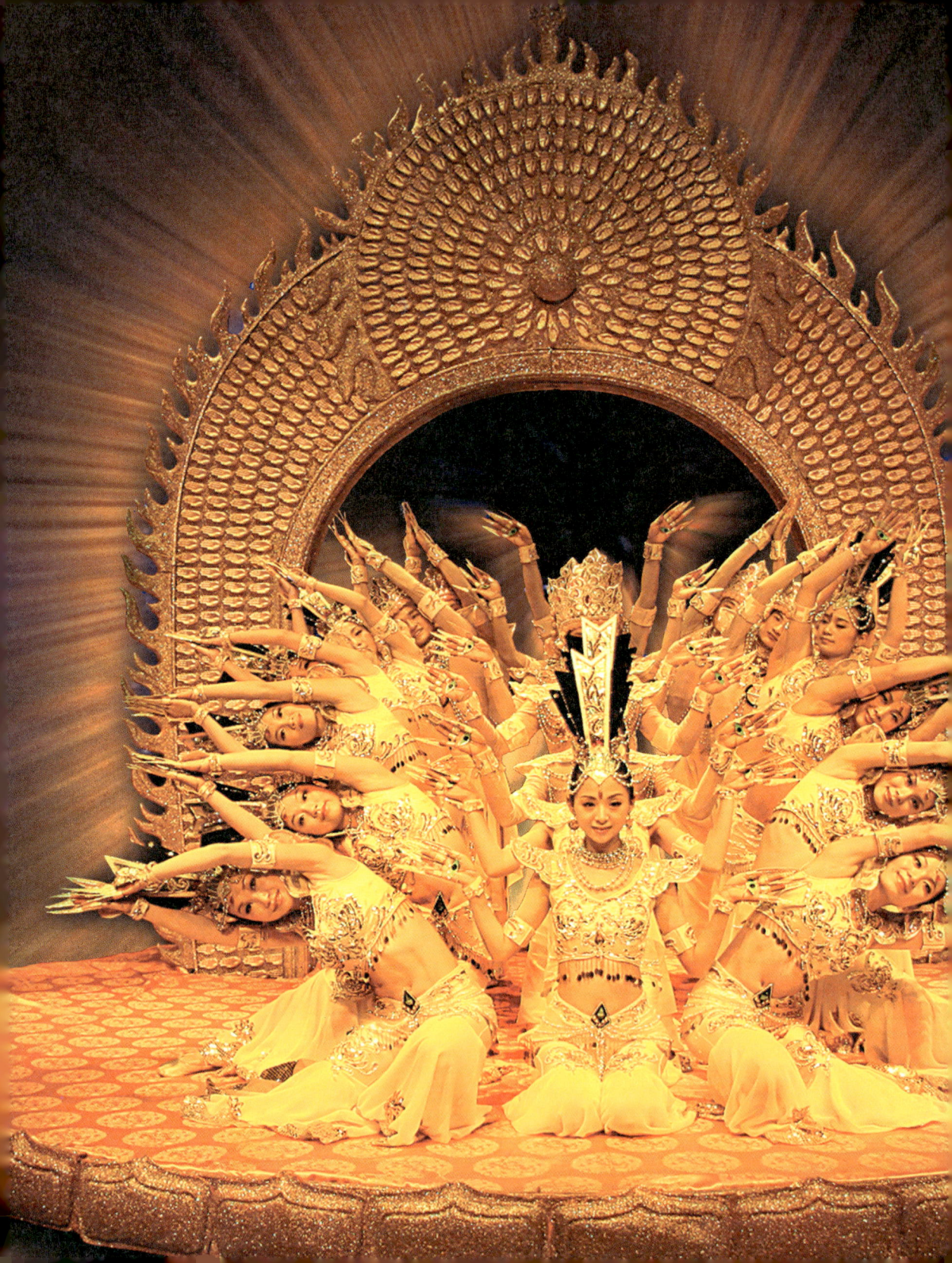

천수관음의 탄생

「천수관음」이 '설 특집 공연'에 출연한다는 것은 더할 나위 없이 좋은 기회였다. 전국적으로 중국 장애인의 현황을 알릴 수 있을 뿐만 아니라 더 많은 이들이 중국 장애인들에게 관심을 가질 수 있는 기회가 되기 때문이다. '설 특집 공연' 무대에 오를 수 있다는 것, 정말 가슴 벅 찼다. 하지만 그만큼 부담도 컸다. 전 국민이 만족할 수 있는 정신적 성찬과 예술적 향연을 마 련해 주어야 하기 때문이다.

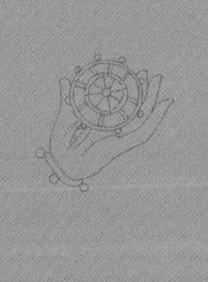

CCTV에서 걸려 온 한 통의 전화

2004년 12월 10일은 특별할 것 없는 날이었다. 겨울인데도 선전深圳은 여전히 따뜻한 바람이 살랑거리며 불었다. 북적대는 차량들로 도시는 분주했다. 주말을 앞둔 금요일이라 더더욱 들뜬 날이었다. 크리스마스와 새해 분위기를 내느라 한껏 멋을 낸 상점들 때문인지 사람들의 마음은 자꾸만 밖으로 향하고 있었다. 10시가 조금 넘었다. 핸드폰이 울렸다.

아는 번호는 아니었지만 지역번호는 베이징이었다. CCTV(China Central Television) 버라이어티쇼인 2005년 '설 특집 공연(해마다 음력설에 중국 공영TV인 CCTV에서 방영되는 새해맞이 버라이어티쇼. 정식 명칭은 '춘절연환만회春節聯歡晚會' 이다)'에 중국 장애인 예술단 「천수관음」을 초청할 거라는 전화였다. 나의 동창인 「천수관음」 안무가 장지강張繼鋼에게 연락해 달라는 제작진의 의견을 듣는 순간, 나의 가슴이 뛰기 시작했다.

뭐? 「천수관음」을 '설 특집 공연' 무대에 올린다고? 세상에! 믿을 수가 없었다. 전화를 끊은 나는 내 귀를 의심했다. 「천수관음」을 '설 특집 공연' 무대에 올릴 수 있다는 것이 무엇을 의미하는지, 또한 그 무대가 장애인 예술단에게 어떤 의미인지를 너무도 잘 알고 있었기 때문이다.

지금까지 사람들은 장애인 예술단의 공연을 볼 기회가 거의 없었다. 특별히 지휘

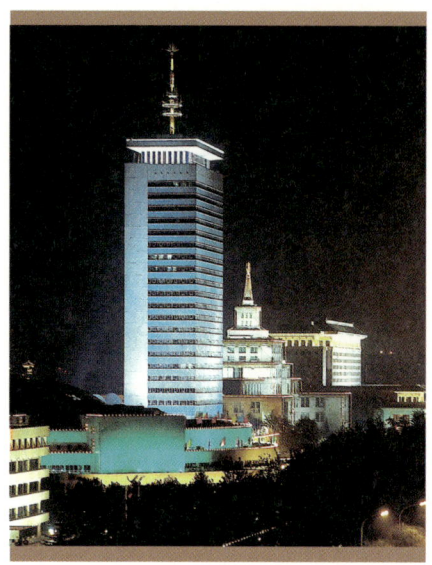

중국 중앙 텔레비전(CCTV) 방송국

를 좋아하는 정신지체인 저우저우舟舟, 아름다운 '옥관음玉觀音' 타이리화邰麗華, 전 세계에서 유일무이한 청각장애인 사회자 장신톈姜馨田 등의 존재도 알지 못할 것이다. 장신톈은 미스 월드 52년 역사상 첫 번째 청각장애인 참가자이다.

더군다나 2004년 아테네 장애인 올림픽의 '중국 8분' 공연에 대해 알고 있는 이는 극히 드물 때였다. 그 8분 동안 중국 장애인 예술단은 「천수관음」이란 춤을, 시각장애인 악단은 「중국

풍정中國風情」을 공연했다. 국내외 문화계 인사들은 놀라움을 금치 못했었다.

드디어 그때의 감동이 결실을 보는구나!

이번 '설 특집 공연'에서 유일하게 「천수관음」만 심사를 거치지 않고 기획에 포함되었다고 한다. 지금까지 23년의 역사를 가진 '설 특집 공연'에서 장애인의 예

'춘지에(春節) 는 중국의 전통 명절로, 음력으로 한 해를 마감하는 의미를 갖는다.

한 해가 다시 새롭게 시작하면서 사람들은 춥고, 단조로운 겨울나기를 끝내고 생기 가득한 봄을 맞이한다.

1983년, 제 1회 '설 특집 공연' 이 선을 보인 후, 방송국은 시청자들로부터 16만 통의 편지를 받았다. 당시 시청자들에게 가장 큰 인상을 준 공연은 왕징위(王景愚)가 식탁을 돌며 펼쳐 보인 무언극 「닭을 먹다(吃鷄)」와 함께 「고향 생각(鄕戀)」 등 7곡을 선사한 리꾸이(李谷一)의 노래 공연이었다. 1984년에는 천페이쓰(陳佩斯), 주스마오(朱時茂)가 처음으로 '설 특집 공연' 에 참가하여 「국수를 먹는 날」 을 성공적으로 무대에 올림으로써 단막극이 대세를 형성하기 시작했다. 「중국을 향한 나의 마음」이란 노래가 전국에 울려 퍼지고, 「영원히 잊지 못할 오늘 밤」이란 노래는 이후 '설 특집 공연' 때마다 공연의 대미를 장식하는 곡이 되었다. 섣달그믐, 한 자리에 모인 가족들이 만두를 빚고 일 년을 마무리하는 '니엔판(年飯)' 을 먹는 자리, 그들은 중앙관영방송국의 생방송인 '설 특집 공연' 을 통해 노래와 춤, 드라마, 영화 스타들과 함께 기쁨을 나누었다. 80년대, 중국인들은 섣달그믐, 이런 독특한 명절 분위기를 만들어갔고, 학자들은 이를 '새로운 민속' 이라 불렀다. 설 특집 방송 프로그램 하나가 가족들을 한데 모았을 뿐만 아니라 단막극과 춤, 노래 등의 공연을 통해 많은 스타들의 성장을 이끄는 장이 되었다.

술 공연이 무대에 오르기는 처음이었다. 이제 중국 6천만 장애인들을 대표해 그들이 무대에 서는 것이다.

「천수관음」이 '설 특집 공연'에 출연한다는 것은 더할 나위 없이 좋은 기회였다. 전국적으로 중국 장애인의 현황을 알릴 수 있을 뿐만 아니라 더 많은 이들이 중국 장애인들에게 관심을 가질 수 있는 기회가 되기 때문이다. 나에게도 이 공연은 하나의 도전이었다. 분명 문화예술 공연기획자에게 더 없이 훌륭한 기획 무대가 될 것이다. 공연기획자로서 정말이지 꼭 한 번 도전해 보고 싶은 일이 아니겠는가. '설 특집 공연' 무대에 오를 수 있다는 것, 정말 가슴 벅찼다. 하지만 그만큼 부담도 컸다. 전 국민이 만족할 수 있는 정신적 성찬과 예술적 향연을 마련해 주어야 하기 때문이다.

12월 12일, '설 특집 공연' 양둥성楊東升 감독과 중국장애인연합회의 류 부주석이 첫 만남을 가졌다. 이야기는 3시간이 넘게 계속되었다. 류 부주석은 장애인 예술단의 연혁과 연기자, 국내외에 소개된 작품, 관객 반응, 공연 계획, 「천수관음」 기획 과정, 성황리에 끝난 아테네 올림픽 공연 등을 소개했다. 그러자 양 감독의 요구는 간단했다. 순수 예술의 정화를 보여 달라는 것이었다.

12월 18일, 양 감독과 나는 「천수관음」 공연에 관한 구체적인 사항을 의논하기 위해 '중국 인민해방군 공군 총지휘부'로 장지강 감독을 찾아갔다. 당시 장 감독은 '공군 총지휘부'에서 일 년에 한 번 열리는 '쌍옹만회雙擁晚會(군·가족·조국·국민을 옹호하자는 쌍옹 운동 축제)'의 총연출을 맡고 있어 낮에는 전혀 외출할 시간이 없었기 때문이다. 억수같이 비가 내리고 끔찍하게 추운 날이었다. 우리는 우산을 쓰고 경비병들에게 신분증, 직업증명서, 기관에서 써 준 소개서로 신분을 증명해야만 했다. 심지어 항상 가지고 다니던 아테네에서 찍은 「천수관음」 팀 사진과 예술단 화보까지 꺼내야 했다. 문 하나하나마다 모든 증빙 자료를 다 보여 주었다. 그

때마다 경비병이 상급에 보고하고 상급은 하급의 보고 사항과 일일이 대조했다. 까다로운 절차를 거치고 나서야 우리는 '공군 총지휘부' 2층에 위치한 따뜻한 귀빈실로 안내되어 장 감독을 만날 수가 있었다.

그런데 자리에 앉아 몇 마디 나누기도 전에 장 감독이 불려 나갔다. 집행 감독이 공연 준비 과정을 보고하고 이에 대해 지시를 받으러 왔다고 한다. 잠시 후 다시 자리한 장 감독은 몇 분 지나지 않아 또 울리는 전화를 받았다. 우리의 대화는 그 후로도 여러 번 중단되었다. 그러더니 나중에는 급기야 전화를 받고 회의에 참석해야 한다며 밖으로 나가버렸다. 회의는 15분 동안 계속되었고 우리는 그저 기다릴 수밖에 없었다. 회의를 끝내고 돌아온 장 감독은 아예 핸드폰 전원을 꺼버리고 양 감독이 말하는 요구 사항을 일일이 기록했다. 양 감독의 말을 다 듣고, 장 감독은 자신 있게 말했다.

"문제없습니다. 요구하신대로 모두 준비하지요. 생각하고 계신 것보다 더 잘 할 수 있을 겁니다."

벌써 그의 머릿속에는 공연에 대한 전반적인 기획이 그려진 것 같았다. 장 감독의 말을 들은 우리는 공연에 대한 대략적인 윤곽을 잡을 수가 있었다. 장지강은 역시 뛰어난 감독이자 예술가였다.

말을 마친 장 감독이 나에게 말했다.

"의상, 무대 미술, 조명, 소도구 등은 모두 수정을 해야겠어요. 연습을 앞당겨 시작하고, 구체적으로 연습 계획을 세우도록 하지요. 카운트다운에 들어가면 모든 일의 책임을 맡아주세요."

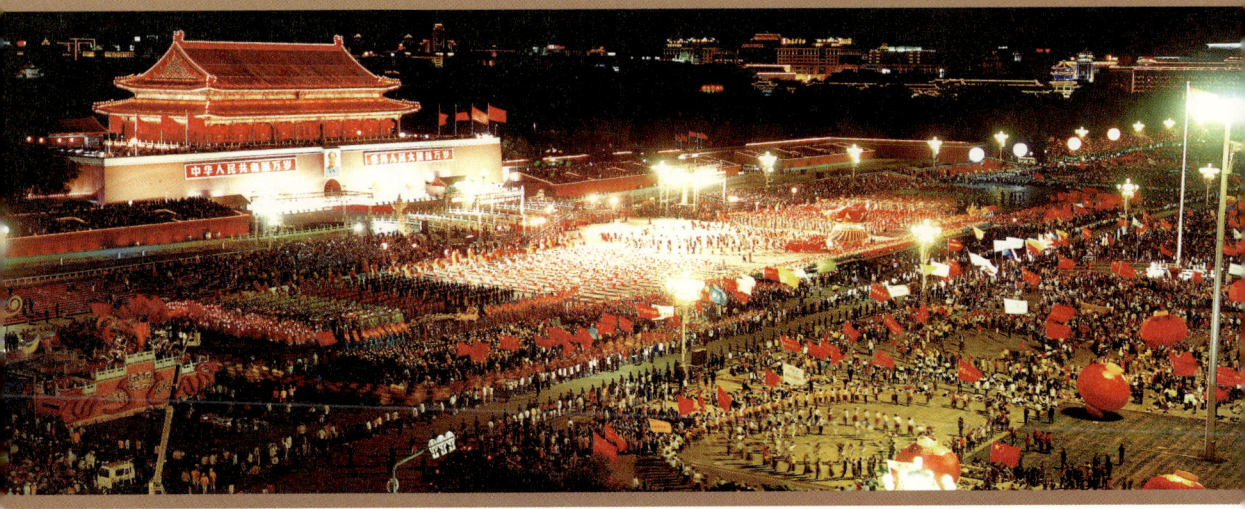

명절 분위기로 가득 찬 베이징 천안문 광장

전 사회가 지지한 천수관음

선전으로 돌아온 나는 1월 8일부터 2월 8일까지 한 달 동안의 계획을 크게 다섯 가지로 나누어 꼼꼼하게 세우기 시작했다. 체력 훈련 방법, 연습 방법, 소도구 수정안, 의상 수정안, 단원들의 협조 및 음식 공급 문제 등이다.

2004년 12월 3일, 베이징으로 날아가 세계 장애인의 날 '자선 모금 행사'에 참가했다. 그리고 공연 계획을 보고하였다. 12월 6일, 모든 계획이 틀을 갖췄다. 12월 7일, 전체 공연 안에 관한 내용을 이메일로 베이징에 보냈다. 베이징에서 수성안을 다시 보내왔다. 12월 29일, 완성된 수정안을 팩스로 장 감독에게 보냈다. 그리고 2005년 1월 5일, 마침내 최종 수정안이 완성되었다.

1월 7일, '설 특집 공연' 제작진이 내게 전화를 걸어 베이징으로 속히 와줄 것

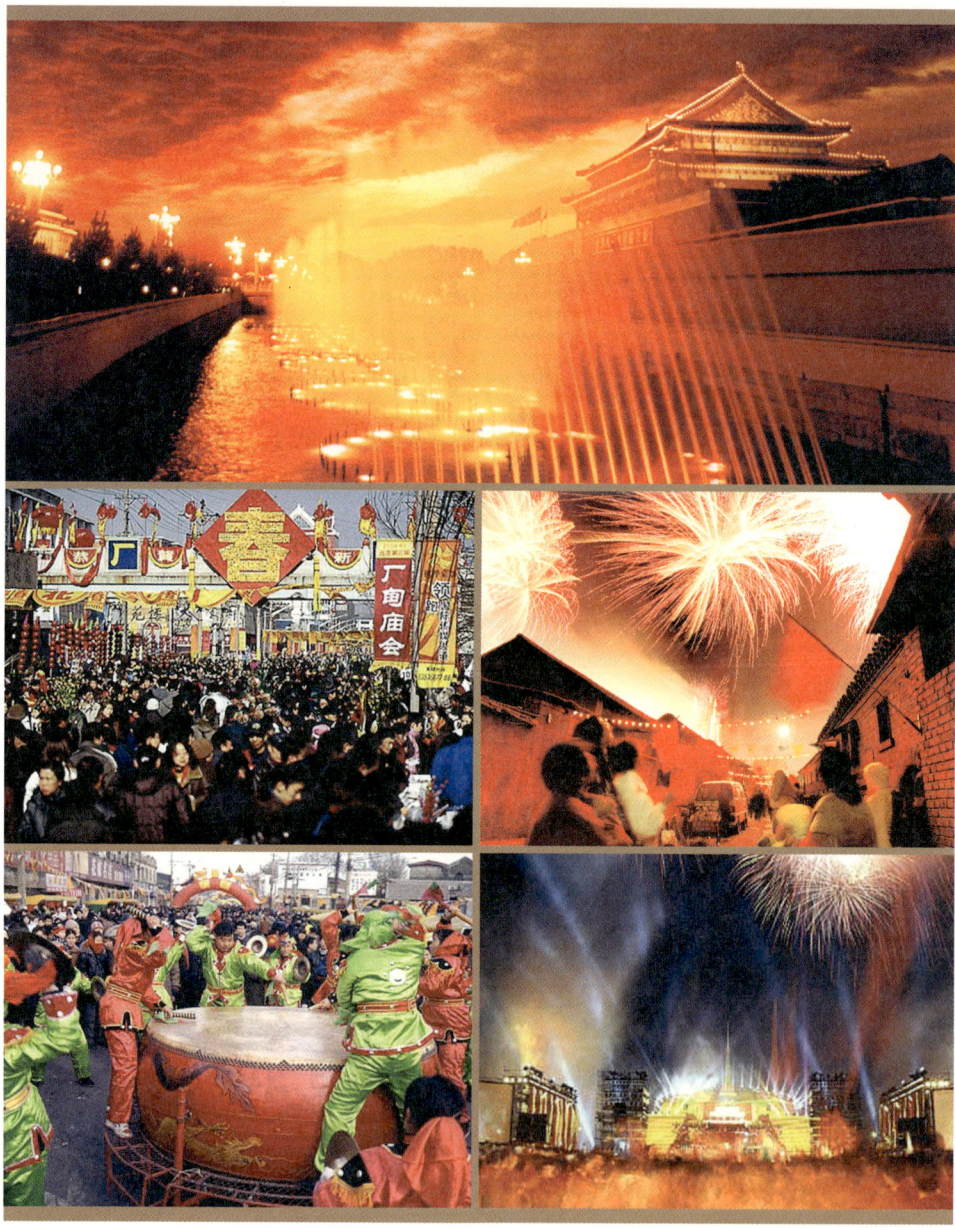

을 부탁했다. 계산해 보니 2월 8일 공연까지는 한 달밖에 남지 않았다. 정말 시일이 촉박했다.

전화를 받은 후, 나는 상부에 휴가 신청을 내기로 결정했다. 최근 몇 년 동안 중국 장애인 예술단 일을 무상으로 도와주고 있었는데 보통 금요일 저녁에 베이징에 갔다가 일요일 저녁에 돌아오는 일정이었다. 이렇게 하면 내 업무에도 지장을 받지 않으면서 장애인 예술단의 일을 도와줄 수 있었기 때문이다.

그러나 이번에는 베이징에서 족히 한 달은 있어야 할 것 같았다. 마음이 조급했다. 음력설이 얼마 남지 않았기 때문에 문화국에서 준비할 단체 문화 행사가 가장 많을 때였다. 한 달이나 출근을 안 한다고 하면 문제가 될 것 같았다.

나는 CCTV '설 특집 공연' 팀에서 보낸 초청장을 가지고 푸톈구福田區 문화국 국장님을 찾아갔다. 사무실에 들어가기 전 나는 미리 여러 가지 결과를 생각하고, 이에 대한 대책을 마련했다. 국장님께서 허락을 해 주면 만사가 OK, 그렇지 않을 경우의 대비책도 궁리했다. 사무실 문을 두드렸다. 그러나 나의 이런 꼼꼼한 준비는 모두 쓸데없는 것이 되어버렸다. 국장님은 초청장을 보더니 두 말 하지 않고 그 자리에서 사인을 해주었다. 뜻밖에도 휴가 신청이 쉽게 허가된 것이다. 뿐만 아니라 휴가 신청서에는 다음과 같은 격려의 글도 남겨져 있었다.

동의! 장애인 예술단이 '설 특집 공연'에 참여할 수 있다는 것은 중국 장애인들의 영광이자 선전 푸톈구의 영광이며, 대중문화 예술의 구현이라 할 수 있다.

허가를 받고 기분이 날아갈 것만 같았다. 사회 전체가 장애인 관련 활동을 지원하고 있다는 느낌이 들었다. 간단하게 짐을 꾸려 식구들과 작별 인사를 나눈 후 곧장 베이징으로 날아갔다.

1월 8일 저녁, 나는 류 부주석과 단원들의 기본기 훈련, 춤 공연 수준 향상, 의상과 도구 교체 등 구체적인 일에 대해 오랫동안 이야기를 나누었다. 물론 나는 예술단의 구체적인 살림에 대해 잘 모르고 있었기 때문에 장 감독의 요구에 맞춰 여러 가지 내 의견을 내놓았다. 그러나 류 부주석은 달랐다. 그는 예술단의 모든 활동과 지출 에 대한 문제를 꼼꼼하게 따져 보았다. 주관이 뚜 렷하고 카리스마가 넘치는 류 부주석은 이런 가 운데도 항상 상대방의 입장을 배려할 줄 알았다. 그는 오랫동안 자원 봉사로 예술단 총감독을 맡고 있던 내 의견을 존중했다. 내 생각이나 의견, 모든 것이 이 공연 을 위한 것임을 잘 알고 있었기 때문이다. 그는 곧 내 의견 을 참고로 구체적인 문제를 다시 생각해서 다음 날 회의를 열겠다고 말했다.

주의 깊은 시청자라면 '설 특집 공연' 때 「천수관음」 공연단이 입었던 의상과 아테네 장애인 올림픽 때의 의상 이 다르다는 것을 발견할 수 있었을 것이다. 아테네 장애 인 올림픽 이후 많은 공연을 했기 때문에 실크로 만든 의상이 많이 낡고 헤졌었다. 때문에 그 의상으로 '설 특집 공연'에 오를 순 없었다. 우리는 관음觀音 의상 을 새로 제작했다. 원래보다 훨씬 밝은 노란색 천에 치마 아래 흔들리는 반짝이 장식을 고동색으로 대체 했다. 이렇게 바꾸니 화려하면서도 훨씬 더 무게가 있어 보였다. 단원들의 모자도 더 높게 만들고 관음의 손톱도 새로 설계하여 은 반짝이 장식을 달았다. 손가락 사이와 손바닥의 눈도 야광 장식을 해서 어두운 조명 아래 빛이 반사되도록 했다. 아테네 장애인 올림픽에서 관음이 앉았던 연화대蓮花臺에 깐 서양식 카펫도 실크로 바꾸고, 금가루도 뿌렸다. 색은 고동색에 가까운 노란색을 선택했다. 조명과 잘 어울리고 축복이 넘치는 떠들썩한 새해 분위기와 가장 잘 어울릴 것 같았다.

아테네 「천수관음」에 사용한 아치문은 2008년 장애인 올림픽 마크로 장식했지만 '설 특집 공연'에서는 다양한 서체로 쓰인 '춘春' 자 20개를 사용하기로 했다. 그러나 연습을 하다 보니 글자가 너무 커서 오히려 공연이 죽는 것 같은 느낌이 들었다. 즉시 우리는 '춘'을 떼어냈다. 대신 반짝이는 염주 모양을 사용했다.

1월 9일, 예술단은 전체 회의를 소집했다. 류 부주석의 다음 말로 회의를 시작했다.

"여러분, 우리 예술단은 이제 두 번째 전투태세로 들어갑니다. 2005년 '설 특집 공연'에서 가장 아름다운 공연을 선사할 수 있도록 노력합시다."

류 부주석은 여러 가지 작업을 배치하고 훈련 계획을 세웠다. 그리고 나에게 총지휘를 맡겼다. 류劉 단장, 우尤 단장, 왕王 단장 등 예술단 단장 세 명이 나를 도와주도록 배려해주는 것도 잊지 않았다.

단원들의 체형이 만들어지다

1월 8일, 베이징에서 '무대 위 관음' 스물한 명의 단원들을 만났다. 반갑게 나를 맞이해 주었으나 기뻐하고만 있을 때가 아니었다. 아테네 공연 때보다 단원들의 몸무게가 너무 많이 불어 있었다. 172센티미터의 장신텐은 몸무게가 60킬로그램에 육박했다. 보통 사람의 경우라면 전혀 문제가 아니다. 하지만 공연을 하기에는 과체중이었다. 살을 빼야 했다. TV 스크린은 사람을 옆으로 퍼져 보이게 하기 때문에 얼굴이 홀쭉한 사람이 TV에 적합하다. 다른 단원들 역시 살이 찌기는 마찬가지였다. 체중을 재보니 키가 162~167센티미터인 단원들의 평균 체중이 46킬로그램이 넘었다. 적당한 몸무게는 40~42킬로그램 정도이다. 조급해진 나는 다이어트를 최우선 과제로 설정했다.

장지강에게 내 뜻을 전하자 그 역시 '설 특집 공연' 무대를 준비하기 위해 먼저 단원들의 체질 개선을 최우선 과제로 삼는 데 동의했다. 그는 스물한 명 단원들의 팔 굵기도 일정해야 한다고 했다. 팔의 굵기가 제각각이면 '한 몸에 천 개의 손을 가진 천수관음'이 기형화되는 것은 불을 보듯 뻔하다. 시각적으로 우선 보기 흉할 것이다. 본래 무용단원이 아니었던 그들의 체형을 바꾸기 위해 연습을 시킨 경험이 있던 우리들은 나름대로 다이어트 비법을 가지고 있었다.

아름다운 체형을 만들기 위해 우리는 우선 팔이 굵은 단원들에게 팔의 살을 빼도록 했다. 우리는 예전의 방법대로 연습 전에 팔을 랩으로 감싸주었다. 이렇게 하면 팔의 수축력이 강화되어 쉽게 땀을 흘리기 때문에 훈련을 하는 내내 감고 있으면 살을 쉽게 뺄 수 있다.

다른 부위의 살을 빼기 위해서도 여러 가지 방법을 동원했다. 단원들은 이를 '지옥 훈련'이라 불렀다. 엄청난 양의 달리기, 원숭이 걷기, 제자리 뛰기, 바닥 구르기, 높이뛰기 등의 방법이 동원되었다. 이런 훈련이 수십 시간 계속해서 이어지자 과연 효과가 나타나기 시작했다. 좀 뚱뚱한 단원들은 매일 750그램 정도 살이 빠졌다. 그중 마음이 조급해진 단원들은 선생님이 없는 틈을 타 혼자 훈련을 했다. 그 와중에 장신톈은 바닥에서 구르다가 척추를 다쳐 의사에게 치료를 받기도 했다.

무대에서 아름다운 공연을 펼치는 단원들을 보며 관객들 대부분은 그들이 청

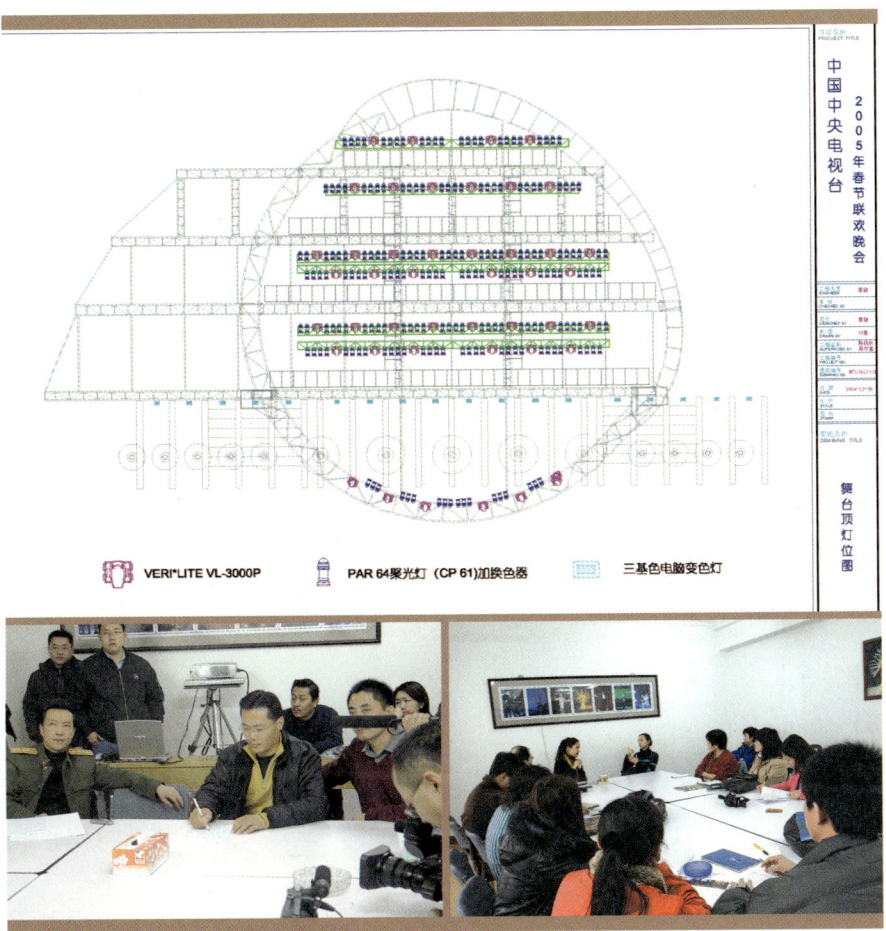

VERI*LITE VL-3000P　　　　PAR 64聚光灯 (CP 61)加换色器　　　　三基色电脑变色灯

中国中央电视台

2005年春节联欢晚会

舞台顶灯位图

각장애인이라는 사실, 더구나 전문적으로 무용 훈련을 받았던 적이 없다는 것을 눈치 채지 못한다. 지금은 전국적인 유명인사가 된 무용가 타이리화도 예외는 아니었다. 처음 중국 장애인 예술단에 들어왔을 때 그들은 이미 무용 훈련의 적령기를 놓친 나이였다. 현재 나이가 가장 많은 단원은 스물여덟 살, 가장 어린 단원은 열세 살로 평균 연령이 스물 살이다.

　　우리는 단원들의 체형을 만들어가는 한편, 신체 유연성과 순발력을 키우는 훈련을 하기 시작했다. 단원들은 '속성 지옥 훈련'에 들어갔다. 일반 무용수들은 기본기 학습부터 시작한다. 춤을 배우기 위해서는 다리 올려 펴기, 발차기, 회전, 도약 등을 연습한다. 그러나 시간이 촉박한 우리는 속성 훈련을 택할 수밖에 없었다.

이 같은 속성 지옥 훈련을 거치기 위해서는 우선 체력이 뒷받침되어야 했다. 체력이 튼튼해야 동작을 정확하게, 힘 있게 소화하고 또한 한 가지 동작을 오랫동안 똑바로 유지할 수 있기 때문이다.

「천수관음」에는 서 있는 동작이 많기 때문에 단원들은 우선 서 있는 자세를 훈련하기 시작했다. 서 있는 것도 그냥 서 있는 것이 아니라 각자 대형에서 자신에게 주어진 동작을 유지하며 서 있어야 한다. 손의 위치도 일정한 각도를 유지한 상태로 수십 시간씩 훈련에 임했다.

2004년 8월 25일에서 9월 20일까지 우리는 터키를 방문하여 10대 도

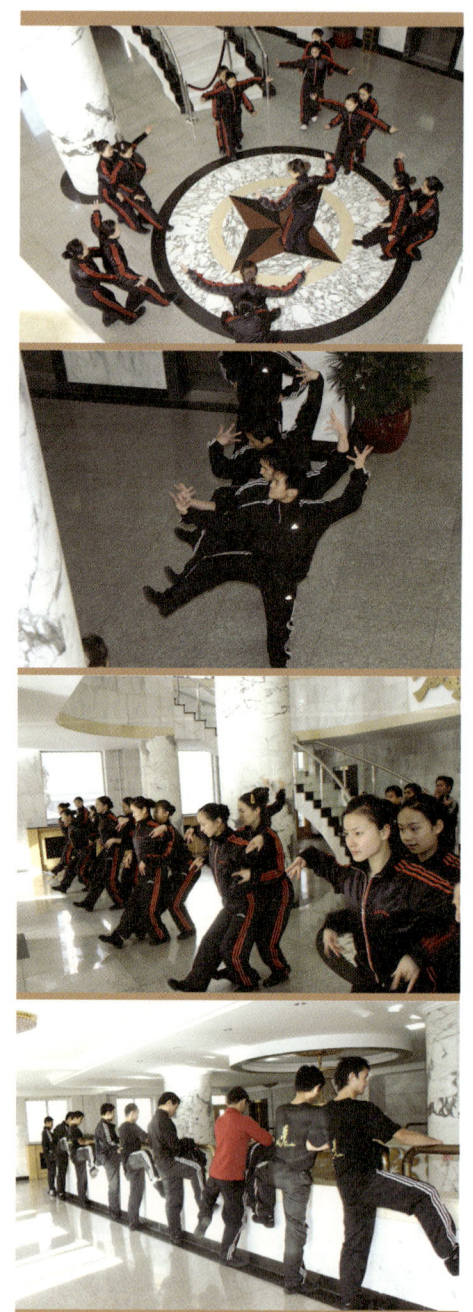

시를 돌며 12회의 순회공연을 가졌었다.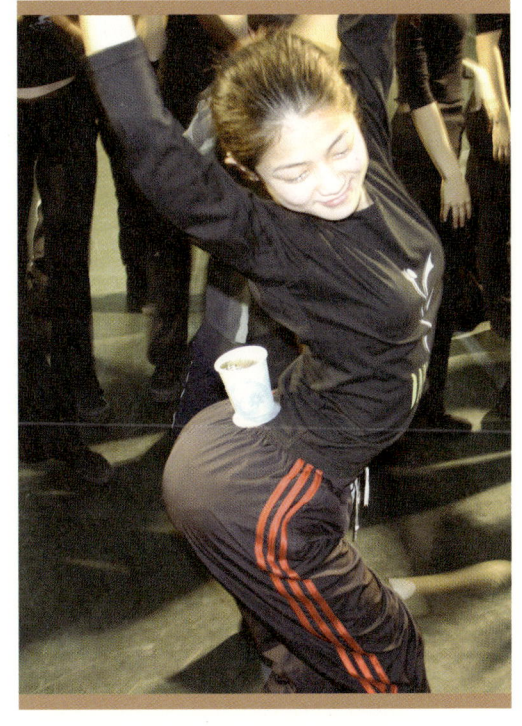
그 기간 동안에 거의 매일 몇 시간이나 덜
컹거리는 장거리 버스를 타고 다녔는데,
길이 평탄하지 않아 오히려 서 있는 자세
를 훈련할 수 있었다.

　어느 날인가 차 뒤편에 앉았을 때였
다. 단원 하나가 짐칸 위에 있는 물건을 집
으려고 일어나는 순간 차가 심하게 흔들
렸다. 가슴이 덜컹 내려앉았다. 저러다가
넘어져서 다치기라도 하면 큰 일이 아닌
가.

　그런데 그 단원은 덜컹거리는 차의 흔
들림에 몸을 맡기며 매우 안정적인 모습
으로 제자리에 서 있었다. 그때 갑자기 좋은 생각이 떠올랐다. 나는 단원들에게 차
중간에 일렬로 서서 게임을 하자고 제안했다. 모두 왼손으로 손잡이를 잡은 상태
에서 오른손으로 정지 동작을 누가 오래 유지하는지 또는 손의 위치를 누가 빨리
바꾸는지로 가장 평형감각이 뛰어나고 힘이 좋은 사람을 가려내기로 했다. 차가
아무리 움직여도 몸이 흔들려서는 안 되고 자세를 유지해야 하는 것이 게임 규칙
이었다. 단원들은 이 게임을 즐기는 듯했다. 그러나 흔들리는 버스 안에서 균형을
유지하려고 애쓰는 단원들을 바라보며 나는 내심 미안한 생각이 들었다.

　「천수관음」에서 스물한 번째 관음은 키가 가장 크고 팔도 가장 길다. 마지막
위치이기 때문에 상대적으로 동작도 가장 힘이 든다. 그가 제일 많이 연습하는 동
작 역시 똑바로 서 있는 자세였다. 두 손을 위로 모아 똑바로 들어 올려야 한다. 어

느 날 나는 열심히 연습해서 좋은 자세를 보이는 그가 대견해서 어깨를 두드려 주었다. 그 순간 나는 가슴이 뜨끔했다. 도무지 사람의 살이라고 느껴지지 않을 정도로 단단해져서 마치 돌을 만지고 있는 느낌이었다. 나는 곧바로 그가 마사지를 받을 수 있도록 선생님을 불러주었다.

단원들을 위한 영양 식단

단원들은 이루 형용할 수 없을 정도로 고된 훈련을 소화해야만 했다. 특히 하루에 체중을 몇백 그램씩 감량을 하는 게 혹독했다. 이런 그들의 기력을 보충해 주기 위해 영양 다이어트 식단을 마련했다. 영양사를 초빙해 단원들을 체중 과다, 표준 체중, 체중 미달 세 그룹으로 나눈 뒤 각각의 그룹에 알맞은 식단을 짰다.

08시 아침식사 : 우유, 계란, 육류, 채소, 밀가루 음식

10시 아침식사 : 콩국(고당분, 저당분, 무가당), 오이, 토마토, 빵

12시 점심식사 : 쌀밥, 육류, 어류, 국

14시 점심식사 : 요구르트, 케이크

18시 저녁식사 : 소고기, 어류, 야채

식단 가운데 특히 국 종류에 많은 신경을 썼다. 10시에 먹는 콩국은 모두 같았다. 그리고 나머지 식사는 체중 과다

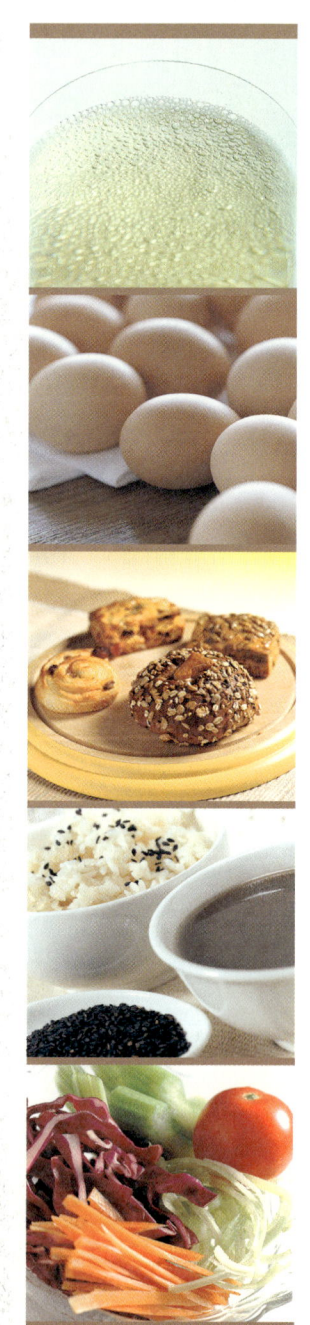

그룹에게는 특별히 만든 다이어트 탕을, 표준 체중 그룹에게는 닭고기 탕을, 체중 미달 그룹은 영양탕을 마련했다. 모두 칼슘과 단백질이 풍부하다.

다이어트용 국은 효과가 탁월했다. 엄청난 운동량과 적합한 식단으로 열흘도 안 돼 살찐 단원들의 살이 빠지고, 마른 단원들은 살이 오르기 시작했다.

설 특집 공연, 일분일초를 다투다

1월 10일, '설 특집 공연'을 위한 연습이 시작되었다. 새벽 6시, 스물한 명의 관음(단원)과 네 명의 수화 선생님을 실외로 집합시켰다. 연습 전 매일 아침 1킬로미터 달리기를 시작하기로 했다. 5시 55분, 나는 정문에서 그들을 기다렸다. 어둑한 하늘에서 폭설이 쏟아져 내리고 있었다. 이런, 장난이 아니었다. 달려 나오다 넘어져서 다치기라도 하면……. 그래도 이왕 계획을 세웠으니 밀고 나갈 수밖에 없었다. 밖으로 나오려던 단원들도 거센 눈발을 보고 모두가 주춤거렸다. 몇몇 남자 단원들이 밖으로 뛰어나왔지만 금세 허연 눈사람이 된 채 다시 안으로 들어가 버렸다. 열세 살 막내 단원이 수화로 이렇게 말했다.

"선생님, 오늘은 뛰지 마요."

그 조막만한 얼굴이 온통 벌겋게 언 채 호호거리며 손에 입김을 불고 있는 모습을 보니 안쓰러웠다. 이때 타이리화가 단원 몇 명을 데리고 조용히 밖으로 뛰어나왔다. 그들이 앞장 서 100여 미터를 뛰자 남자 단원들도 그 뒤를 따랐다. 하는 수 없이 남아 있던 단원들도 밖으로 나왔다. 나는 대열 중간에 끼어 단원들을 격려했다. 온갖 생각이 밀려왔다. 단원들에게 본보기가 되어 준 타이리화가 고맙기만 했다. 나역시 느낀 바가 많은 아침이었다.

대개 전문 무용수들은 하루에 4시간 정도 연습을 한다. 그에 비해 우리 단원들은 열 배도 넘는 연습을 강행하고 있었다. '설 특집 공연' 준비 한 달 동안 매일 12시간을 연습했다. 또한 별도로 4시간씩 더 지도를 해달라고 요구하는 단원들도 있었다.

그중에서도 가장 기억에 남는 남자 단원 하나가 있다. 그는 다른 단원들에 비해 순발력이 떨어졌다. 동작에 대한 설명을 잘 이해하지 못하는 경우도 많았다. 나는 늘 그의 연습 광경을 눈여겨 보았다. 다른 단원들이 연습을 할 때 그는 뒷자리에서 같이 진지하게 연습을 할 뿐만 아니라 휴식 시간에도 혼자 연습했다. 하지만 연습을 더 하려해도 잠까지 자지 않을 수는 없었다. 그런데 그는 방법 아닌 방법으로 수면 중에도 연습을 했다. 룸메이트에게 손을 줄로 묶어 달라고 한 다음 손을 위로 올린 채 잠을 잔 것이다.

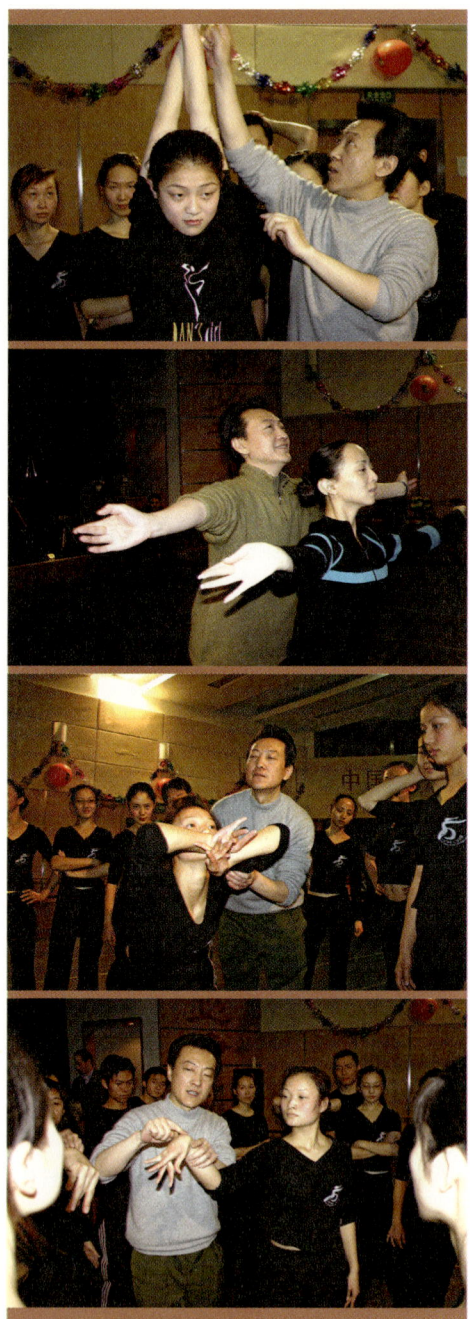

단원들은 모두 혹독한 훈련에 자발적으로 참가했다. 극히 쉬운 동작 하나를 가지고도 하루에 적어도 100번 이상을 연습했다. 균형잡힌 몸매를 만들기 위해 쪼그려 뛰기로 200미터를 왕복했다. 한번 시작하면 몇 시간이나 연습이 이어졌다. 그 바람에 단원들의 훈련복은 물론이거니와 마룻바닥까지 땀으로 축축해졌다. 그들이 얼마나 많은 땀을 흘렸는지 사람들은 아마 상상도 못할 것이다.

연습 도중 한 남자 단원이 10번 넘게 실수를 한 적이 있다. 그는 다른 단원들에게 미안하다며 바닥에 무릎을 꿇었다. 그의 이런 모습은 자리에 있던 모든 사람을 감동시켰다. 평소 절대 마음으로 굴복 하지 않는 장애인 단원들이었다. 장애는 결코 자신들의 잘못이 아니었지만, 연습에서 다른 사람들에 뒤처지는 것은 자신의 노력이 부족한 탓이라고 여겼다.

「천수관음」을 연습하는 동안 나는 매일 16시간이 넘게 일을 했다. 고된 일정이었지만 단원들로부터 받는 감동으로 힘을 얻을 수 있었다. 영특하고 재기발랄한 단원들의 모습에 감탄하지 않을 수 없었다. 동작 하나하나의 완성도를 높이기 위해 단원들은 여러 가지 묘책을 생각해냈다. 기숙사·화장실·침대 옆·문 앞뒤 할 것 없이 모든 곳은 그들의 연습 장소였다. 어떤 단원은 매일 아침 거울 앞에서 자신이 맡은 동작의 팔 높이만큼 팔을 들어 올린 채 양치질을 한다는 자신만의 연습 비법을 알려주기도 했다.

신이 내린 자태

「천수관음」 동작은 유연함과 강인함의 조화다. 남자 단원 아홉 명은 강하고 패기 넘치는 동작은 쉽게 소화했지만 부드러운 동작을 익히는 일은 그리 만만치 않았다. 특히 난화지蘭花指(중국 전통극에서 보여주는 손놀림의 하나인데, 엄지와 중지를 구부리고 나머지 손가락을 편 모양이 난초꽃 같다고 해서 붙여진 이름이다)는 아무리 연습을 해도 영 어색했다. 예쁘지도 않았다.

어느 날, 장 감독이 엄명을 내렸다.

"될 때까지, 여자 단원들하고 똑같이 연습해라! 그렇지 못한 사람은 퇴출될 줄 알아!"

우리는 남자 단원들이 되도록 빨리 감각을 익힐 수 있도록 여자들의 표정을 흉내 내도록 했다. 아홉 명의 남자 단원 모두 각자 여자 단원과 마주한 채 여자들의 서 있는 자세, 춤사위, 발과 손 모양 심지어 표정까지 그대로 흉내를 냈다. 남자 단원들은 여자 단원들을 따라 함께 뛰어오르고, 웃는 모습까지 그대로 따라했다. 처음 연습을 시작했을 때 가장 힘들었던 것이 자꾸만 정신이 흐트러진다는 점이었다. 그때마다 나는 그들에게 잡념을 없애고 자신을 통제하는 방법을 가르쳐 주었다. 남자 단원들의 억지 춘향 모습이 우스꽝스럽긴 했지만 시간이 흐르면서 남자 단원들 동작에도 여성스러운 분위기가 느껴지기 시작했다.

일단 여성스러운 자태가 몸에 배기 시작하자 여성들의 자세를 배우는 일도 훨씬 더 쉬워졌다. 여자 단원들은 남자들의 손을 잡고 일일이 난화지 만드는 법을 알

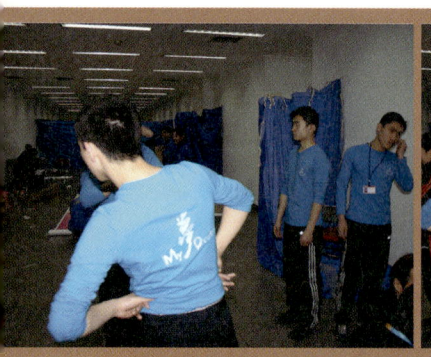
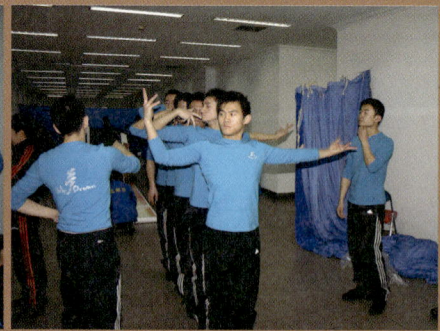
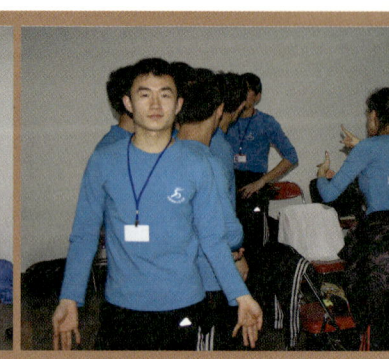

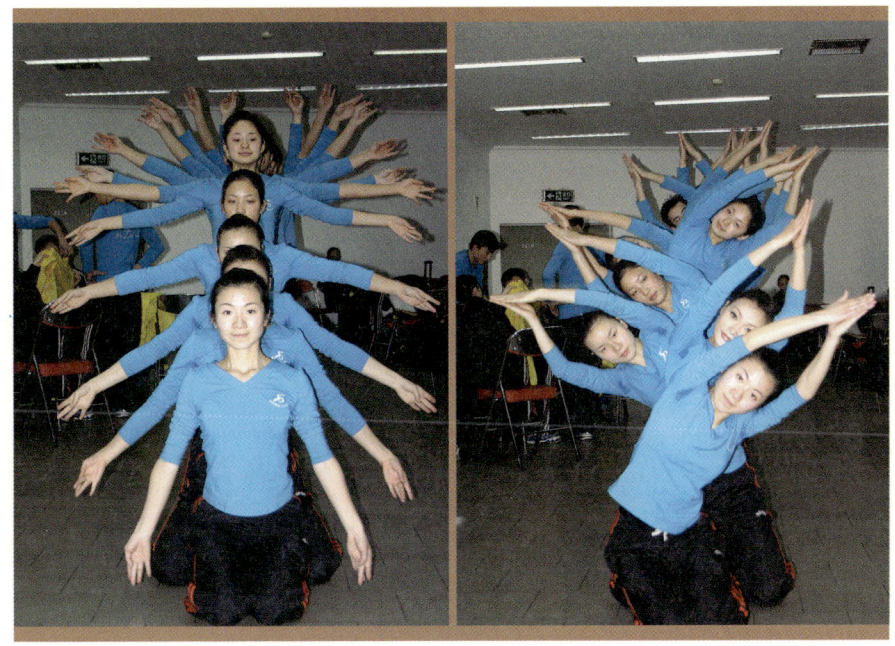

려 주었다. 그러면서 여자들도 남자 단원들에게 손동작에 역동성을 담아내는 기교
를 배울 수가 있었다. 단원들은 '천 개의 손에 천 개의 자비' 그리고 '천 개의 눈에
천 개의 지혜'를 지닌 천수관음의 선하고 자비로운 모습을 어떻게 표현할 것인가,
부드러운 손의 움직임은 어떻게 표현하는 것이 좋을까 등등을 상대방과의 교감을
통해 서서히 체득할 수가 있었다. 손목을 누르는 가장 기본적인 동작에서 점차 부
드럽게 손을 펴는 동작까지 쉼 없이 연습했다.

남자 단원들은 확실히 여자 단원들에 비해 동작의 유연성이 많이 뒤떨어졌다.
손을 내밀 때 실수를 연발했다. 세로로 서 있으면 누구 한 사람이 손을 정확하게 내
밀지 않을 경우 선생님들에겐 금세 눈에 띄었다. 하지만 고함을 지르고 야단을 쳐
도 듣지 못하는 단원들이기 때문에 일반인들처럼 훈련시킬 수는 없었다. 우리는
앞에 VTR을 설치하고 매번 연습하는 모습을 모두 영상에 담았다. 실수를 한 단원

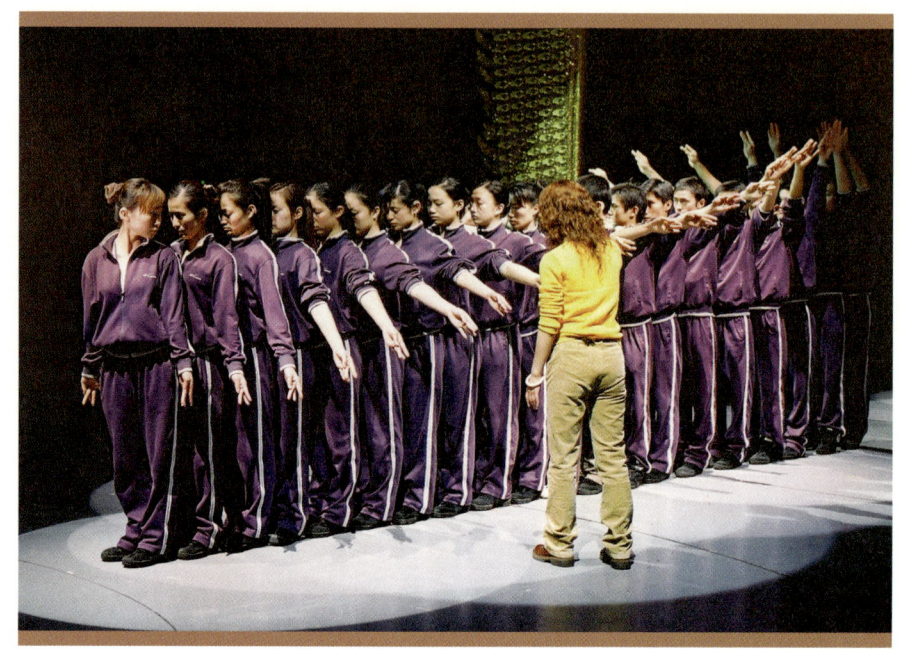

의 손목에 사인펜으로 표시를 했다. 거의 모든 단원들이 지적을 받았다. 어떤 단원들은 3~40번씩이나 손목에 체크가 되었다. 일일이 지적하고 설명할 시간이 없었기 때문에 생각해 낸 방법이었다. 설사 시간이 있다 해도 수화를 하는 선생님을 거쳐야 하는 번거로움이 있었다.

"아이들이 자존심이 강해요. 체크를 많이 당한 아이들은 눈물을 줄줄 흘리며 엄청나게 연습을 합니다."

우리는 이 표시를 지우지 않고 모두에게 보여 주었다. 하루 만에 어떤 남자 단원은 손, 팔, 심지어 얼굴까지 사인펜 자국으로 범벅이 되었다. 실수를 연발한 남자 단원은 자신의 실수로 나머지 단원들이 모두 연습을 더해야 한다는 것에 잔뜩 풀이 죽어 죄책감에 시달렸다. 그러나 다른 단원들은 실수한 단원을 탓하지 않고 연신 손짓을 해대며 그를 도와주었다.

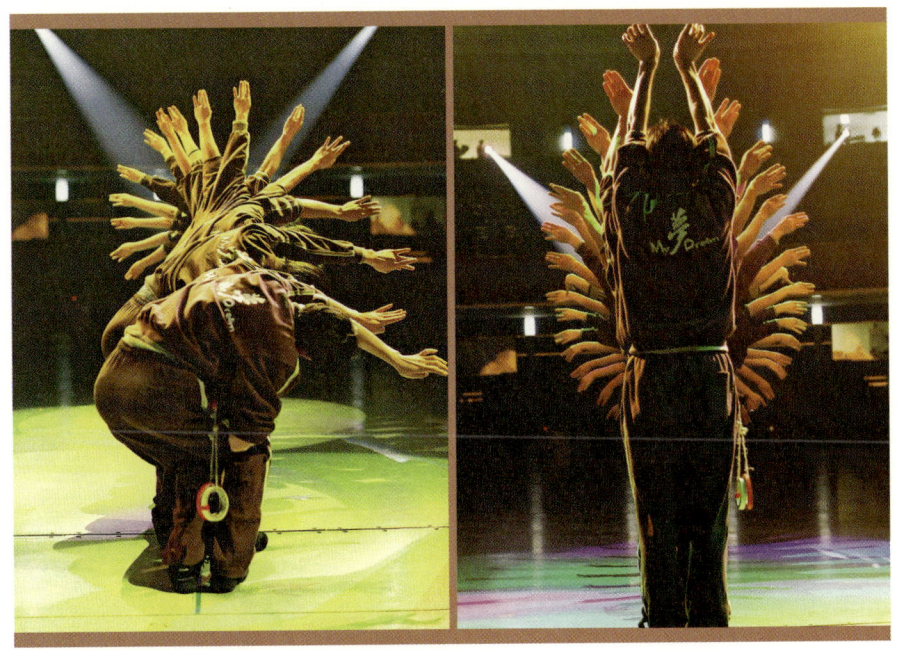

　고된 훈련을 거친 결과, 마침내 얼굴이 아닌 손만 봤을 때 남녀의 손 모양을 거의 구분하지 못할 정도가 되었다. 또한 옆에서 보면 표정 역시 남자나 여자나 거의 구분이 없었다. 피나는 노력 끝에 남자 단원들은 여자들과 혼연일체가 되어 「천수관음」을 완성시켰다.

　'설 특집 공연'을 본 친구가 '관음들' 가운데 남자들이 있다는 게 사실이냐고 물은 적이 있다. 나는 대답 대신 관음 가운데 남자를 찾아볼 수 있었느냐고 되물었다. 친구는 '남자라니?' 그건 불가능한 일이라고 말했다. 아홉 명의 남자 단원 모두 관중의 눈을 속일 수 있을 만큼 성공적인 공연을 했던 것이다.

　「천수관음」 공연을 본 관객들은 스물한 명 단원들의 아름답고 우아한 동작, 완벽한 조화, 일사불란한 동작에 감탄을 금치 못했다. 「천수관음」은 개성이 아닌 통일이 강조되는 공연이다. 한 사람의 동작 하나하나가 함께 어우러져 하나의 형체

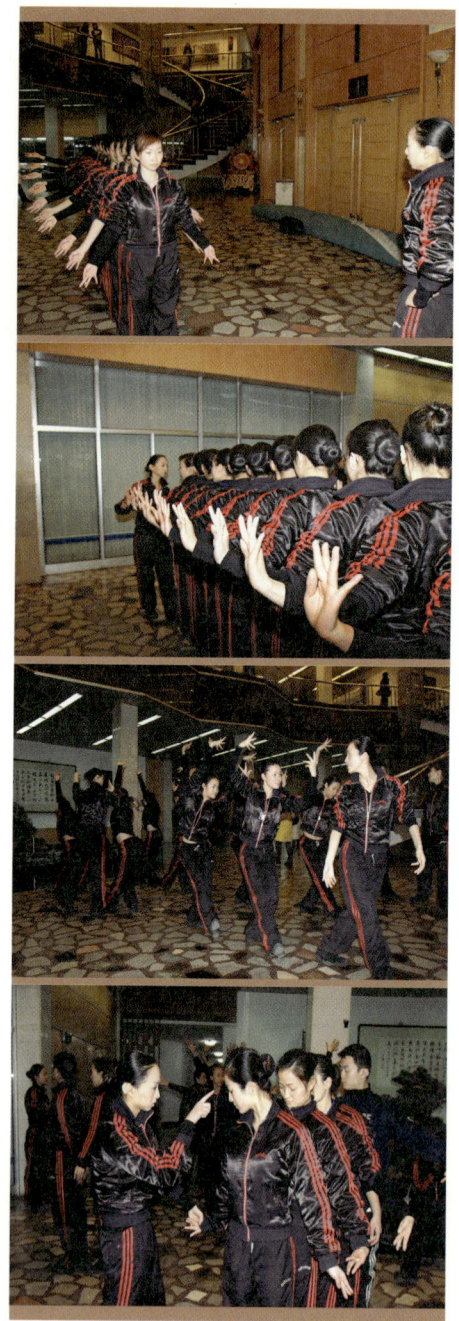

를 보여주어야 한다. 연습에서 무대에 오를 때까지 선생님들은 계속해서 손 동작을 강조했다. 절대 착오가 있어서는 안 된다고 거듭 당부했다.

공연 내내 끊임없이 손 모양이 바뀐다. 순서대로 손을 내 놓거나, 좌우 돌아가며 손을 내놓고 또는 앞뒤로 불규칙적으로 손을 내미는 동작에 이르기까지, 스물한 명의 단원들이 몸을 밀착시키고 손과 손의 거리가 3센티미터정도 밖에 되지 않는 상태에서 1초간, 한 박자 만에 모든 동작을 그것도 가지런하고 아름답게 천수의 모습을 보여주어야 한다.

가지런하게 통일된 모습을 보여주기 위해 단원들은 극히 사소한 부분 하나하나에도 신경을 놓을 수가 없었다. 연습을 할 때 동작과 손짓 심지어 표정 하나까지, 오차는 절대 허락되지 않았다. 연출자가 단원들에게 세로로 대형을 만들라고 하면 각각의 단원들은 앞사람의 발꿈치에 자신의 발가락을 붙이고 콧잔등을 앞사람의

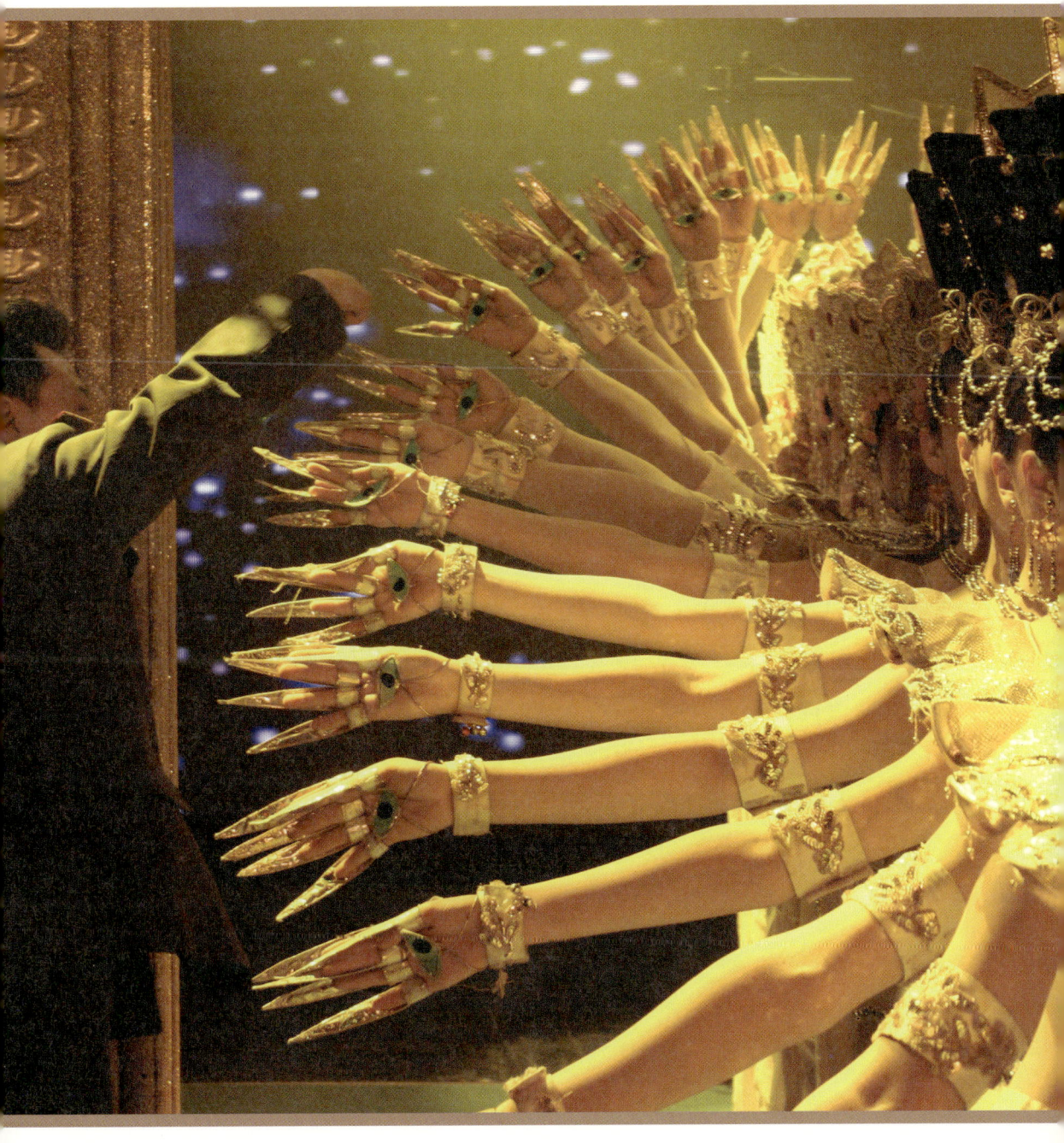

뒤통수에 바짝 갖다 대야 했다. 말이야 간단하지만 이 역시 고난도의 동작이다. 아마 보통 사람이라면 단 몇 분도 이 상태를 유지할 수 없을 것이다. 그러나 연습실에서 그들은 한번 이런 동작을 취하면 몇 시간씩 꼼짝하지 않았다. 이처럼 엄격한 훈련이 있었기에 스물한 명의 관음은 5.6미터 연화대 안에서 침착하게 동작을 취할 수 있었던 것이다.

가지런하고 반듯한 모습이 얼마나 웅장한지 단원들이 직접 느껴볼 수 있도록 하기 위해 우리는 그들을 데리고 톈안먼天安門 광장으로 오성홍기 게양식을 보러 갔다. 의장대의 엄숙하고 정렬된 모습에서 전율을 느껴볼 참이었다. 빛나는 태양 아래 서서히 올라가는 오성홍기를 보며 단체정신과 의지를 굳힐 수 있는 기회가 될 수도 있을 것 같았다.

둥근 고리 모양의 자애롭고 선한 관세음 모형은 연습 과정에서 가장 난이도가 높은 동작이다. 이 동작에서 단

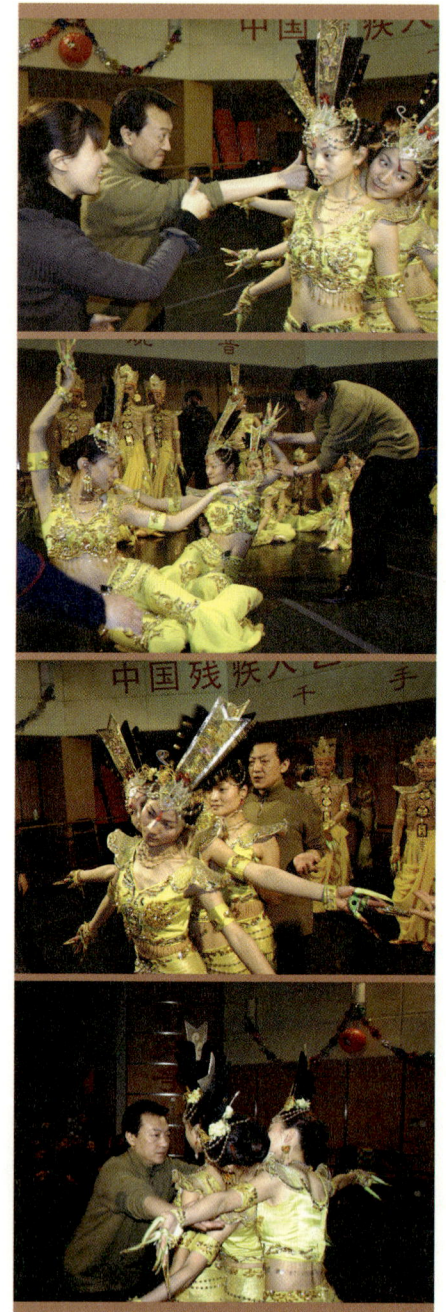

원들은 모두 일정한 높이로 손을 뻗어야 한다. 아름답고 부드럽게 동작을 변화시키면서 일제히 가지런하게 손을 내밀고 거두어야 하는 이 동작은 강인함과 부드러움이 함께 어우러져야 한다. 이 동작 하나만도 단원들은 1,000번을 넘게 연습했다. 단원들이 동작을 잘 소화할 수 있도록 나와 수화 선생님들은 여러 가지 방법을 생각했다. 우리는 단원들의 손 위치를 자로 측정하여 벽에 그린 다음, 단원들에게 벽을 마주하고 그 각도에 맞춰 손동작을 연습하도록 했다. 연습 장면을 일일이 캠코더로 촬영하여 연습이 끝난 후 함께 살펴보면서 스스로 틀린 동작을 찾아내고 모두 함께 토론을 했다. 그리고 잘못된 부분을 고쳐 나갔다.

장지강은 가지런한 동작은 가장 기초적인 단계이며, 이러한 동작을 세심하게 다듬는 것이 그 다음 단계라고 말했다. 마지막으로 마치 하늘을 나는 연이 아무리 길게 뻗어 있어도 하나의 연줄 위에 있는 것처럼 각각의 가지런한 형태가 하나를 이루도록 하는 것이 최고의 단계라고 했다. 단원들은 모두 최고의 공연을 선보이기 위해 최선의 노력을 기울였다.

리듬 익히기

연습실 정 중앙에 있는 시계의 양옆에 표어를 붙여 놓았다. 좀 더 나은 공연을 위한 각오의 표시였다.

'1분 1초 모두 최고의 공연을 위하여!'

입구에 카운트다운 판을 걸어두고, 1월 10일 아침에 시작된 달리기는 공연 바로 전날까지 어떤 악조건 속에서도 계속되었다.

단원들은 연습 도중 물을 마시지 않았다. 화장실에 갈 경우 연습에 방해가 될 것을 우려해서다. 하루 종일 이렇게 연습을 하다 보면 입이 바짝바짝 타들어 갔다.

맹훈련을 거듭했는데도 뭔가 부족함이 느껴졌다. 매번 연습을 끝내고 나면 어수선하게만 보였다. 불안했다. 수석 무용수가 문제가 있는 걸까? 구성에 문제가 있는 걸까? 그것도 아니면 동작이나 안무에 문제가 있는 걸까? 우리는 함께 모여 여러 차례 논의를 했다. 문제를 구체적으로 집어내는 사람은 없었다. '설 특집 공연'까지는 일주일도 채 남지 않은 날이었다.

우리는 속이 바짝바짝 타들어 갔다. 단원들마저 덩달아 불안해하기 시작했다. 그들은 우리 옆에서 자꾸만 새로운 동작을 연습해 보았다. 동작 하나하나 모두가 아름답고, 한데 모이면 아주 가지런한 것이 일체감이 돋보였다. 아마도 문제는 리듬을 파악하지 못한 것인 듯했다. 리듬을 듣지 못하는 단원들은 수화 선생님의 손짓에 따라 동작을 맞출 수밖에 없었다. 손짓을 통해 리듬을 파악하는 데 한계가 있었던 것은 아닐까? 아니면 동작이 너무 익숙해서 습관적으로 리듬을 앞서가거나, 혹은 놓쳐 버린 것은 아닐까?

춤을 추는 데 있어 음악은 영혼과 같은 것이다. 일반 무용수들도 배경 음악을 완벽하게 소화하는 게 어렵다. 하물며 음악을 들을 수 없는 청각장애인들에게 음악이 주는 감동을 전달하는 일이 어디 그리 쉽겠는가.

단원들이 리듬을 익히고 아름답고 감동적인 음악에 맞

춰 춤을 출 수 있도록 하는 데는 수화 선생님의 역할이 가장 중요했다. 춤 동작 하나하나를 수화로 정확하게 전달하기 위해 네 명의 수화 선생님은 네 모서리에 한 명씩 서서 청각장애인 단원들의 귀가 되어 수화로 리듬을 전달했다.

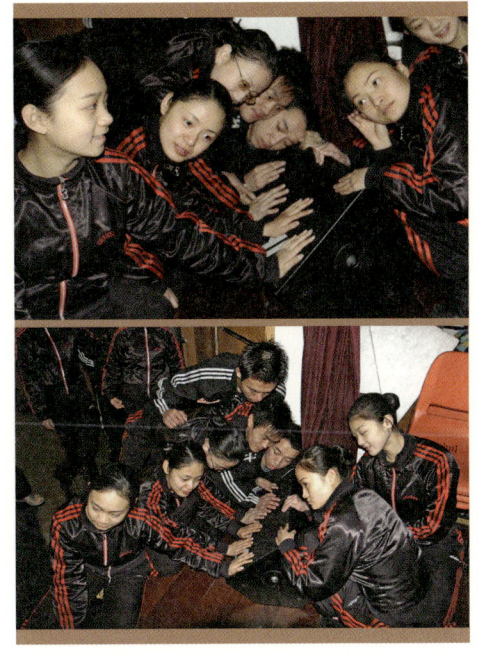

청력을 상실한 스물한 명의 단원들은 평소 수화 선생님의 지휘를 보며 리듬을 파악할 수밖에 없었지만 그들에게는 타고난 감성이 있었다. 연습을 할 때 오직 손짓 하나로 의사소통을 했지만 더욱 정확하게 동작을 파악하기 위해 자기들만의 특별한 방식으로 음악을 감지했다. 이러한 과정을 통해 자신의 몸이 감각적으로 음악을 기억하도록 만들었다.

어느 날 저녁 연습이 시작되기 전 연습실 복도에 이르렀을 때였다. 연습실에서 어찌나 크게 음악을 틀어놨는지 고막이 터질 것만 같았다. 대체 무슨 일일까. 단원들과 함께 생활하면서 나는 이미 무성의 환경에 적응돼 있었다. 쥐 죽은 듯이 조용하기만 한 세상, 오직 손짓으로만 의사를 전달하던 그들이 이렇게 크게 음악을 틀어놓다니 분명 누군가 실수로 볼륨을 높여 놓은 것이라고 생각했다.

나는 성큼성큼 연습실로 걸어 들어갔다. 여자 단원 네 명이 대형 스피커 옆에 앉아 긴장한 모습으로 스피커에 귀를 바싹대고 손으로 리듬을 타고 있었다. 스피커의 진동으로 박자를 감지하려고 애를 쓰고 있었던 것이다. 그 모습에 눈물이 왈칵 쏟아졌다.

　단원들의 모습을 본 나는 그 순간 좋은 생각이 떠올랐다. 나는 비디오카메라를 가져오고 벽에 휘장을 쳤다. 음악 소리가 더 크게 울리게 한 다음 단원들을 마룻바닥에 엎드리도록 했다. 바닥의 진동을 통해 어렴풋이나마 울림을 느끼는 것 같았다. 리듬이 분명치 않은 부분에 대해서는 작은 소절로 나누어 분석을 해 주었다. 영상을 통해 리듬이란 게 무엇인지 서서히 느낄 수 있도록 하기 위해서였다. 이보다 더 직접적이면서도 감각적인 방법을 생각해 낸 단원들도 있었다. 음악이 울릴 때 손과 얼굴을 스피커에 올려 두고 리듬과 박자를 느껴보는 것이었다. 이 같은 과정이 수없이 이어진 결과, 음악은 단원들의 몸 구석구석으로 전해져 그들 몸의 일부가 되었다.

　'쌍웅만회' 연습으로 바쁜 나날을 보내고 있었던 장 감독은 언제나 밤이 되어서야 장애인 예술단을 방문했다. 일찍 온다고 해야 밤 11시나 12시였다. 그래서 때로는 새벽 2~3시까지 연습이 이어지기도 했다. 장 감독이 오는 시간이면 단원들은 대부분 곤히 잠이 들어 있었지만 감독이 왔다는 소리만 들으면 침대에서 벌떡 일어나 손뼉을 치며 그를 맞이했다. 단원들은 장 감독의 지도를 좋아했다. 유명한 감독 가운데 그처럼 장애인들을 위해 애를 써줄 사람이 그리 흔하지 않다는 것을 잘 알고 있었기 때문이다. 장 감독 또한 기꺼이 자신의 예술적 창조성을 단원들에게 전해주고자 했다.

　중국 장애인 예술단 연습실에서 장 감독은, '설 특집 공연'이 끝나고 나면 당시 공연된 노래나 사용된 소품 등이 화제가 되곤 하는데 이번에는 분명 춤이 가장 큰 이야깃거리가 될 것이라고 단원들에게 누누이 일러주었다. 「천수관음」이 공연된 후 국민들의 열렬한 반응은 그의 말을 여실히 증명해 주었다.

　장 감독은 애타게 자신을 기다리는 단원들을 보면서 온 힘을 다해 그들을 돕지 않을 수 없었다고 말했다. 그는 단원들의 눈빛을 통해 그들의 갈망이 절실히 다가왔다고 한다. 그들은 너무도 간절하게 배우고 싶어 했고, 진심으로 사회에 유익한 구성원이 되고 싶어 했다.

우리는 때로 상당히 모순적으로 행동할 때가 많았다. 장 감독은 내가 그들에게 두 배로 어려운 공연 연습을 시켰다면 그들은 일반 무용수들보다 열 배는 더 힘들게 느낄 것이라고 말했다. 하지만 연습 효과를 올리기 위해 우리는 일반 무용수보다 훨씬 더 엄격하고 혹독한 훈련을 시켜야 한다. 마음 한 구석에는 그렇게 하지 말아야겠다는 내키지 않은 마음이 생기기도 했다. 듣지 못하는 아이들, 그런 아이들에게 조금이나마 마음의 상처를 주고 싶지 않았기 때문이다.

장 감독은 단원들에 대한 감탄을 금치 못했다.

"정말 대단해. 매일 전체 연습 후에도 각자 혼자서 연습을 하더군. 그 정신력이 대단해. 정말 감동적이야. 그들은 무궁무진한 예술적 창조성을 가지고 있어. 모든 불가능을 '온몸으로 밀고나가' 결국 가능으로 만들고 있는 거야. 그들은 매우 특별한 예술가들일세. 대단한 의지력과 특별한 정신세계를 가지고 있으니 모두에게 감동을 줄 수 있는 특별한 예술을 창조할 수 있을 거야."

천 개의 손, 천 개의 자비 '천수관음의 탄생'

「천수관음」은 모두 3개의 각본이 있다. 2000년 미국 정부 초청으로 중국 장애인 예술단은 「천수관음 ─ 나의 꿈」이란 작품으로 미국 공연에 나섰다. 미국 공연이 첫 번째 작품이었다. 열두 명의 여자 단원이 참여했다. 내용이나 구성은 단순했다. 2004년 9월 28일 아테네 국제 장애인 올림픽 폐막식에 오른 「천수관음」이 두 번째 작품이다. 공연 시간은 5분 54초, 수정 과정에서 남자 단원 아홉 명이 추가되

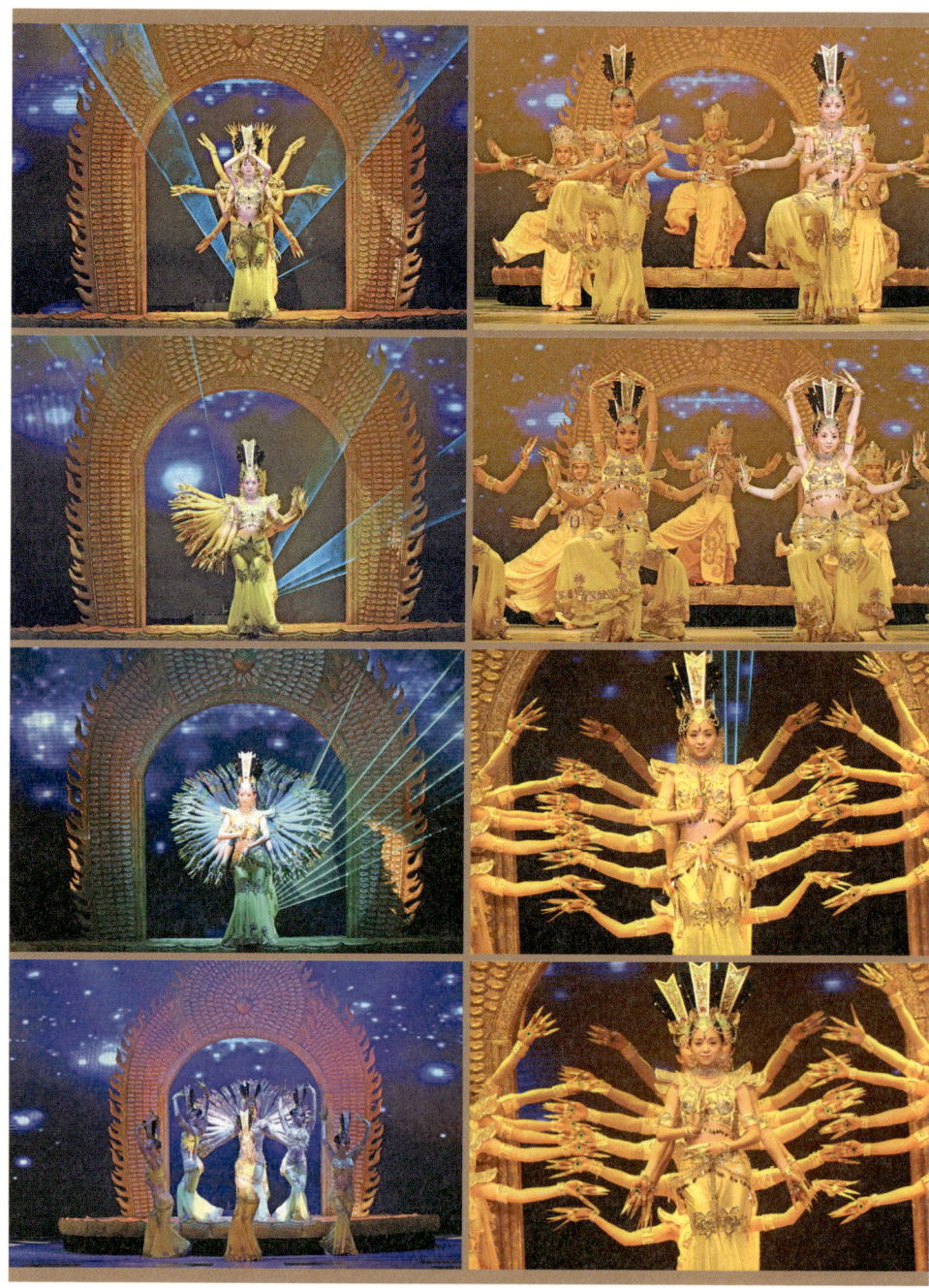

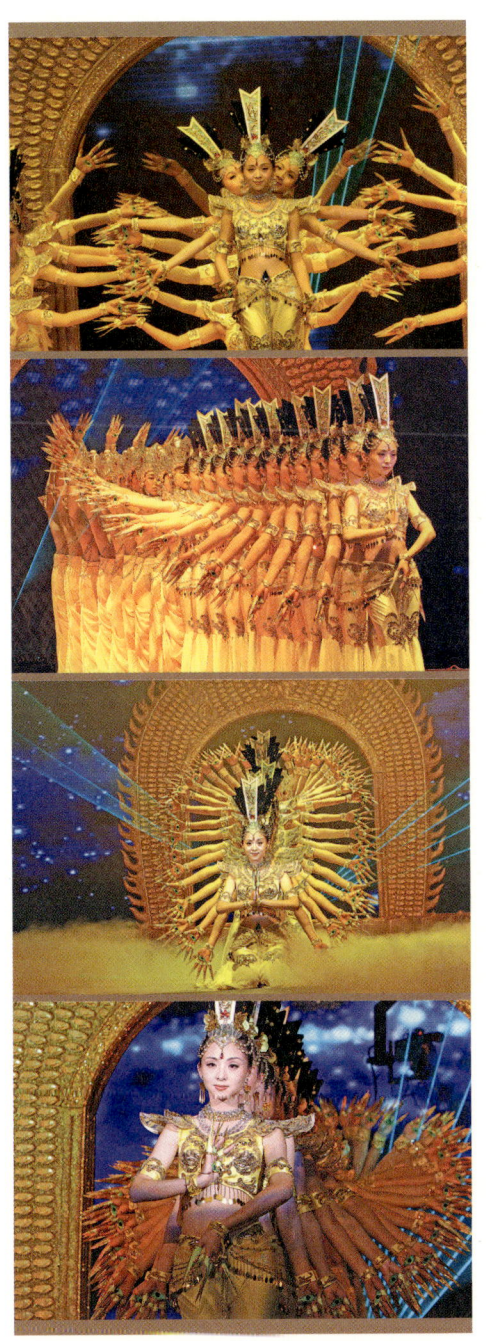

어 모두 스물한 명의 관음이 무대에 올랐
다. 맨 앞의 타이리화가 정지 동작으로 관
음 조상彫像을 연출했다. 그 뒤로 40개의
팔이 좌우로 각기 다른 높이에서 다양한
모습을 보여주었다. 진짜 '금불'이 무대 한
가운데 서 있는 듯했다. 성스럽고 우아한
모습은 예전 무대와 달리 기가 충만했다.

2005년 1월 16일 오후, 공연 준비를 위
해 장 감독이 다시 베이징 중국 장애인 예
술단 센터 2층 연습실을 찾아와 예술단 관
련자들을 소집해서 회의를 열었다. 아테네
올림픽 공연 녹화테이프를 수차례 반복해
서 검토한 후, 장 감독은 생각을 정리한 듯
매우 자신 있게 그날 저녁 7시에 정식으로
「천수관음」 세 번째 각본을 기획하겠다고
말했다.

주로 뒷부분에 대한 수정이 이루어졌
다. 아테네 올림픽 공연 전반 3분 20초는
예술성을 강조하기 위해 약간의 수정을 했
고, '설 특집 공연' 분위기를 맞추기 위해
그 이후 부분에 대해서는 동작과 구성을
대폭 수정하여 새해의 축복과 안녕의 의미
를 담았다. 새로 추가한 동작은 춤 동작의

난이도가 높았다. 리듬도 매우 빨라지고 대형의 폭도 넓어졌다. 종렬 대형이 변형된 후에도 손동작을 그대로 유지하는 부분은 장지강의 독특한 예술적 감각을 잘 보여주는 대목이다. '설 특집 공연'을 통해 「천수관음」이 전파를 탄 후 쏟아진 시청자들의 열렬한 사랑은 「천수관음」 세 번째 각본의 예술적 매력을 충분히 입증해 주고 있다.

장 감독은 「천수관음」 기획에 있어 주로 손동작 부분에 심혈을 기울였다. 연습 과정을 지켜보면서 가장 인상 깊게 느꼈던 부분이 바로 섬세한 손동작에 대한 조정이었다. 장 감독은 각자의 손을 바로 앞 동작에서 손을 내밀 때의 위치로 다시 돌려놓고 셋을 셀 동안 정지시킨 후 다시 손목을 일정한 각도로 유지하며 두 손의 손가락 끝을 안쪽으로 거두게 했다. 단원들은 새끼손가락에 힘을 주고 손가락을 차례로 거두어 손을 안으로 접고, 다시 엄지손가락에 힘을 주어 다른 손가락들을 차례로 펴가면서 두 손바닥에 그려진 눈이 환하게 모습을 드러내도록 했다. 그 순간은 정말 관음상이 눈을 뜨는 것 같은 착각이 들 정도로 충격적이었다. 마이다스의 손을 거쳐 일렬로 늘어선 관음의 동작은 아름다움을 가득 담은 '생명체의 승리'이자 신화가 되었다.

공연을 위해 장 감독은 며칠 밤을 고민한 끝에 '활짝 핀 태평성세盛世開屛'라는 동작을 기획했다. 이 고난이도의 동작을 위해 스물한 명의 단원들을 3조로 나누었다. 중간에 자리한 조는 무릎을 반 정도 꿇고, 양쪽 두 조는 각기 10~90도 각도로 굽힌 상태에서 몸을 구부리는 동작을 취했다. 장 감독은 이 동작이야말로 이번 공연의 절정으로, 몸을 돌려 허리를 굽히는 순간의 동작이 잘 돼야 성공적으로 완성된다고 했다. 굽히는 동작이 매끄럽게 이어지지 않는다면 동작의 완성도가 크게 떨어지기 때문이다.

'활짝 핀 태평성세' 외에도 새해의 분위기를 한껏 돋우기 위해 새해 인사 동작

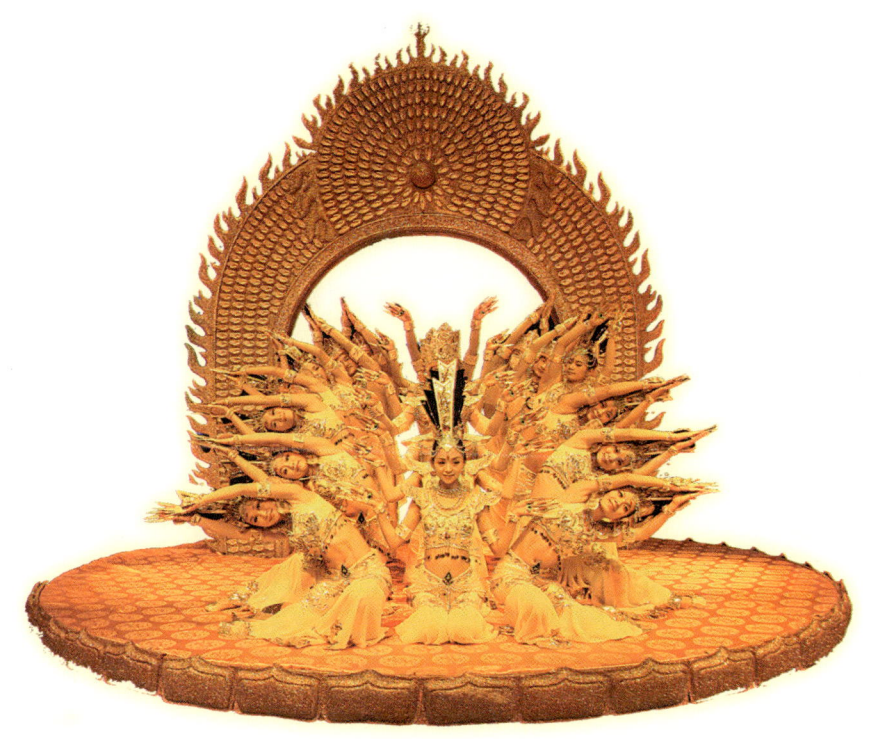

활짝 핀 태평성세

이 추가되었다. 장 감독은 '주먹을 감싸고 절을 하는' 중국식 인사법인 포권抱拳을 활용하여 주먹을 감싸 쥐는 동작을 단계적으로 이어나갔다. '활짝 핀 태평성세' 이후 곧바로 관음들은 전국 국민들을 향해 새해 축복을 전한 후 하늘을 날아오르는 것처럼 서서히 바닥에 미끄러지듯 눕는 자세를 취한다. 언뜻 간단해 보이는 동작이지만 그 순간 공연은 신비로움을 더하여 사람들을 황홀경에 빠뜨린다.

'설 특집 공연' 「천수관음」은 단원 구성이나 무대 의상, 기본 구도는 바뀌지 않았지만 춤은 대형에서 동작에 이르기까지 거의 전체적으로 가히 '획기적'이라 할 만한 탈바꿈을 시도했다.

"점차 수정이 가해질수록 느낌이 살아나더군요. 마치 공연 하나를 다시 기획하는 것 같았습니다"라고 말한 장 감독의 표현이 절로 실감이 났다. 장 감독은 또 이렇게 말했다.

"「천수관음」은 이미 틀을 갖춘 공연이지만 '설 특집 공연'이 요구하는 부분이 있기 때문에 반드시 공연을 재구성해야 합니다. 나는 모든 작품에 있어 언제나 형체를 통해 중국 문화의 깊은 멋을 전달하려고 노력합니다. 설사 구성원이 장애인들이라 해도 그저 이리 저리 뛰어다니기만 할 뿐, 어떤 의미를 담지 않은 공연은 절대 사절입니다."

「천수관음」에 남자 단원들이 가세함으로써 공연은 우아하고 성스러운 분위기에 힘찬 기운을 더할 수 있었다. 또한 장 감독은 무엇보다 손을 내미는 동작에 고도의 정확성을 요구하여 완벽에 가까운 공연이 되도록 했다.

5분 54초의 충격

1월 22일 오후, 우리 일행은 정식으로 중앙 관영 CCTV 제1스튜디오에서 첫 번째 리허설을 가졌다. 지금까지 1,800제곱미터의 제1스튜디오에서 배출해 낸 스타가 몇 명이나 되는지 세어 본 사람은 없겠지만 이 스튜디오는 스타 제조 공장이라고 해도 과언이 아니다. 오매불망 이곳에서 공연하기를 고대하는 젊은이들이 얼마나 많은가. 우리 단원들 역시 마찬가지였다. 단원들에게 있어 이곳은 마음의 성전과 같은 곳이었다.

CCTV 제1스튜디오의 리허설 날짜가 다가올 무렵 단원들은 흥분을 감추지 못했었다. 자꾸만 폴짝거리며 다가와 스튜디오가 얼마나 큰지, 어떻게 생겼는지, 방청객은 얼마나 수용할 수 있는지, 카메라는 몇 대나 되는지 등에 대해 끊임없이 질문을 퍼부었다. 나는 애써 대답을 자제한 채 때가 되면 다 알게 될 것이라고 말해 주었다.

1월 22일 오전, 전체 단원들의 연습을 지켜보던 장 감독은 회의를 소집해 단원들을 격려했다.

"이제 오후에는 정식으로 CCTV 제1스튜디오에 서게 될 겁니다. 자동차 디자이너에 비유한다면, 기술적으로 자동차 부품을 조립해서 합격품을 내놓고 그 자동차가 거리에 나서기 직전이라 할 수 있어요. 여러분이 액셀러레이터를 밟아야 합니다. CCTV 제1스튜디오는 넓게 뚫린 도로라고 할 수 있어요. 얼마나 빨리, 얼마나 멀리 달릴 수 있는가는 액셀러레이터를 밟는 여러분에게 달려 있습니다."

이어 장 감독은 단원 모두에게 샤워를 깨끗이 하고 머리를 가지런하게 빗도록 했다. 또한 너저분하게 손에 물건을 드는 일 없이 캐리어 가방 하나만 끌고 가도록 했다. 그는 모두에게 가장 단정하고 예쁜 모습을 보이도록 당부했다. 단원 스물한 명이 중국의 전체 장애인을 대표하기 때문이다. 그날 리허설에 참여한 다른 공연단들은 모두 연습복 차림이

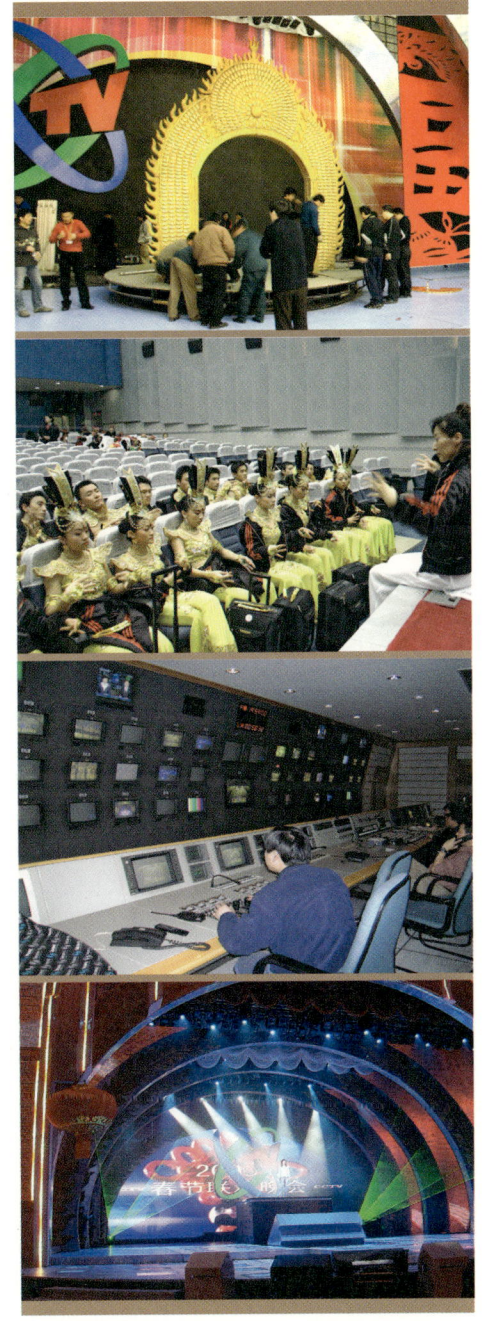

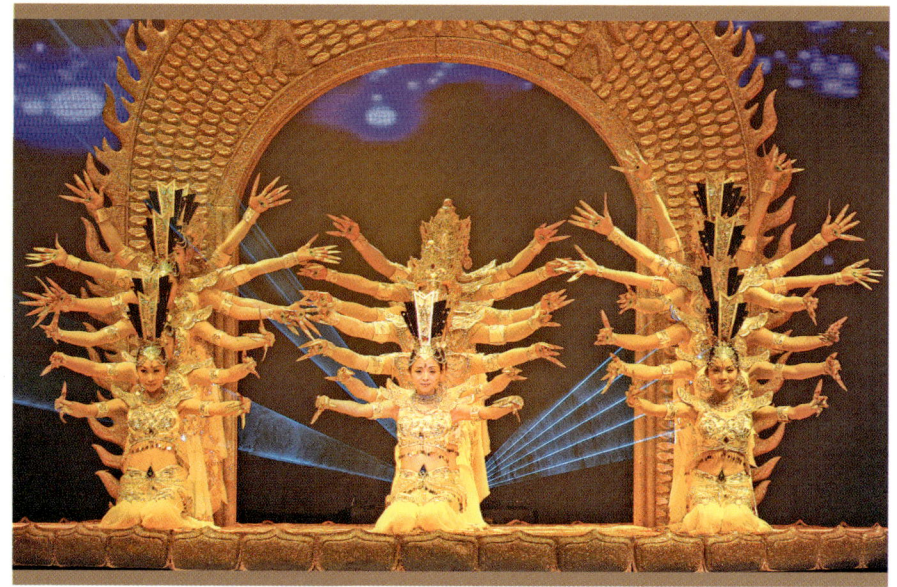

었다.

그러나 '설 특집 공연' PD들에게 좋은 인상을 주기 위해 스튜디오에 들어가기 전 류 부주석은 단원들에게 곱게 화장을 하고 단정하게 공연 복장을 갖추도록 지시했다. 정식 복장으로 장내에 들어선 우리들을 보는 순간, 방청석이 술렁거렸다. 사람들이 이상한 시선으로 우리를 바라봤다. 정식 복장을 갖춘 우리 모습이 뭔가 좀 어색했기 때문이다. 나는 단원들에게 다시 한 번 이렇게 말했다.

"우린 우리의 예술성으로 관객 하나하나를 감동시켜야 돼. 우리들이 가진 신체적 장애 때문에 관객들의 동정을 사는 일은 없도록. 온 힘을 다해 공연을 성공시켜야 한다는 것을 잊지 말아라!"

다른 팀의 리허설이 진행되는 동안 단원들은 조용히 방청석에 앉아 있었다. 화장실에 갈 때도 손을 들어 허락을 받았다. 함부로 장내를 돌아다니지도, 수화를 동원해 공연에 대한 이야기를 나누지도 않았다. 모두가 단정히 앉아 있는 모습이 다른 공연단과는 매우 대조적이었다. 마침내 우리 팀의 차례가 되었다.

리허설이 있기 전 담당 PD는 '설 특집 공연'에 올려지는 공연이 너무 많기 때문에 우리 공연을 3~4분 내로 조절하라고 요구했었다. 수정된 「천수관음」은 음악에 맞춘 부분까지 합쳐 모두 5분 54초였다. 이번에 수정된 공연은 정수만을 모아 모든 부분을 최고의 내용으로 기획한 상태였다. 5분 54초는 이번 공연의 테마를 표현하는 데 최소한의 시간이었다. 만약 이를 압축할 경우 완벽한 작품의 내용을 보여줄 수 없는 상황이었다.

공연 시간을 조정하기 위해 나는 '설 특집 공연' 담당 PD와 수없이 전화 통화를 했다. 그러나 그는 꿈쩍도 하지 않았다. 최대 4분, 그 이상은 단 1초도 허용할 수 없다고 했다.

리허설이 시작되었다. 마음이 착잡했다. 그때까지 우리는 단원들의 사기가 떨어질까 걱정돼 공연 내용을 일부 삭제할지도 모른다는 말은 꺼내지 않았다. 무대에 오르기 전 우리는 아예 PD를 찾아가 우리 공연은 5분 54초이니, 먼저 리허설을 본 다음에 다시 의논하자고 선수를 쳤다.

조명, 도구, 의상, 머리 장식, 손톱, 화장, 이 모든 것을 단 10분 만에 준비했다. 정상적인 상황에서라면 적어도 30분은 걸리는 일이었다. 단원들이 무대에 오르고 음향이 울려 퍼지기 시작했다. 단원들이 세 번째 동작을 하기도 전에 무대 아래에서 우레와 같은 박수 소리가 터져 나왔다. 이어 각기 다양한 동작이 펼쳐질 때마다 방청석에서는 요란한 함성과 함께 박수가 이어졌다. 리허설이 끝나자 관객 모두가 자리에서 일어났다. 그들은 음악을 들을 수 없는 청각장애인 단원들이 그처럼 훌륭한 공연을 할 수 있다는 사실이 도무지 믿어지지 않는다는 눈치였다.

PD들은 "5분 54초가 벌써 지났나요? 이렇게 빨리? 이거 영 아쉬운데!"라며 우리 공연이야말로 거의 신의 경지에 가까운 걸작이라고 표현했다. 관객들의 표정을

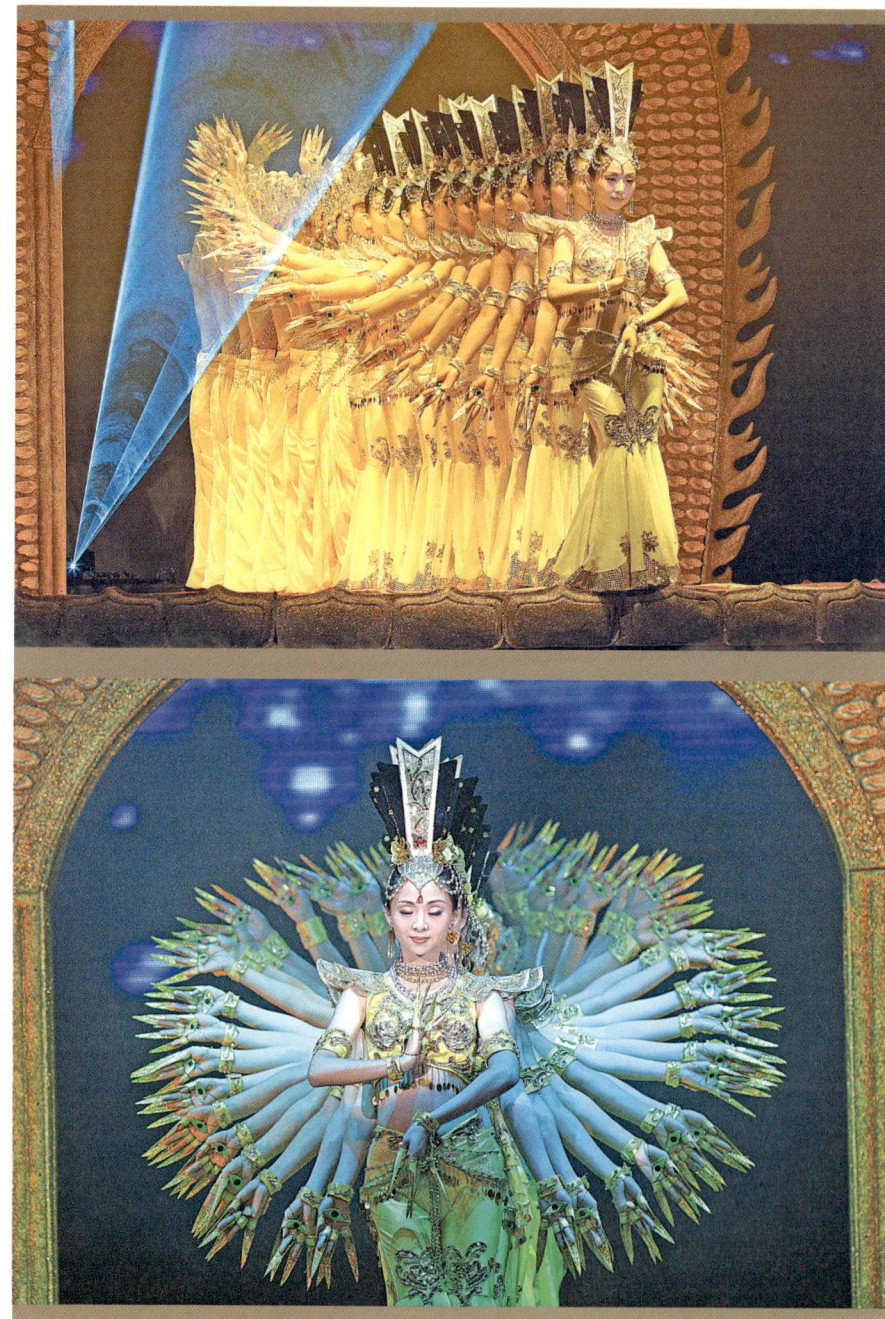

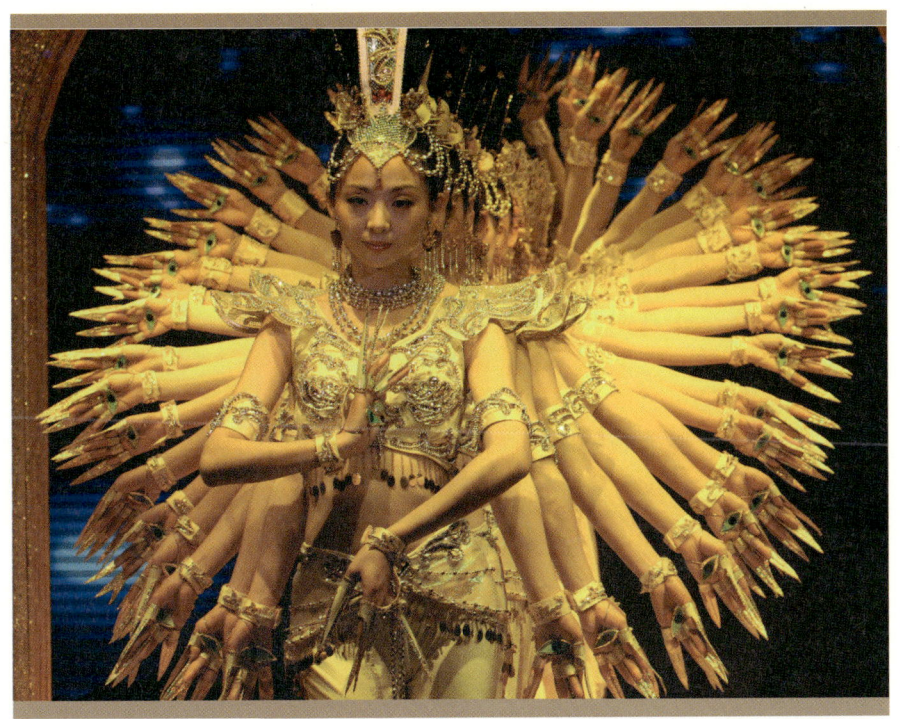

통해 단원들은 적어도 자신들이 리허설을 망치진 않았다는 것을 느낄 수 있었다. 대성공이었다.

이렇게 해서 첫 번째 리허설은 성공적으로 끝났다. 공연이 가까워질수록 단원들은 더 열심히 1분 1초를 다투며 부지런히 연습했다.

그런데 하필이면 마지막 리허설에서 그만 단체 실수가 벌어지고 말았다. 매번 연습 공연이 있을 때마다 우리 측에서는 수화 선생님 네 명이 각기 무대 네 귀퉁이에 서서 박자를 표시해 주었고 단원들은 곁눈으로 이런 선생님들의 손짓을 훔쳐보았다. 상황이 이렇다 보니 수화 선생님과 단원들, 선생님과 선생님들 사이의 묵계가 잘 이루어지고 있는가가 공연의 성공 여부를 크게 좌우했다.

그날 공연 역시 여느 때와 다름없이 시작하자마자 뜨거운 호응을 얻기 시작했다. 그런데 거의 마지막 부분에서 문제가 발생했다. 연화대 위에 있던 단원 전체가 무대 앞쪽으로 자리를 이동할 때였다. 무대 전방의 조명으로 인해 맨 앞줄에서 대열을 리드하던 타이리화가 수화 선생님의 손짓을 볼 수 없었다.

결국 단원 전체는 여덟 박자 동작 하나를 놓치고 말았다. 단원들이 다음 동작으로 이동하지 않자 다급해진 수화 선생님은 타이리화에게 이미 박자를 놓쳤으니 그 다음 동작으로 넘어가라는 신호를 보냈다. 가장 중요한 것은 통일된 동작을 보여주는 것이었다. 수화 선생님의 손짓에 따라 단원들의 행동이 결정되었다. 수화 선생님은 여덟 박자짜리 동작 하나를 건너뛴 채 마지막 동작으로 넘어가도록 했다. 두 손을 높이 들어 모은 후 대칭으로 벌리며 난화지를 연출하는 동작이었다. 공연이 끝나자 무대 아래 관객들은 기립 박수를 치기 시작했다. 관객들은

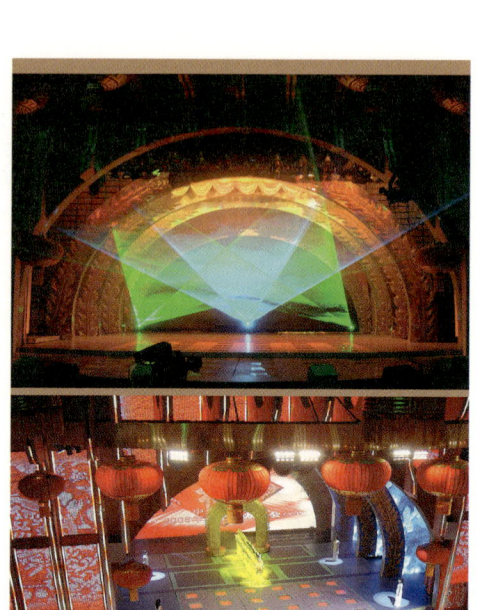
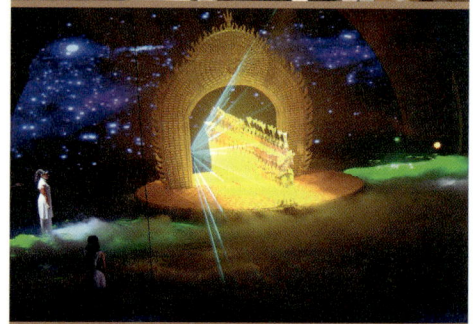
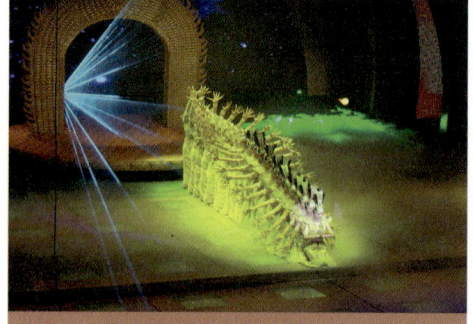

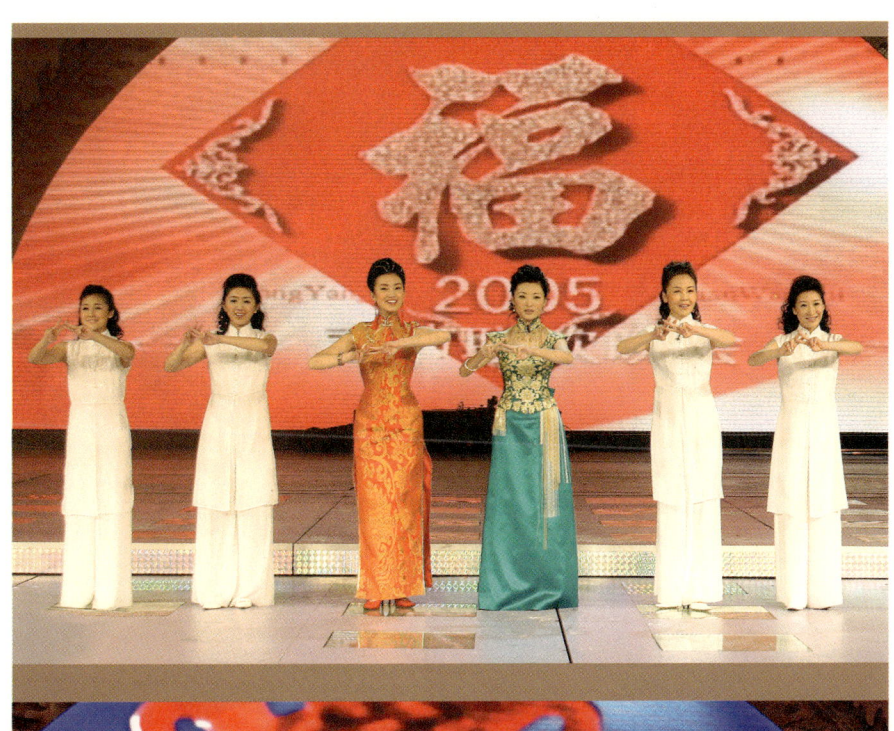
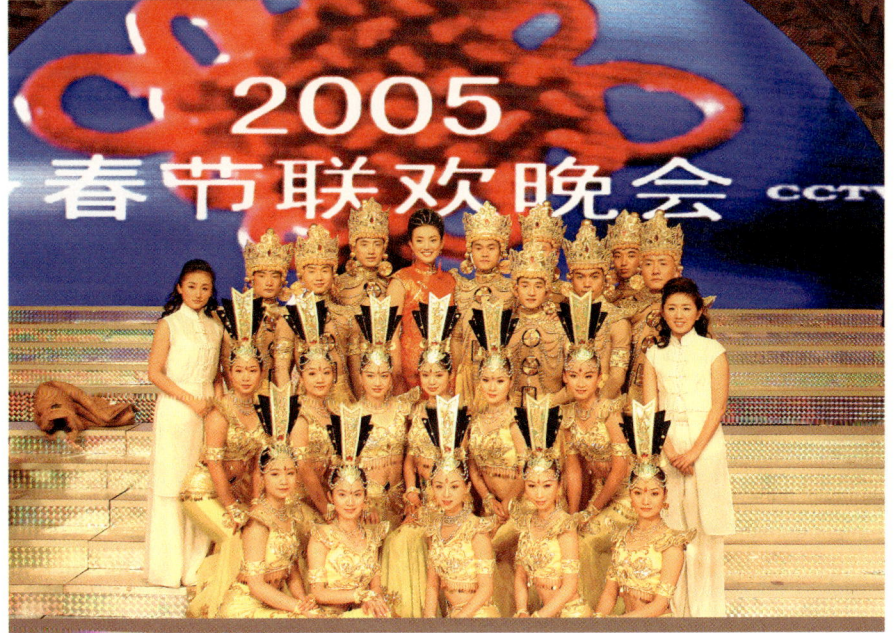

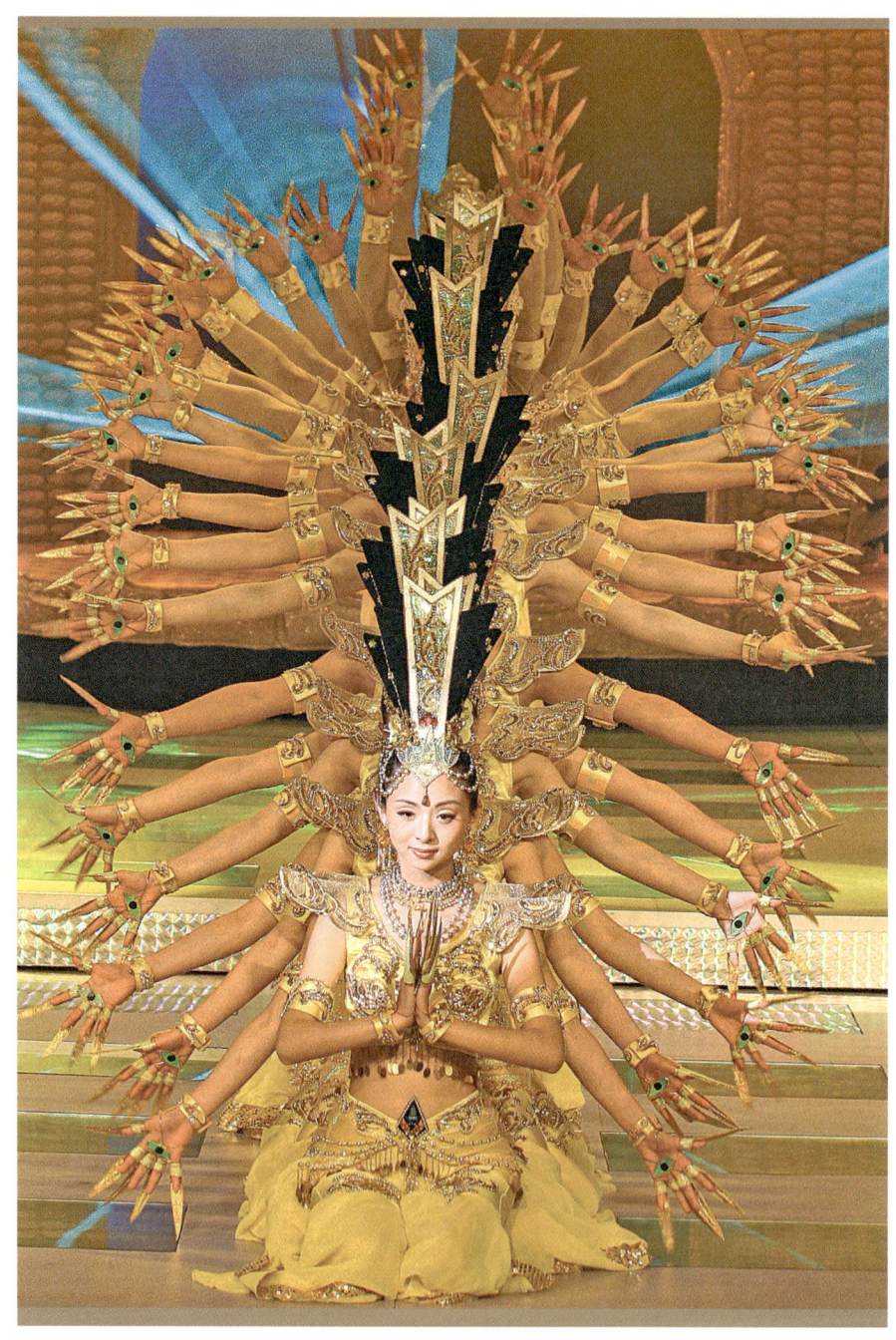

공연에 착오가 있었다는 사실을 전혀 눈치 채지 못하고 있었다. 모두 똑같이 틀렸기 때문에 다른 이들은 몰랐던 것이다.

이렇게 해서 마지막 리허설은 아슬아슬하게 고비를 넘기고 끝을 맺었다. 아마도 우리가 말하지 않았다면 이런 실수가 있었는지조차 모르고 넘어갔을 것이다. 그러나 이 일을 통해 우리는 더 세심한 주의를 기울여야겠다는 생각을 하게 되었다. 단원들 역시 더욱 진지하게 마음을 가다듬었다. 본 공연에서의 실수는 절대 용납할 수 없기 때문이다.

특집 PD들, 4분 연장 '천수관음 10분 공연' 결정

1월 26일, PD들은 중국 장애인 예술단의 「천수관음」 공연 시간을 5분 54초로 확정하겠다고 통보했다. 시간을 줄이지 않았을 뿐만 아니라, 오히려 청각장애인 사회자인 장신텐에게 시간을 더 줄 수 있도록 하기 위해 공연 시간을 늘려 주겠다고 했다. 이 소식을 들은 단원들은 기쁨을 감추지 못했다. 나중에 이 시간은 '설 특집 공연'에서 장애인을 위한 특수 예술 코너로 마련되어 방영되었다. 나는 류 부주석과 장 감독에게도 이 소식을 알렸다. 그리고 다시 수화로 단원들에게 이 기회를 소중하게 생각해야 한다고 강조했다. 우리 공연, 나아가 장애인 예술 단원들을 인정했다는 이야기나 다름없기 때문이다.

'설 특집 공연'에서 CCTV 앵커인 저우타오周濤의 사회로 장신텐이 전국 시청자들을 향해 아테네 올림픽에서 공연한 스물한 명의 예술단원을 소개했다. 이어 스물한 명의 단원이 「천수관음」 공연을 끝내고 다시 수화 선생님 네 명을 무대로 불러 현장에서 방청객들과 이야기를 나누며 '사랑은 우리 모두의 공통 언어'임을 수

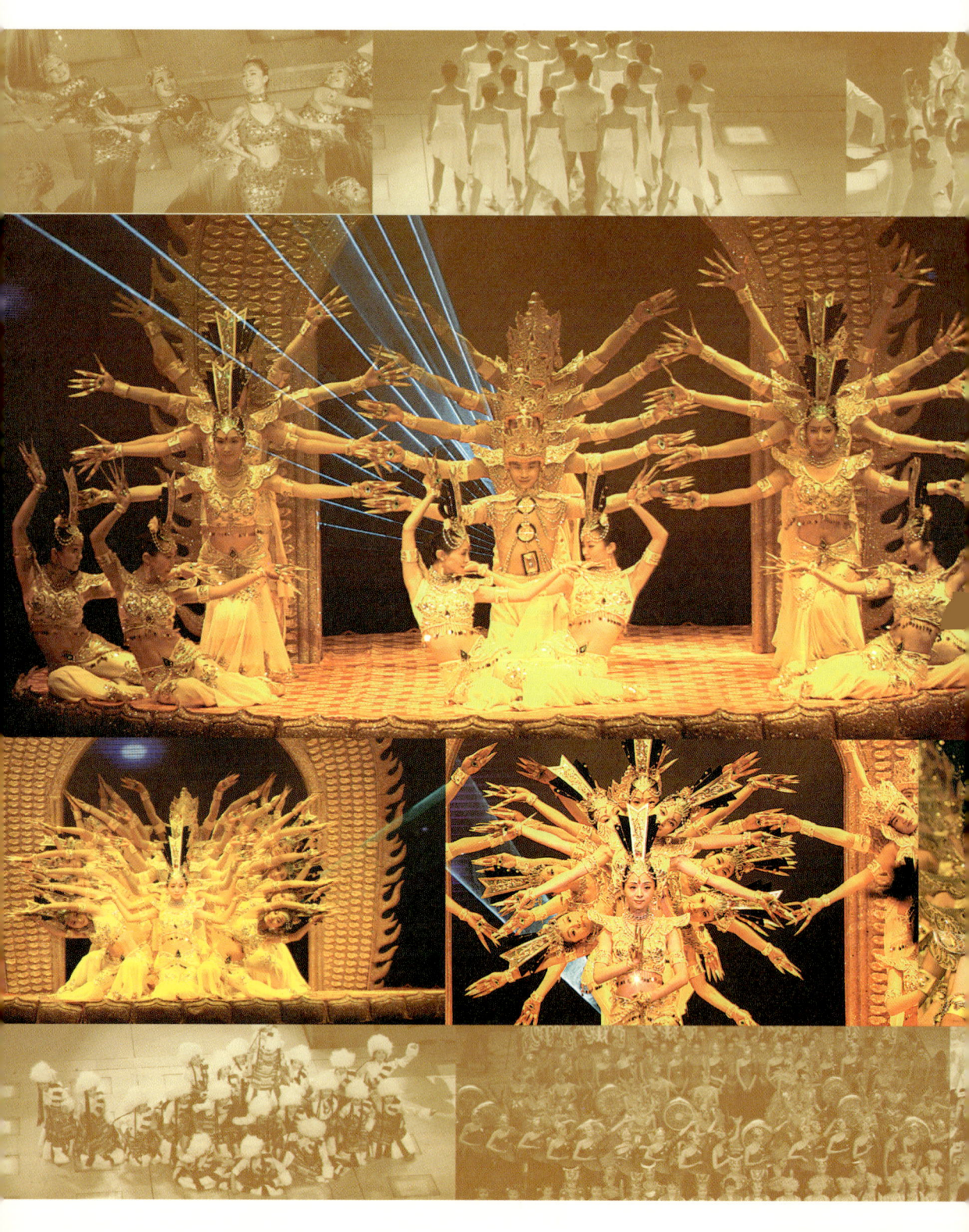

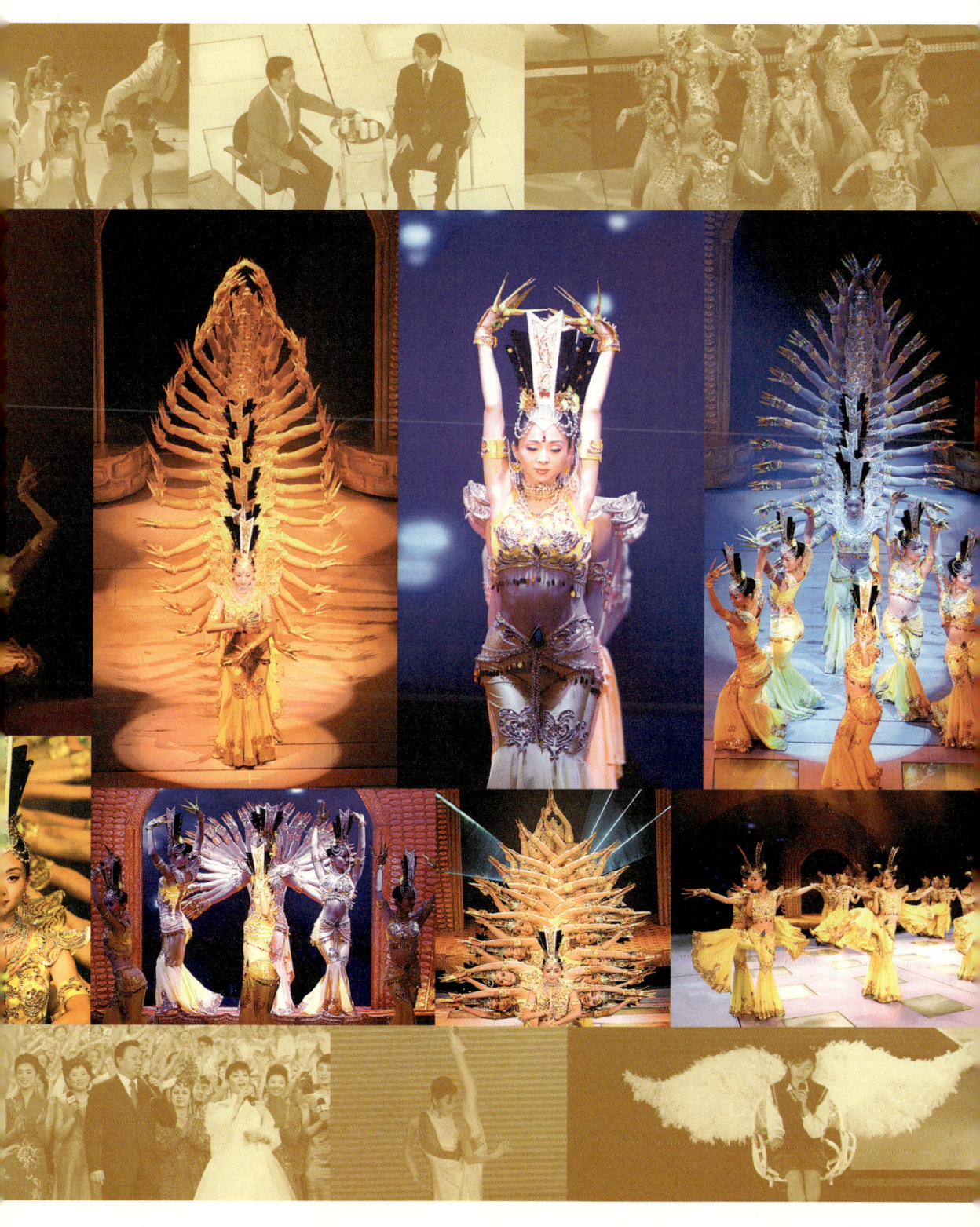

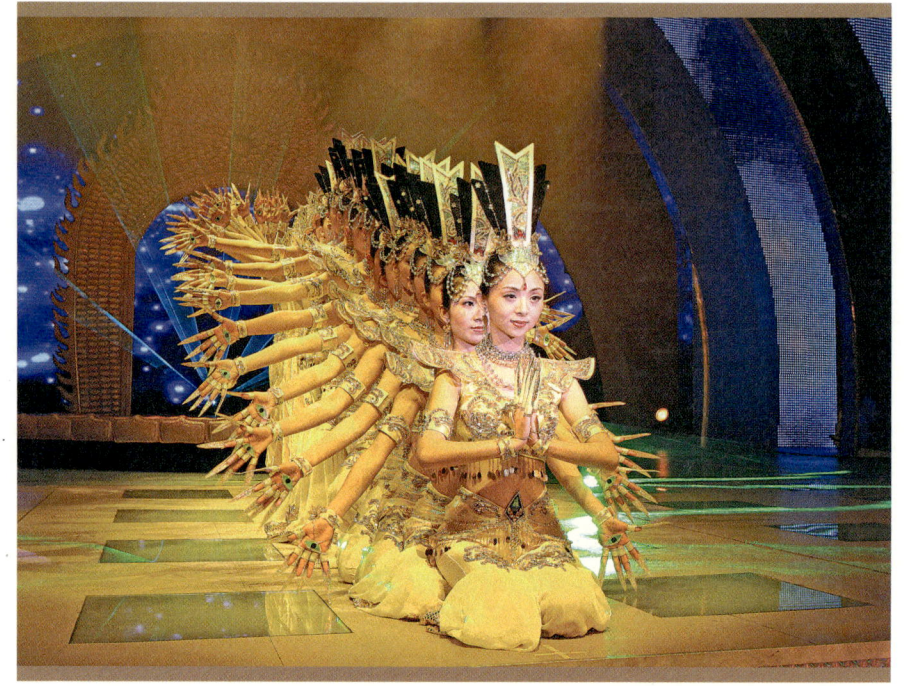

화로 표현했다.

2월 2일, 중앙 선전부 지도자가 제1스튜디오에서 공연을 심사했다. 심사가 끝난 후 그는 다른 모든 공연단들에게 「천수관음」 단원들이 보여준 규율, 자부심, 완성도 등을 배우라고 권유했다.

2월 8일 오전, CCTV는 설 전날 4시 뉴스 시간에 전국의 시청자들에게 '설 특집 공연' 가운데 공연 두 가지를 소개하는 코너가 마련되었다. 그중 하나로 「천수관음」이 선정되었다는 소식을 알려왔다. 오후에 장 감독은 타이리화와 단원 여섯 명을 데리고 CCTV 생방송 현장을 찾았다. 생방송을 통해 장 감독은 우리 공연 내용을 설명하였다. 여섯 명의 단원은 장애인을 대표하여 전국의 시청자들에게 새해 인사를 올렸다. 비록 4분밖에 안 되는 시간이었지만 중국 장애인 예술단과 「천수

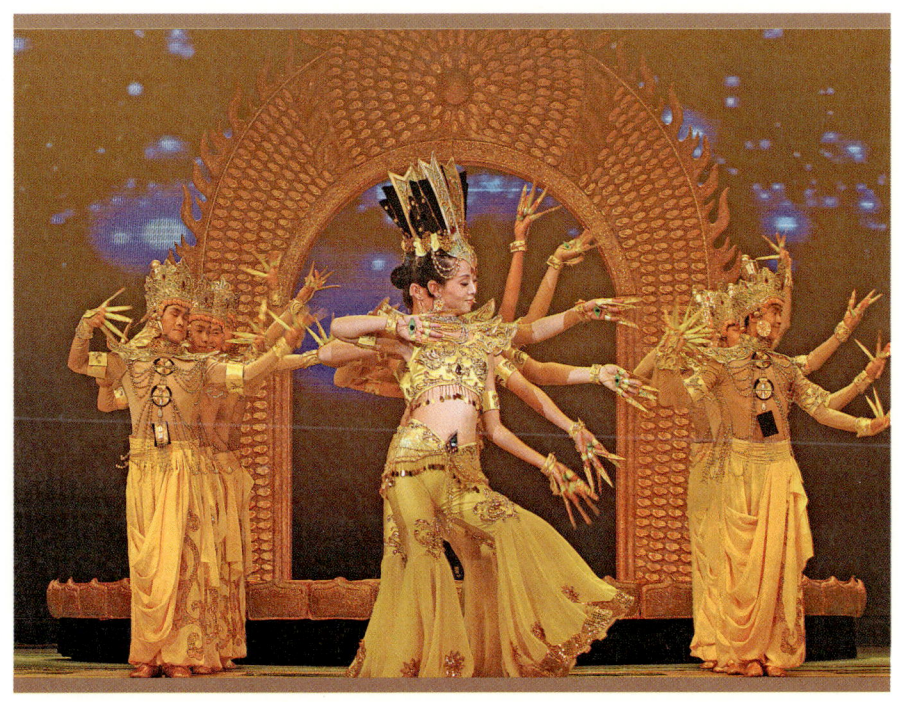

관음」을 알리는 데 매우 큰 성과가 있었다.

　　오후 6시면 온 가족이 모여앉아 섣달 그믐밤 저녁 식사를 하는 시간이다. '설 특집 공연' 팀은 중앙 선전부의 특별 지시에 따라 우리에게 최상의 음식을 제공했다. 고기면 고기, 탕이면 탕 전국 각지의 산해진미가 모두 모인 식사가 마련되었다. 그러나 단원들은 음식은 거의 입에 대지 않은 채 화장과 의상, 신발, 머리와 손톱 장식 등을 준비하느라 여념이 없었다. 너무 긴장한 나머지 '관음' 복장의 반짝이 장식을 망가뜨리기도 했지만 단원들끼리 서로 이런 저런 일들을 도와주었다. 나는 그 모습에 또 한 번 감동을 받았다.

　　저녁 8시, 특집 방송이 시작되었다. 우리는 최상의 시간대인 9시에 공연이 잡혔다. 단원들은 긴장과 흥분으로 어쩔 줄 몰라 했다. 나이가 어린 단원들은 조바심

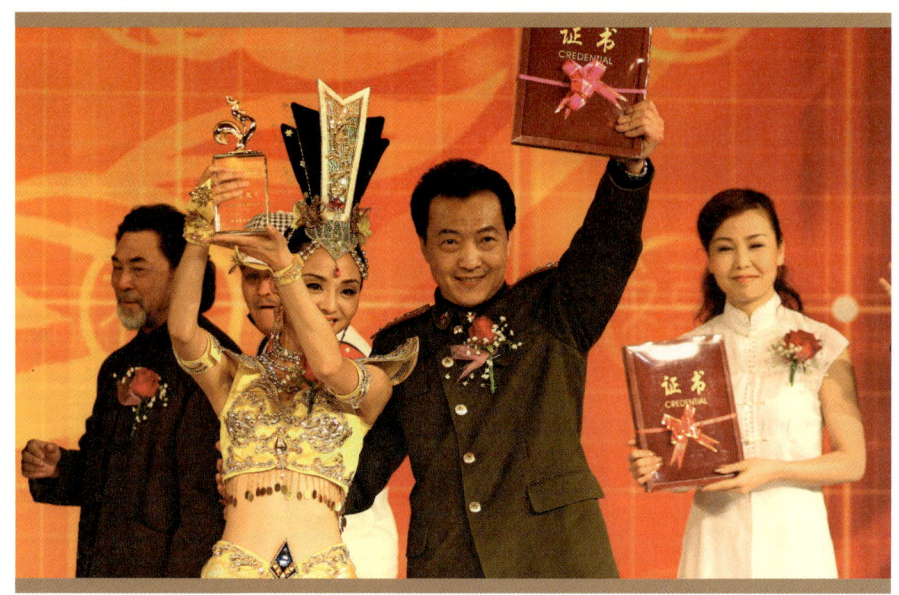

에 지쳐, 금세 달려와 시간을 물어보는가 하면 또다시 화장실에 다녀오겠다고 허락을 받으러 왔다가 조금 후엔 또 수화로 이런저런 일들을 물어보았다. 너무 긴장한 탓에 마치 말실수를 하는 것처럼 수화를 틀리기도 했다. 나이가 좀 있는 단원들은 애써 긴장을 억누르며 동작을 연습했다. 어떤 단원은 손에서 땀이 나는지 연신 티슈로 손을 닦아댔다. 남자 단원들은 땀을 흘려 화장이 지워진 여자 단원들에게 화장을 수정하도록 일러주고, 여자 단원들은 분첩과 립스틱을 들고 남자 단원들의 화장을 고쳐주었다. 이런 모습을 보고 있으려니 자꾸만 온몸이 후끈 달아올랐다. 그것은 단원들 역시 마찬가지인 모양이었다.

드디어 우리 차례가 되었다. 단원들은 지시에 따라 조별로 무대 옆에서 몸을 풀었다. 곧 공연이 시작되었다. 가슴이 마구 뛰기 시작했다. 너무 긴장해서 실수라도 하면 어떡하지? 나는 두 손을 모으고 '대자대비하신 관세음보살, 우리 아이들

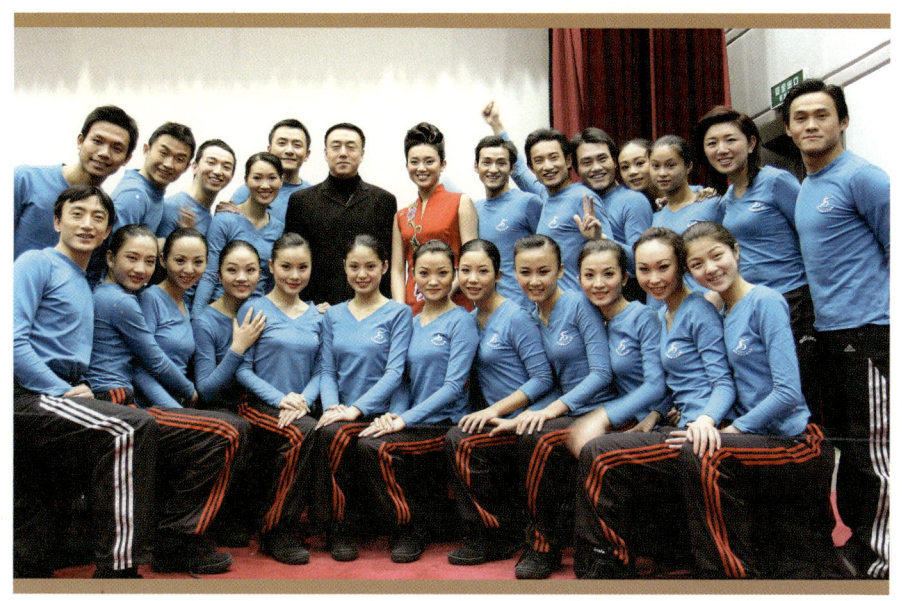

의 공연을 지켜주십시오' 라고 연신 중얼거렸다. 나는 5분 54초 공연이 끝나고 장
내에 갈채가 울려 퍼진 다음에야 뛰는 가슴을 진정시킬 수 있었다. 울려 퍼지는 박
수 소리는 공연 성공을 알리는 소리였다. 「천수관음」 공연을 본 사람들은 모두 깊
은 감동과 충격 속에 눈물을 흘렸다.

　　"전설에 나오는 「천수관음」을 그토록 감동적으로, 하늘의 성스러운 빛을 그토
록 영광스러운 모습으로 연출하다니요! 무용 작품 하나에 이처럼 편안하면서 고요
한 마음의 평화를 얻을 수 있다니, 영혼이 맑아지는 느낌을 받았어요."

　　'설 특집 공연'은 대성공이었다. 스물한 명의 「천수관음」으로 구성된 우리 예
술단은 사람들의 마음속에 영원히 기억될 것이다. 공연의 성공은 모두 예술단원들
의 땀과 노력이 빚어낸 값진 열매였다. 「천수관음」 예술단뿐만 아니라 중국 장애
인 예술단과 함께 작업하고, 생활하고, 공연했던 동료들과 예술가들은 예술단과

같이 보낸 경험을 영원히 가슴에 간직할 것이다.

그들과 같이 생활하면서 나는 장 감독의 말을 온몸으로 절실하게 느낄 수가 있었다.

당신이 선한 마음을 가지고 그 마음속에 사랑을 간직하고 있다면,

두 팔을 벌려 다른 사람을 도와줄 수 있다.

당신이 선한 마음을 가지고 그 마음속에 사랑을 간직하고 있다면,

천 개의 손이 당신에게 자비의 손길을 뻗을 것이다.

이런 세상이 바로 태평성세이다.

Thousand-hand
BODHISATTVA

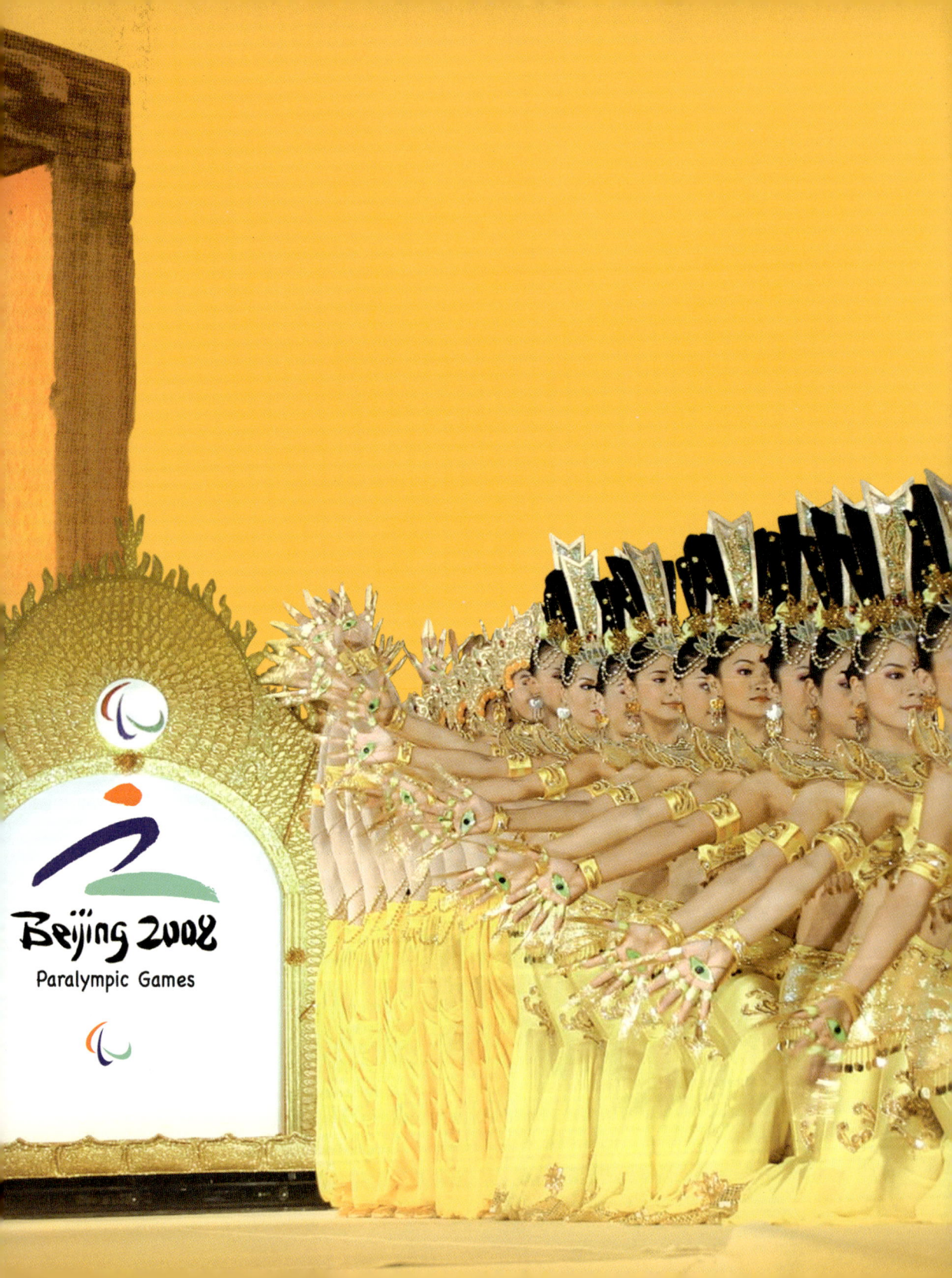

나의 꿈 '아테네에서 자금성까지'

2004년 9월 17일부터 28일까지. 제12회 장애인 올림픽이 올림픽의 발상지인 그리스 아테네에서 성대하게 거행되었다. 2백 명의 중국 장애인 선수단이 획득한 총 메달 수는 136개국 중에서 단연 으뜸이었다. 무엇보다도 가슴 벅찬 일은 장애인 올림픽 기간중 개최된 아테네 문화예술제와 장애인 올림픽 폐막식에서 중국 장애인 예술단의 훌륭한 공연이 전 세계를 깜짝 놀라게 한 것이었다. 중국에게는 영광을, 전 세계의 장애인들에게는 희망을 안겨준 공연이었다.

아테네, 평화를 사랑하는 도시

발칸 반도 남단에 위치한 아테네는 그리스 수도이다. 삼 면은 산, 한 면은 바다를 끼고 있다. 서남쪽은 에게 해의 사로니크 만으로부터 8킬로미터 떨어져 있다. 아테네 시내에는 작은 산들이 많은데, 키피소스 강과 일리소스 강이 시를 관통해 흐른다. 아테네는 면적 2,600제곱킬로미터, 약 320만 명의 인구를 가진 그리스 최대의 도시이다. 유럽과 세계 문화에 거대한 영향을 끼친 아테네, 예로부터 '서양 문명의 요람' 이란 명예를 누리고 있다.

아테네는 지혜의 여신 아테나의 이름을 딴 고대 문명 도시이다. 고대 그리스에서 아테나와 바다의 신 포세이돈이 아테네의 수호신이 되기 위해 치열한 경쟁을 벌였다. 제우스는 인류에게 유용한 물건을 주는 신에게 도시를 주겠다고 선포했다. 포세이돈은 전쟁을 상징하는 건장한 말을, 아테나는 잎이 무성하고 과실이 주렁주렁 열리는 '평화의 상징'인 올리브 나무를 선사했다. 전쟁을 혐오하고 평화를 갈망하던 사람들의 열망에 의해 아테네는 아테나에게 돌아갔다.

그로부터 아테나는 아테네의 수호신이 되었다. 도시 이름도 아테네라고 명명되었다. 이후 아테네는 '평화를 사랑하는 도시' 가 되었다.

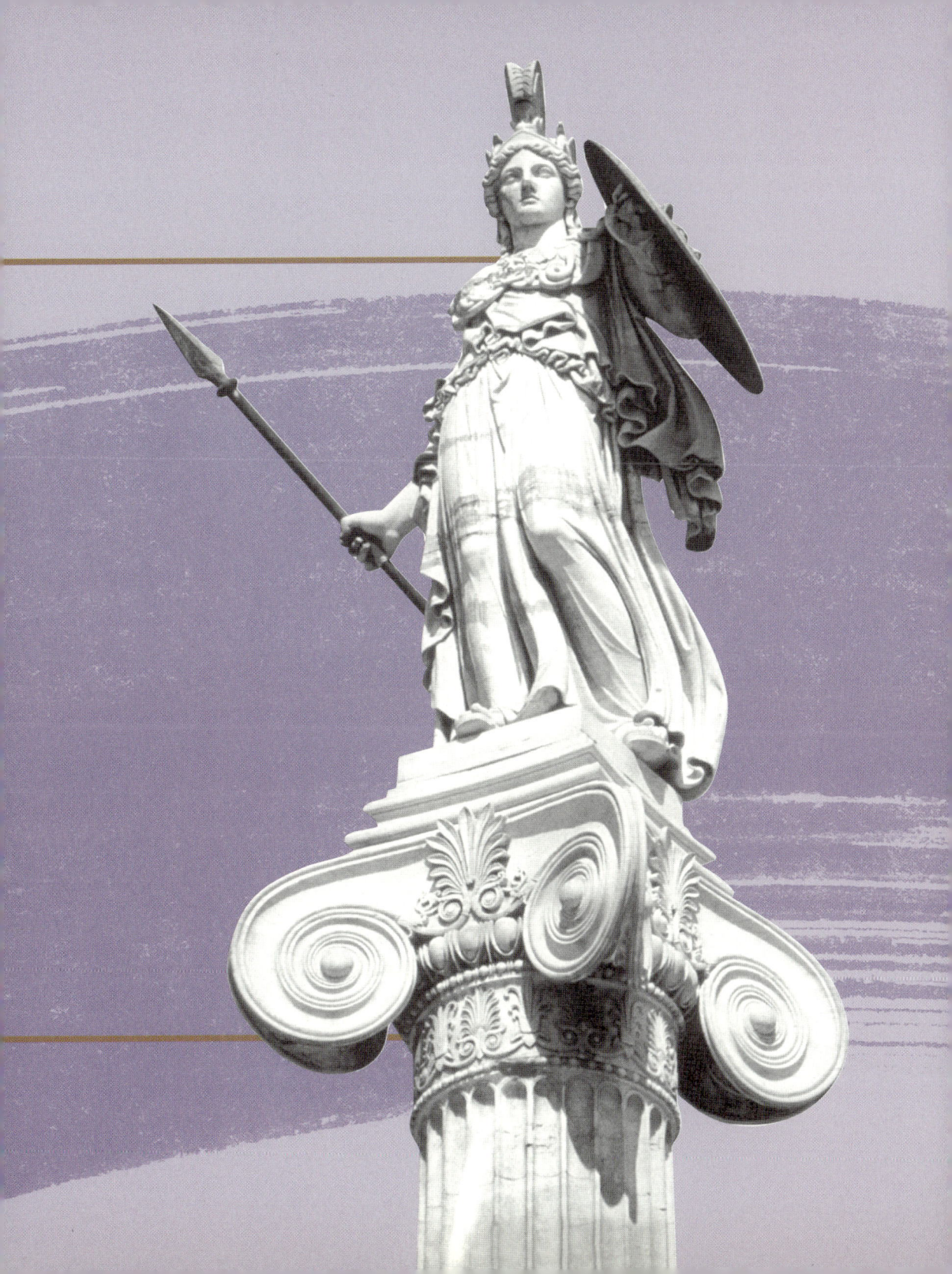

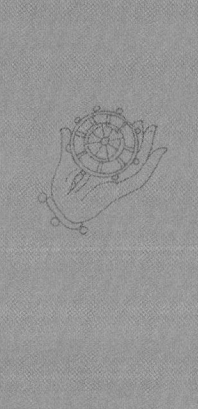

아테네의 부름을 받고

그리스는 세계 4대 문명의 발상지 가운데 한 곳이다. 고대 그리스인들은 문학, 연극, 조각, 건축, 철학 등 여러 분야에서 찬란한 성과를 거두었다. 서양 문명의 정신적 원천이 되었고 세계 최대 규모 스포츠의 발원지가 되었다.

그리스 신화에 따르면, 기원전 9세기 엘리스의 왕 이피토스가 여제사장에게 전란에서 사람들을 구할 방법을 자문했다고 한다. 여제사장은 모든 신들이 모여 체육 경기를 열 것을 제안했다. 이피토스는 4년에 한 번씩 신들이 모이는 올림포스 산에서 대회를 열기로 했다. 교전을 벌이던 자들도 이 기간만큼은 전쟁

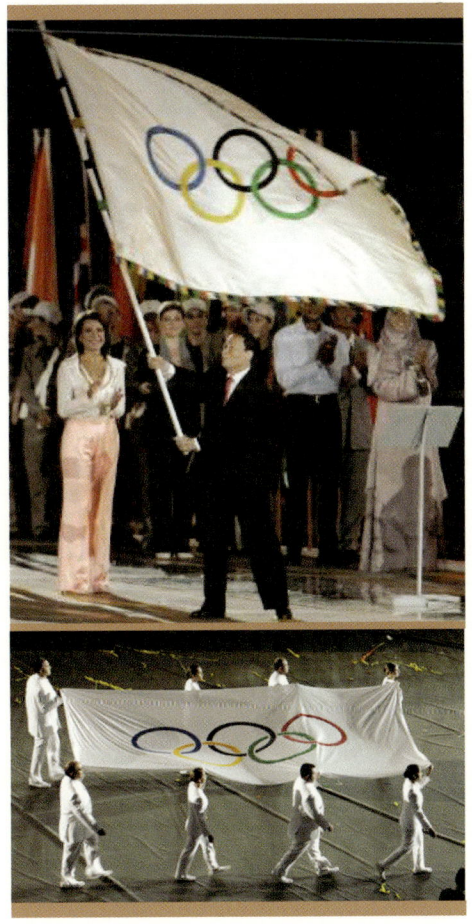

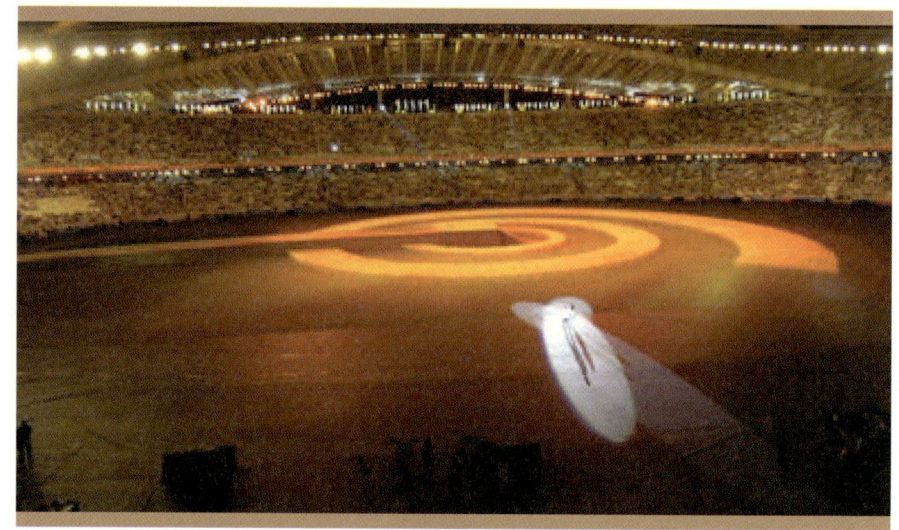

을 중지하기로 약속을 하고, 이 체육 경기의 이름을 '올림픽' 이라고 명명했다. 그후로 올림픽은 계속 이어지면서 인류 평화와 우정의 상징이 되었다.

2004년, 그리스에 세계인들의 관심이 집중되었다. 제28회 올림픽, 제12회 장애인 올림픽이 올림픽의 발상지인 그리스에서 개최되었기 때문이다. 올림픽 발상지로서의 면모를 과시하고 유구하고 찬란한 그리스 문화를 알리기 위해 그리스 정부와 아테네 올림픽 조직위원회에서는 혼신의 힘을 기울여 행사를 준비했다. 그중에서 문화 공연은 그리스의 문화 수준과 정신을 보여주는 것이기 때문에 각별한 신경을 썼다. 그들은 개막식뿐만 아니라 폐막식에서도 문화 공연을 기획했다. 또한 올림픽과 장애인 올림픽 기간에도 문화예술제를 개최하여 세계 각국의 유명 예술단을 초청해 무대에 올렸다.

아테네 올림픽 조직위원회의 기획에 따라 올림픽 폐막식과 장애인 올림픽 폐막식에 다음 올림픽 개최지인 중국에 각기 8분, 6분짜리 공연 시간이 배당되었다. 올림픽 폐막식 8분은 중국의 명감독인 장이머우張藝謀에게 총감독이 맡겨졌고, 장애인 올림픽 폐막식 6분은 중국 장애인 예술단의 「천수관음」을 공연하기로 했다.

　　장이머우는 세계적인 감독으로 그에게 폐막식 8분 공연의 총감독을 맡긴 것은 당연한 일로 받아들여졌으나, 중국 장애인 예술단에게 장애인 올림픽 폐막식 6분 공연이 주어진 것은 정말 뜻밖이었다. 많은 사람들이 의아해했다.

　　2000년 중국 장애인 예술단이 미국 공연을 갔을 때부터 문화적 감수성이 풍부한 그리스인들과 아테네 올림픽 조직위원회에서는 중국 장애인 예술단을 주목하기 시작했다고 한다. 중국 장애인 예술단의 세계 순회공연 소식이 그리스 아테네로 흘러들었던 것이다. 2003년 3월, 중국 장애인 예술단이 유럽과 아시아 대륙을 넘어 전 세계 순회공연을 하고 있을 때 예술단 공연 상황을 주시하고 있던 아테네 올림픽 조직위원회 관리들이 공연을 관람하기 위해 터키로 갔다. 예술단의 공연을 본 관계자들은 그들의 환상적인 공연에 감탄을 금치 못했다. 특히 「천수관음」 공연은 매우 깊은 인상을 주었다. 2003년 7월, 3개월에 걸친 연구와 예비심사 끝에 아테네 조직위원회는 정식으로 중국 장애인 예술단에게 초청장을 보내 올림픽 폐막식과 장애인 올림픽 기간 동안 열리는 아테네 문화예술제 공연에 참가해 달라고 요청했다. 그리고 장애인 올림픽 폐막식 행사를 맡고 있는 프랑스의 이벤트 전문회사 ECA2 문화공사의 승인을 얻은 그들은 중국 장애인 예술단에게 「천수관음」을 6분 동안 공연한다는 확고한 의지를 전달했다.

가슴 벅찬 출사표

　　이번 초청을 매우 중요하게 생각한 베이징 올림픽 조직위원회에서는 그 즉시 예술단에 임무를 전달했다. 통지를 받은 예술단은 곧바로 전문가 회의를 열어 공연

계획에 대한 논의를 거치고 참가자를 확정한 후, 전체 단원 회의를 소집했다.

예술단 간부들은 먼저 전체 단원들에게 베이징 올림픽 조직위원회와 중국 장애인 연합회에서 보낸 임무를 전달했다. 그리고 공연 계획과 공연자를 발표했다. 순간 장내가 소란스러워지더니 모두들 흥분한 모습이었다. 자신들의 공연이 장애인 올림픽 무대에 오를 수 있다는 건 이전까지 감히 상상도 못한 일이었다. 특히 어린 단원들은 기쁨을 감출 수가 없는 듯 얼굴이 상기된 채 너무 좋아 어쩔 줄을 몰라 했다. 아테네가 어디에 있는 곳인지도 모르는 이들에게 이것은 천재일우의 기회가 아닐 수 없었다.

예술단 총감독인 장지강이 말했다.

"… 6분이란 시간은 아테네나 전 세계에 매우 값진 시간이고, 우리 중국에 있어서는 더더욱 소중한

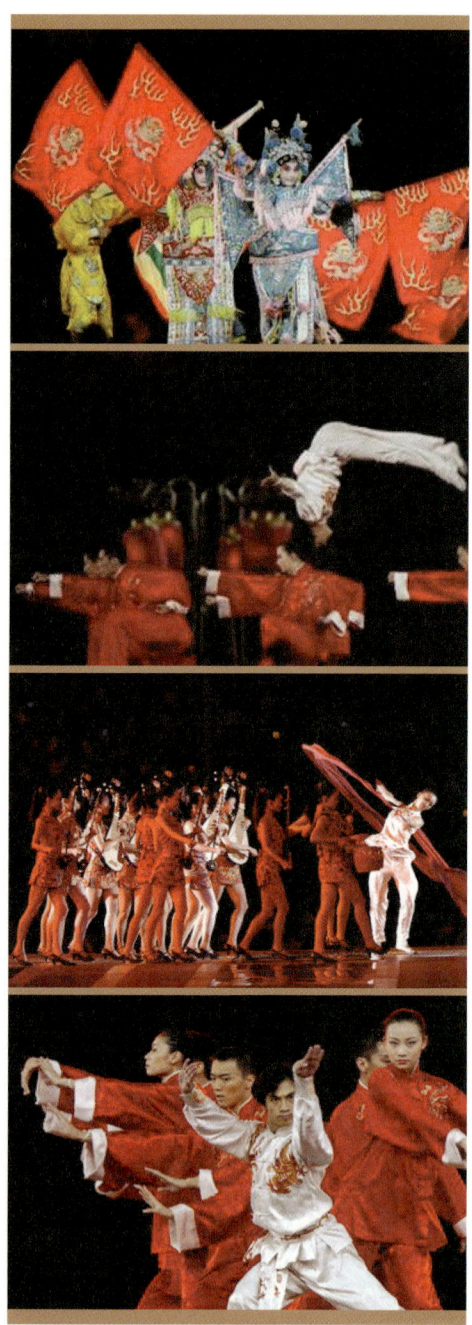

시간이 될 것입니다. 그저 평범한 공연이 아닙니다. 단순히 예술적인 면만이 아니라 하나의 문화, 한 민족, 한 국가를 전체적으로 조망할 수 있는 기회입니다. 아테네는 전 세계에 중국의 현재를 보여줄 수 있는 무대를 마련해 주었습니다. 우리는 이 6분이라는 시간의 1초 1초를 소중히 생각하는 마음으로 공연을 기획하고 훌륭하게 마무리해야 합니다."

철저한 공연 준비와 완벽한 공연을 위해 예술단은 총정總政 가무단 단장, 중국 특수 예술협회 부의장이자 중국 장애인 예술단 예술감독인 장지강을 아테네 장애인 올림픽의 「천수관음」 공연 총기획감독자로 선발했다. 또한 저명한 작곡자 장첸이, 국가 1급 패션디자이너 쑹리, 중앙 희극학원 부교수 뤄장타오 등 국내 정상급 예술가로 조직을 구성하여 최상의 음악, 안무, 의상, 무대장치, 조명 등을 준비하는 한편 단원들의 기초 훈련을 실시하도록 했다.

주요 멤버를 구성하는 일을 마친 후, 중국장애인연합회 주석 덩푸팡鄧朴方 등의 관심과 지지 아래, 계속된 연구를 거쳐 우선 다음과 같은 공연 준비 방안을 마련하였다.

01 | 임무 목표

중국 장애인 예술단은 중국을 대표하여 2004년 9월 20일부터 9월 29일까지 그리스 아테네에서 열리는 아테네 장애인 올림픽 문화예술행사에 참여한다. 9월 25일 밤과 9월 26일 정오와 저녁, 아테네 음악홀에서 세 차례 공연을 갖고 9월 28일 저녁 아테네 올림픽 체육센터에서 열리는 장애인 올림픽 폐막식에서 숭국 베이징시 부시장 류징민劉敬民이 오륜기 전달식을 한 후 중국이 준비한 공연을 6분간 무대에 올린다.

02 ┃ 행사 취지

첫째, 올림픽 노래를 통해 확립한 올림픽 창시 정신인 아름다움, 위대함, 정직, 굳건함, 성스러움, 우정의 인성을 구현한다. 동시에 올림픽 오륜기에 깃들어 있는 상호 이해와 우정, 평화의 정신을 준수한다.

둘째, 베이징 올림픽 정신과 베이징 장애인 올림픽 로고의 의미인 '천지인天地人' 을 문화 공연을 통해 보여준다. 전 세계 관중이 동양 예술의 멋, 중국 문화의 오묘함, 천지인의 화합적 아름다움을 느낄 수 있도록 한다.

셋째, 아테네에 대한 감사와 모든 선수들의 축복 그리고 베이징 올림픽 참가를 환영하는 뜻으로, 중국과 베이징의 활짝 열린 넓은 가슴을 보여주도록 한다.

03 ┃ 행사 내용

공연물은 새롭게 단장한 「천수관음」의 명칭은 「나의 꿈─ 올림피아에서 자금성까지」이다. '천天 : 꿈속의 천당', '지地 : 빛나는 대지', '인人 : 베이징에서 만납시다' 라는 3막으로 구성되어 있다. 공연 시간은 6분, 그중 배경 음악은 5분 54초, 마지막 6초는 '고마워요 아테네, 베이징에서 만나요' 라는 말을 수화와 더빙으로 처리한다.

04 ┃ 전체 구성

문화적 감성이 충만한 공연으로 관객에게 예술적 감흥을 최대한 선사하도록 노력한다. 이는 '정精, 심深, 휘徽 : 아름다움, 정情' 이라는 네 글자로 표현할 수 있다. 다른 나라에서의 공연은 경비 문제로 인원을 대거 투입할 수 없는 한계가 있다. 때문에 최소의 시간과 제한적인 공간에서 최대의 효과를 거둘 수 있도록 하는 공연의 '정수' 를 보여주기 위해서는 많은 노력이 필요하다. 또한 6분 안에 중국 문화를 함축적으로 선보임으로써 중국의 풍격, 중화민족의 기개를 펼쳐 보일 수 있도록 해야 한다. 베이징 장애인 올림픽 로고가 아직 공개되지 않았기 때문에 이 기회를 통해 베이징 올림픽 조직위원회가 디자인한 천지인 그리고 동적인 리듬과 인문적 정서가 느껴지는 마크를 전 세계에 선보이도록 한다. 마지막으로 아테네 행사에 대한 경축의 뜻과 감사의 마음, 전체 선수들에 대한 축복 그리고 베이징에서의 만남을 환영한다는 '마음'을 선사하도록 한다.

긴박한 공연 준비

공연 기획안이 마련되었다. 장애인 올림픽까지는 3개월 정도가 남았을 뿐이었다. 시간이 촉박했다. 장지강과 장첸이, 쑹리, 뤄장타오 등은 각자가 담당한 세부 내용의 창작에 들어갔다. 공연 내용을 한시라도 빨리 확정하기 위해 단원들은 서둘러 기초 훈련을 강화했다. 실무진들은 의상 디자이너, 무대 배경을 맡은 선생님을 도와 베이징의 거리 곳곳을 누비며 공연 의상에 필요한 천, 반짝이 장식, 두 손을 맞잡는 손의 자세를 만들 틀과 재료 등을 찾아다녔다.

한편 예술단 단원들은 큰 어려움에 직면해 있었다. 6월 6일 샌프란시스코 등에서 순회공연을 하기로 계약이 된 상태였기 때문이다. 이런 상황에서도 장애인 올림픽 공연을 위한 연습을 조금도 게을리 하지 않고 수준 높은 공연을 선보이기 위해 예술단은 베이징 무용학교 선생님을 초빙하여 기본기부터 훈련했다. 장지강은 단원들이 순회공연을 떠나는 전날까지 동작을 분석하는 한편 맹훈련을 통해 수정 중인 올림픽 판 「천수관음」 동작들을 미리 단원들에게 가르쳤다. 그리고 당부의 말을 잊지 않았다.

"새로운 관음의 가장 중요한 예술적 요소는 변화무쌍한 손의 모습입니다. 연습을 철저히 해야 합니다."

장지강의 당부를 가슴에 새긴 채 단원들은 미국 순회공연에 올랐다. 미국 순회공연을 하는 동안에도 단원들은 매일 매일 많은 시간을 할애해 손동작 연습을 꾸준히 했다.

7월 11일에서 20일까지 예술단은 중화세기단中華世紀團에서 실시하는 베이징 올림픽 문화제 폐막식 겸 베이징 장애인 올림픽 로고 개막식 저녁 모임에 참가했다. 이어 중국을 대표하여 아시아 문화제 개막식에 참가, 16개국 예술가들과 함께 무대에 올랐다.

7월 24일, 예술단은 다시 간쑤성甘肅省, 구이저우성貴州省에서 공연을 가졌다. 이 기간 동안 단원들은 예나 다름없이 날마다 공연 사이사이 시간이 날 때마다 손동작을 연습하며 대형과 기본기 훈련을 강화했다.

8월 12일에서 18일까지 수화 통역으로 단원들에게 춤에 담긴 의미와 박자, 운율을 설명해 주고 새 음악의 리듬과 동작을 어떻게 습득해 나갈 것인가에 대해 전달했다. 8월 19일에서 21일까지 「천수관음」 연습이 이어졌다. 8월 22일, 「천수관음」에 대한 중국장애인연합회 지도자들의 심사가 실시되었다. 8월 23일, 베이징 올림픽 조직위원회 부위원장인 류징민, 장샤오위蔣效愚 등의 「천수관음」 심사 의견에 따라 8월 24일, 공연 내용을 수정하여 공연 수준을 업그레이드시키기 위한 8가지 조치를 단행했다.

천신만고의 고된 훈련

올림픽 판 「천수관음」의 탄생 과정은 사실 단원들의 고된 훈련 과정 그 자체라 해도 과언이 아니다. 이전에 계약된 공연을 병행해야 하는 어려움도 있었지만, 무엇보다 청각장애인으로 구성된 무용 단원들이 소리와 리듬을 전혀 감지할 수 없고 창작 실무진 그리고 단원들과 서로 의사소통을 할 수 없다는 점이 가장 힘들었다. 게다가 3개월이라는 짧은 시간에 거의 새로운 작품이라 할 수 있는 「천수관음」의 음악과 동작을 모두 익혀야만 했다. 그 어려움은 가히 상상하기도 힘든 것이었다.

총감독 장지강은 짧은 시간에 「천수관음」을 각색하는 것이 매우 힘든 재창작 과정이라는 어려움을 토로했다. 또한 공연 효과를 최대한 끌어올리기 위해 원래 열두 명이었던 여자 단원을 스물한 명으로 확충해야 했다. 그러나 예술단에는 여자 단원이 열두 명밖에 없었기 때문에 아홉 명을 남자 단원으로 보충할 수밖에 없었다. 새로 개편한 무용 동작을 정확하게 단원들에게 전달하는 것도 문제였다. 단원들을 지도할 때마다 수화 선생님 두 명을 동원했다. 이들은 교대로 장 감독의 창작 의도를 단원들에게 정확하게 전달하기 위해 많은 노력을 기울였다.

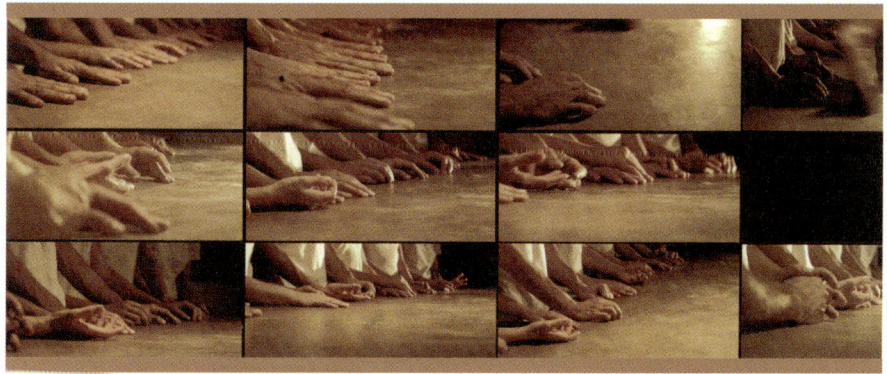

국가 예술단의 프로 무용수들은 대개 작품 하나를 연습하는 데 50시간 정도가 걸린다. 그러나 장애인 예술단원들은 400시간, 때로는 그보다 더 많은 시간을 필요로 한다. 「천수관음」 공연에서는 손을 내밀고 거두는 동작마다 리듬에 맞게 일정한 높이를 정확하게 맞춰야만 한다. 때문에 음악을 듣지 못하는 청각장애인 단원들이 그것을 소화하기 위해서는 수없이 많은 연습을 해야만 했다. 매일 100번 이상을 연습했다. 사실 이런 연습량은 일반적인 상황에서는 상상도 못할 일이다. 그러나 장애인 단원들은 그것도 모자라 각자의 숙소에서 몰래 수십 번씩 연습을 계속했다. 고된 연습으로 쓰러진 단원들이 한둘이 아니었으나 그들은 자신의 동작 하나하나를 정확하게 하기 위해 자신의 손을 침대에 묶어두고 잠을 잘 정도로 열심이었다.

음악을 들을 수 없는 그들이 리듬을 느낄 수 있도록 우리는 많은 방법을 동원했다. 볼륨을 최대로 높인 다음 스피커에 귀를 바짝 대보기도 하고, 발로 무대 바닥을 세차게 두드린 다음 몸 전체로 진동을 느끼는 방법도 이용해 보았다.

"스물한 명 모두가 반드시 똑같은 높이를 유지해야 합니다. 모두 단 하나의 심장을 가지고 같은 호흡으로 심장박동 수마저 동일해야 합니다. 모든 단원들이 타이리화에게 완벽하게 호흡과 심장박동을 맞춰야 합니다."

그들은 심장박동기구를 이용한 훈련을 통해 음악 리듬을 온몸으로 받아들였다. 우리는 여러 가지 훈련 방법을 고안했다. 그중 호흡 조절 방법을 예로 들면, 손을 내미는 경우 동작을 취하기 전 숨을 멈추고 정신을 집중한 후 동작이 완성된 다음에야 숨을 내뱉는다. 전체 동작이 완성되는 시간은 0.5초였다. 앞사람과의 간격이 매우 좁아 머리카락도 동작에 영향을 끼칠 수 있기 때문에 반드시 호흡을 조절해야만 했다. 훈련을 통해 우리는 단원들에게 먼저 짧은 시간 동안 제자리 뛰기를 하게 한 다음 바로 세로로 열을 맞추면서 코를 이용한 호흡을 통해 순식간에 긴장을 푸는 연습을 시켰다.

　이처럼 천신만고의 노력으로 단원들은 올림픽 판 「천수관음」을 연습했고, 지도자들의 엄격한 심사를 무사히 통과한 후 아테네로 향하는 것이 확정되었다.

아스펜도스 극장에서의 리허설

　장애인 올림픽 폐막식 공연은 이전에 계약이 되어 있던 터키, 그리스, 이집트 공연 사이에 있었다. 일정에 따라 연습과 공연 심사가 끝난 후 예술단은 예정된 순회공연을 위해 이동했다.

　출발 전날인 8월 24일, 중국 장애인 예술단 일행 47명은 베이징 올림픽 조직위원회와 중국 국민들의 기대를 한 몸에 받으며 터키, 그리스, 이집트 순회공연 길에 올랐다.

　이번 출정은 여느 때와는 전혀 다른 의미를 가지고 있었다. 첫째, 장애인 올림픽 폐막식에서 전 세계에 중국 문화의 멋을 가득 담은 공연을 펼쳐 보여야 했다. 둘째, 특수 예술단을 통해 중국 문명과 다른 문명이 교류하는 특별한 대화라고 할 수 있기 때문에 더욱 큰 의미를 지녔다.

　첫 번째 순회공연 국가는 터키였다. 터키는 아시아와 유럽 두 대륙에 걸쳐 있으며, 남쪽으로 아프리카와 바다를 사이에 두고 있다. 국토 면적은 81만 제곱킬로미터, 아름다운 산천과 더불어 역사 문화유적지가 곳곳에 산재해 있나. 터키는 투르크족이 전체 인구의 80퍼센트 이상을 차지하고 있다. 중국에서는 한漢나라 시대부터 이들을 돌궐족이라고 불렀다.

　사실 지금의 터키라는 이름도 투르크에서 유래했다. 투르크족은 한대부터 중국 북방 지역에 거주하여 중원의 한민족과 밀접하게 교류하였다. 고대의 실크로드는 바로 고대 투르크족과 중국인들이 함께 개척한 길이다. 지금도 유서 깊은 터키 땅에서는 실크로드의 역참 유적이 많이 남아 있다. 수나라 개황開皇 3년(583년) 동투르크와 서투르크가 분리되고 수세기에 걸쳐 민족의 대이동이 이루어진 후, 13세기 말 오스만 제국이 소아시아에 찬란한 문명을 이룩했다. 이러한 역사를 돌이켜볼 때 유구한 역사와 전통적 우의를 지닌 터키에서 중국을 대표해 공연을 할 수 있게 되었다는 점에 우리는 절로 마음이 부풀어 올랐다.

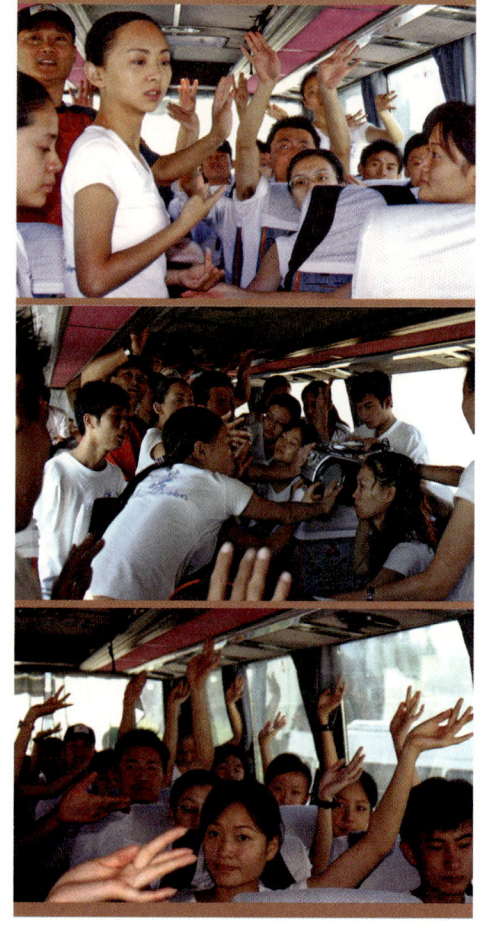

중국 장애인 예술단은 터키에서 20여 일 동안 순회공연을 가졌다. 이 기간 동안 예술단은 화물 트럭을 타고 매일 6시간씩 터키의 울퉁불퉁한 도로를 달렸다. 모두 1만여 킬로미터, 10개 도시를 다니며 15회(그중 12회는 유료공연, 3회는 자선공연) 공연을 가졌다. 열악한 도로 사정으로 인해 차가 덜컹거리는 일이 다반사였다. 때로는 차가 뒤집혀질 뻔했다. 지금도 생각하면 간이 콩알만 해지는 것 같다.

하지만 차 안에서도 단원들은 손동작과 균형 자세를 연습했다. 춤의 기본 리들을 외우느라 여념이 없었다. 성공리에 공연을 마무리할 때까지 단원들은 매일 4시간 넘게 장애인 올림픽 폐막식 공연을 준비했다. 빡빡한 공연 일정, 장거리 행군에 설상가상으로 열악한 기상 조건, 낯선 환경으로 인해 단원들은 다리가 퉁퉁 붓고 허리가 뻣뻣해지며, 등의 통증을 느끼기도 했다. 또 고열에 기침을 동반하고, 소화불량으로 인해 구토와 설사가 반복되는가 하면 관절염으로 고생하기도 했다. 그러나 고통을 호소하거나 휴식을 청하는 사람은 아무도 없었다.

"중국을 대표해 장애인 올림픽에서 인생의 가치와 아름다운 꿈을 표현할 생각을 하면 너무 영광스럽고 자랑스러워요. 몸이 힘든 것쯤이야 뭐 대수겠어요."

9월 6일, 예술단은 정성껏 준비한 올림픽 판「천수관음 : 나의 꿈 ─ 올림피아에서 자금성까지」를 기원전 334년 오스만 제국이 건설한 아스펜도스(Aspendos) 노천극장에서 선보이며 정식으로 실전 연습에 들어갔다. 터키인들은 예술단을 진심으로 환영하며 시설의 가장 눈에 띄는 곳에 '아시아 최고의 공연단' 이란 포스터를 붙여 놓았다. 공연이 시작되고, 감동한 관객들이 보내는 우레와 같은 박수 소리는 배경 음악까지 모두 묻혀버릴 정도였다. 단원들의 활약으로 고대의 모습이 잘 보존된 극장에 중국 예술의 꽃이 활짝 피는 순간이었다.

이스탄불에서 가진 12번째 공연은 그 어느 때보다도 성황을 이루었다. 그 지역의 30여 매체가 취재를 위해 공연단을 따라다녔다. 터키 수상 부인은 공연을 관람한 후 무대로 올라와 각 단원들에게 장미꽃 한 송이씩을 선사하며 장애인 올림픽 공연의 성공을 기원해 주었다.

"너무 훌륭한 공연이었어요. 도대체 무슨 말로 표현해야 할지 모르겠군요. 분명 전 세계인들이 여러분의 공연에 감동할 겁니다."

최고 결정자들의 마지막 회의

베이징 시위원회, 베이징 올림픽 조직위원회와 중국 장애인 지도자들은 장애인 올림픽 폐막식 준비 행사에 큰 관심을 보였다. 특히 지도자들은 중국 장애인 예술단의 해외 공연을 관심 있게 지켜보았고, 우리 역시 수시로 터키 공연 상황을 베이징 올림픽 조직위원회와 중국장애인연합회 지도자들에게 보고했다. 특히 9월 6일 아스펜도스 극장에 올린 올림픽 판 「천수관음 : 나의 꿈 — 올림피아에서 자금성까지」 공연의 경우, 베이징 올림픽 조직위원회와 중국장애인연합회 지도자들은 공연 상황, 관객들의 반응, 개선 방안에까지 많은 관심을 보였다.

9월 11일, 중앙 정치국 위원이자 베이징 시위원회 서기 류치劉淇는 당을 대표하여 올림픽 판 「천수관음」 공연을 위해 베이징 올림픽 조직위원회, 베이징시 정부, 중국장애인연합회 관련자들을 소집했다. 회의를 열어 예술단 창작, 리허설, 공연 상황에 대한 보고를 받는 동시에 문제점과 어려움을 해결하고자 했다.

중국장애인연합회 류 부주석이 장애인 예술단의 장애인 올림픽 폐막식 공연 목표, 취지, 내용, 창작 구상, 준비 과정, 연습 상황 등을 보고하였다. 류 부주석은 또한 예술단이 터키에서 치러진 「나의 꿈 — 올림피아에서 자금성까지」 정식 리허설 상황 보고를 들은 후 안도의 미소를 지었다.

류 부주석은 예술단 공연과 관련하여 몇 가지 문제를 발표했다. 먼저 무대가 확정되지 않은 점이다. 예술단은 처음 구상대로 회전이 가능한 직경 5.6미터의 원형무대를 자체 제작하여 아테네에서 마련한 18미터×16미터의 팔각형 무대 위에 설치할 생각이었다.

그러나 아테네 측은 모두 4번에 걸쳐 무대를 수정하더니 우리가 제작한 무대를 사용할 수 없다고 통보했다. 후에 웨이란펀韋蘭芬의 적극적인 설득과 함께 연습 공연을 보고 감동한 관계자들과 프랑스 감독은 직경 20미터, 높이 2.2미터 원형무대를 세우는 데 동의했다. 그러나 8월이 되자 그들은 다시 경비 문제를 이유로 원래의 원형무대를 10미터(길이)×8미터(너비)×1.2미터(높이)로 변경할 것을 요구했다.

또한 9월 1일에 그들은 다시 별도 무대를 설치할 수 없고 6미터×4미터의 인사 무대 밖에 마련할 수 없으며 폐막식 공연은 잔디 위에서 해야 한다고 통보해 왔다. 이처럼 계속해서 약속을 번복하는 상황에 우리는 당혹감을 감출 수가 없었다. 온갖 정성을 들여 준비한 작품을 잔디 위에서 공연하게 되면 관객들이 제대로 감상할 수도 없을 뿐더러, 그렇게 되면 공연의 효과를 전혀 기대할 수 없게 된다.

우리는 즉시 무대 문제를 해결하기 위해 아테네 측과 긴급 논의에 들어갔다. 무대 문제를 해결해 주지 않을 경우 공연은 불가능했다. 9월 2일, 마침내 우리 측 의견에 따라 18미터×16미터에 높이 1.2미터의 회전 가능한 육각형 무대를 마련하고, 우리가 제작한 원형무대도 올려놓겠다고 약속했다. 단 조건이 있었다. 우리 측이 1만 유로를 지불해야 한다는 것이었다. 공연 효과와 함께 두 나라의 관계를 고려해 우리는 상급기관에 아테네 올림픽 조직위원회와 폐막식 행사를 맡은 프랑스 ECA 2측에 1만 유로를 지원해 줄 것을 요청했다.

다음은 공연 경비 문제였다. 아테네 장애인 올림픽 폐막식 참가 경비는 중국 장애인 예술단이 기금을 절약하여 예산을 편성한다는 기본 원칙을 바탕으로 모두 143만 위안이 필요했다. 그중 50만 위안은 베이징 올림픽 조직위원회에서 찬조하기로 했다. 그러나 지출액은 벌써 200만 위안을 넘어섰다. 이 액수는 예술단 상반기 수입에 맞먹는 금액이었다.

올림픽 관계자의 말에 따르면 올림픽이 개최되는 기간 중, 도구를 공항에서 공연장까지 운반하는 데만 5만 유로를 내는 등 여러 가지 경비에 바가지를 쓸 수 있다고 주의를 주었다. 당초 예산을 책정할 때 우리는 이런 문제를 고려하지 않은 상태였다. 올림픽 관계자의 경험을 바탕으로 우리는 다시 도구 운송비용 등 비상 기금으로 4만 7천 유로를 더 신청했다.

류 부주석의 발표가 끝난 후, 장지강은 공연 준비 상황에 대한 부분을 보충 설명했다. 그는 장애인 올림픽 폐막식에서 6분이란 시간은 매우 소중한 시간임을 강조했다. 폐막식 현장에 있는 관중들뿐만 아니라 전 세계의 눈길이 주시하고 있기 때문이다. 우리들은 자꾸만 마음이 무거워졌다. 매순간 모두가 있는 힘을 다해 가장 뛰어난 공연을 펼쳐야 한다는 각오 아래 우리의 상황을 다시 한 번 분명하게 인식하고자 하였다.

첫째, 전 세계인들에게 어떻게 하면 효과적으로 방대하고 심오한 동양 문화를 받아들일 수 있도록 할 것인가? 둘째, 이 공연은 장애인 올림픽 폐막식 무대에 올려지기 때문에 장애인의 특징을 부각시켜야 한다. 그러나 또한 장애를 이용해 연민의 박수를 이끌어 내서는 안 되는 것이기에 불가능을 가능으로 만들어 공연의 질을 높이고 예술적 승화를 통해 관중들을 감동시켜야 한다. 셋째, 예술 자체는 복잡하고 난해한 것이 아니라 알기 쉽고 접근하기 편한 것이어야 한다. 넷째, 6분이란 시간을 잘 활용하여 순간순간 모두 뛰어난 역량을 보여줌으로써 공연이 끝나고 난 후에도 영원히 관객들의 가슴에 남는 깊은 인상을 심어주어야 한다.

이어서 회의 참가 지도자들은 열띤 토론을 시작했다. 어떤 지도자는 중국 장애인 예술단은 진지하게 공연 안을 마련하여 충분한 준비 과정을 거쳤기 때문에 분명히 뛰어난 공연을 통해 중국 장애인을 대표할 수 있는 최고 수준의 예술, 방대하고 아름다운 중국 예술을 선보일 수 있을 것이라고 말했다. 그러나 한편으로 이 공연이 기존의 「천수관음」을 각색하였기 때문에 조형이나 의상, 두 손을 맞잡는 자세 등 종교적인 색채가 강한 것을 우려하는 목소리도 있었다. 그 지도자는 이런 이유로 「천수관음」 공연이 올림픽 정신과 어긋나는 부분이 있지 않겠는가 하는 문제를 제기했다.

이에 대해서는 공연 창작자들도 중요한 문제로 인식한 터라 그렇지 않아도 종교 관련 정책을 조사해 보았으며, 2000년 「천수관음」에 대한 미국 대표단의 발언 녹음 내용을 살펴보았다고 말했다. 여기서 모두가 인식해야 할 점은 현재 인류 문화의 80퍼센트 이상이 종교 문화에 그 뿌리를 두고 있다는 것이었다. 또한 기독교, 천주교, 불교를 막론하고 모든 종교가 민속화, 세속화되는 과정을 거쳤다는 점이다.

예를 들어 인도 불교의 경우 원래 관세음이 존재하지 않으며 송대宋代에 이르러 선과 미를 대표하는 여성신이 불교의 전능한 관음보살이 되었다고 설명했다. 장쩌민江澤民 전 주석 역시 「천수관음」은 동양 문화의 결정판이라고 말한 바 있다. 또한 올림픽 헌장을 조사해 본 결과 올림픽에서는 결코 종교나 특정한 교파를 배척하지 않음을 알 수 있었다고 말했다. 천수관음이 지닌 천 개의 손은 만인의 손, 천 개의 눈은 만인의 눈을 대표하므로 진, 선, 미, 성결함의 표현인 이번 공연은 전 세계인들에게 사랑과 축복의 메시지를 전달하기 위한 것이라고 강조하면서 이 공연과 올림픽 정신은 서로 일맥상통하는 부분이 있다고 설명했다.

이 밖에도 단원들의 무대 의상, 대형 해체와 무대 전환에 필요한 시간, 무대 회전 속도, 2008 베이징 올림픽기 소개와 현장 분위기 조성 등 세심한 문제에 대한 의견을 제시한 지도자도 있었다.

토론이 끝난 후 류치 서기는 발언 내용들을 총정리했다. 그는 먼저 원칙적으로 이번 공연 안에 대한 동의를 표시하면서 특히 공연의 창조성과 연습 상황, 창작자들과 단원들의 힘든 연습 과정을 매우 높이 평가했다. 그는 「천수관음」이야말로 매우 우수한 작품으로, 회의 참석자들 또한 모두 이번 작품에 찬사를 보냈으며 소중한 의견을 많이 제시해 주었다고 말했다. 그는 공연 준비자들에게 이를 참작하여 다시 한 번 공연 내용에 대한 검토를 통해 종교적 색채를 줄이는 데 힘쓰는 한편, 중국 문화의 독특함을 선보여 줄 것을 당부했다. 또한 경비 문제는 계속해서 베이징 올림픽 조직위원회와 협상을 벌이도록 하겠다고 약속했다. 마지막으로 류 서기는 다음과 같이 말했다.

"여러분의 노력으로 장애인 올림픽 폐막식 6분 공연이 성황리에 끝맺을 것이고, 전 세계에 큰 감동을 줄 것이라고 확신합니다."

그날 회의 내용은 곧바로 터키 순회공연 중인 단원들과 관계자들에게 전달되었다. 지도자들로부터 공연이 높은 평가와 함께 많은 관심을 얻고 있다는 말에 마음 속 깊이 스며드는 따스함을 느낌과 동시에 공연에 대한 자신감을 더하게 되었다.

아테네 예술제의 하이라이트

9월 20일, 중국 장애인 예술단은 터키를 떠나 이번 순회공연의 최종 목적지인 그리스 아테네에 도착했다. 문화예술제 공연까지는 5일, 장애인 올림픽 폐막식 공연까지는 8일이 남아 있었다. 단원들은 그 시간들이 얼마나 소중한지 잘 알고 있었다. 어느 정도 현지 적응이 된 후, 단원들은 아름다운 고대 문화유적지에 대한 감상은 뒤로 한 채 본격적인 연습에 돌입했다.

장애인 올림픽 신분증

우리의 숙소였던 호텔에는 장애인 올림픽에 참가하는 선수들이 많이 묵고 있었다. 그들은 모두 가슴에 장애인 올림픽 참가 신분증을 달고 있었다. 사람들은 호텔을 출입하는 이들을 모두 선망의 눈길로 바라봤고, 우리 단원들 역시 선수늘 가슴에 달린 신분증으로 자꾸만 눈길이 쏠렸다.

9월 21일, 일정 안내를 맡은 부서에서 우리 역시 신분증을 받게 될 것이라고 말해 주었다. 단원들 모두 흥분해서 어쩔 줄을 몰랐다.

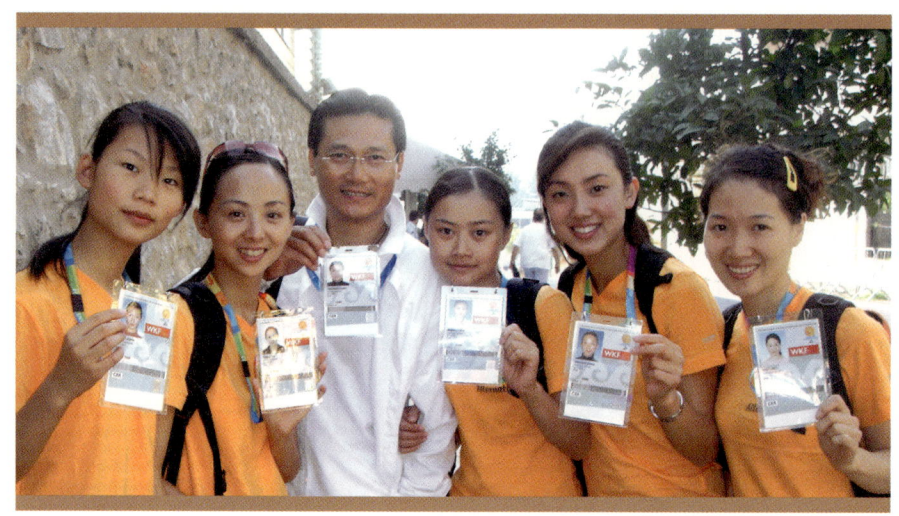

9월 22일 오전 9시, 중국 장애인 예술단 단원들은 호텔을 출발해 아테네 조직 위원회 총본부에서 신분증을 받았다. 경비가 삼엄한 장애인 올림픽 주경기장에 들어갈 때였다. 마침 경기를 구경하기 위해 관람객들이 몰려들었다. 하나같이 청각 장애인 예술단 아가씨들을 바라보며 다정하게 손을 흔들어 주었다.

우리 예술단은 그날 마치 처음으로 여권을 받을 때처럼 단체로 장애인 올림픽 참가 신분증을 발급받았다. 아테네 올림픽 조직위원회 신분증 발급 부서는 매우 조직적이고 효과적으로 업무를 처리했다. 실무자는 한 사람씩 자세하게 여권을 대조한 후 장애인 올림픽 참가 신분증을 발급했고, 신분증을 받아 든 단원들의 얼굴에는 웃음꽃이 활짝 피었다.

장애인 올림픽 참가 증명서를 받고 버스로 돌아갈 때였다. 버스 기사가 손에 달러를 들고 우리를 향해 소리를 질렀다. 통역의 얘기로는 누군가 버스에 달러를 떨어뜨렸다고 했다. 일단 기사로부터 돈을 받아들고 액수를 세어본 후 기사에게 고마움을 전했다. 그리고는 단원들이 모두 버스에 올라탔다. 잠시 후 후난이 88달러를 잃어버린 것을 알았다. 돈을 돌려받은 후난은 얼굴이 환하게 밝아지더니 맘씨 좋은 기사 아저씨에게 장애인 예술단 배지를 직접 달아주며 고마움을 전했다.

리허설을 앞둔 강훈련

일정에 따르면 9월 23일 아테네 올림픽 조직위원회 합동 리허설에 참가하고, 25일에는 문화예술제 공연에 참가해야 했다. 공연 도구를 조립하는 데도 많은 시간과 노력이 들어갔고 매 순간이 긴장의 연속이었다. 22일 오전, 신분증을 받고 호텔에 돌아온 단원들은 방에도 들르지 않은 채 곧바로 연습장으로 향했다.

사실 연습장이라 해봤자 컨테이너를 쌓아 만든 곳이었다. 조건이 매우 열악했다. 거울도 마련돼 있지 않아 자신의 동작 위치를 선생님의 지시에 따라 조정했다. 특히 마지막으로 수정된 부분은 동작을 정확하게 파악하기가 힘들었다. 자오리강 단원이 연습 과정을 VTR에 담아 각자 테이프를 보면서 개개인의 동작에 문제점을 파악하고 고쳐나가자고 했다. 이렇게 하면 훨씬 더 시간이 단축될 것 같았다.

그날 연습은 아침부터 10시간 동안 이어졌다. 식사를 하거나 중간 휴식 시간을 제외하고는 모든 단원과 수화 선생님들이 최선을 다해 연습에 매진했다. 힘든 시간이었지만 누구 하나 불평하는 사람이 없었다.

한편 단체 리허설 전에 연화蓮花 회전무대와 천수千手 아치문을 설치해야 하는 중요한 일이 있었다. 9월 23일 새벽 5시, 무대 미술팀은 감독을 따라 상애인 올림픽 폐막식이 열리는 K2에 무대를 설치했다. 그곳은 원래 초대형 컨테이너 창고였다. 이 같은 신식 무대를 처음 접해 보는 기술팀은 무대 미술 디자이너인 뤄장타오 교수의 지도 아래 조심스레 무대를 설치했다. 단원들이 도착했을 때는 연화회전대가 겨우 마련된 상태였다. 하지만 천수아치문은 아직 건드리지도 못한 상태였다. 걱정이 됐다.

"설치가 이렇게 더디다니, 정식 공연 때 무슨 문제 생기는 거 아냐?"

그러자 뤄 교수는 다 생각이 있다는 듯 이렇게 말했다.

"오늘은 설치를 처음 해보는 거라 모두 손이 서툴러요. 계속 하다 보면 정식 공연 때는 늦지 않을 겁니다. 그리고 그때는 연화대의 모든 부분이 미리 조립되어 있는 상태라 아치문만 세우면 돼요. 아마 10초면 모두 끝날 걸요."

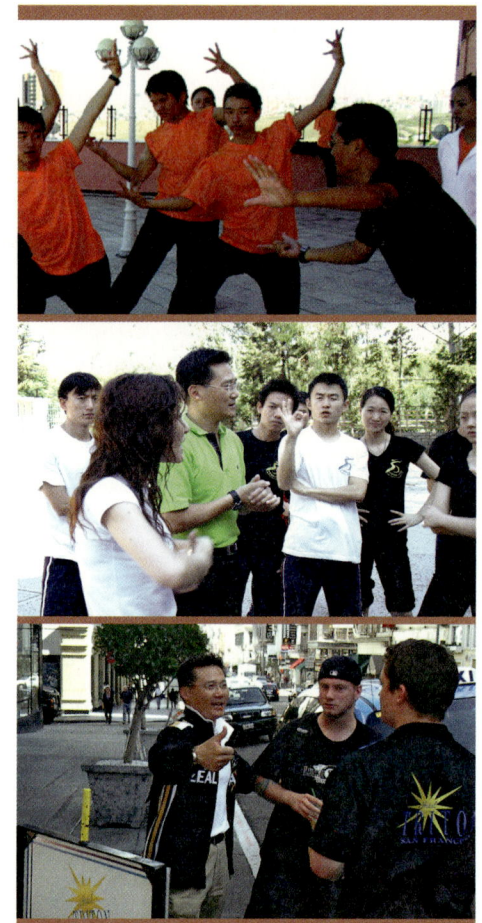

뤄 교수의 설명을 듣고서야 사람들은 마음을 놓았다. 아치문을 조립할 때는 남자 단원들뿐만 아니라 여자 단원들까지 작업을 거들었다. 모두 힘을 모은 가운데 높이 3미터에 달하는 거대한 아치문이 서서히 올라가기 시작했다. 손을 놓고 서로를 바라보던 사람들이 갑자기 웃음을 터뜨렸다. 천수아치문에 뿌려진 금가루가 아치문을 이동하면서 사람들의 머리, 얼굴, 옷에 떨어져 모두 금빛 찬란한 '신선神仙'들이 돼 있었던 것이다.

이제 단원들은 무대 설치도 척척 해내는 고수가 되었다. 1톤이 넘는 70여 개의 원형 연화회전대 설치와 해체 작업도 도왔다. 연습 둘째 날, 기온이 급강하했지만 홑겹의 연습복을 입고 땀을 흘리는 단원들을 보면서 사람들은 감탄을 금치 못했다.

아테네 문화예술제의 하이라이트

9월 25일 저녁, 중국 장애인 예술단은 아테네 중앙에 자리한 음악홀에서 장애인 올림픽 예술제 첫 번째 공연을 시작했다. 이 음악홀은 그리스 최고의 예술전당으로 수많은 세계 정상급 예술가와 예술단들이 공연을 펼친 곳이었다. 중국 장애인 예술단은 이번이 처음이었다.

그러나 예술단이 세계 각지에서 벌인 순회공연 특히 터키에서 공연한 새로운 버전의 「천수관음」이 언론매체의 보도와 더불어 큰 반향을 불러일으킨 바 있어 많은 이들이 중국 장애인 예술단의 명성은 익히 알고 있었다. 예술단의 환상적인 공연을 직접 보기 위해 음악홀로 몰려들었다. 수용인원이 2천 명 정도 되는 거대한 홀이 가득 찼다.

서서히 막이 올랐다. 제52회 미스 월드 홍보대사로 선발된 청각장애인인 장신톈이 무대에 모습을 드러냈다. 무대 양쪽 대형 스크린에 '장신톈 — 청각장애인 사회자' 라는 자막이 떠오르자 그리스 관객들의 열화와 같은 박수가 터져 나왔다. 부드러운 선율이 울려 퍼지는 가운데 그녀의 사회가 시작되었다.

"생명은 언제나 꿈과 함께 합니다. 생명은 언제나 간절한 소망을 품고 있습니다. 상처 입은 나무 한 그루도 우리에게 시원한 그늘을 선사합니다. 이지러진 꽃도 향기를 뿜어냅니다……."

음악과 함께 장신톈이 수화로 전달하는 시를 감상하며 장내 2천여 명의 관객

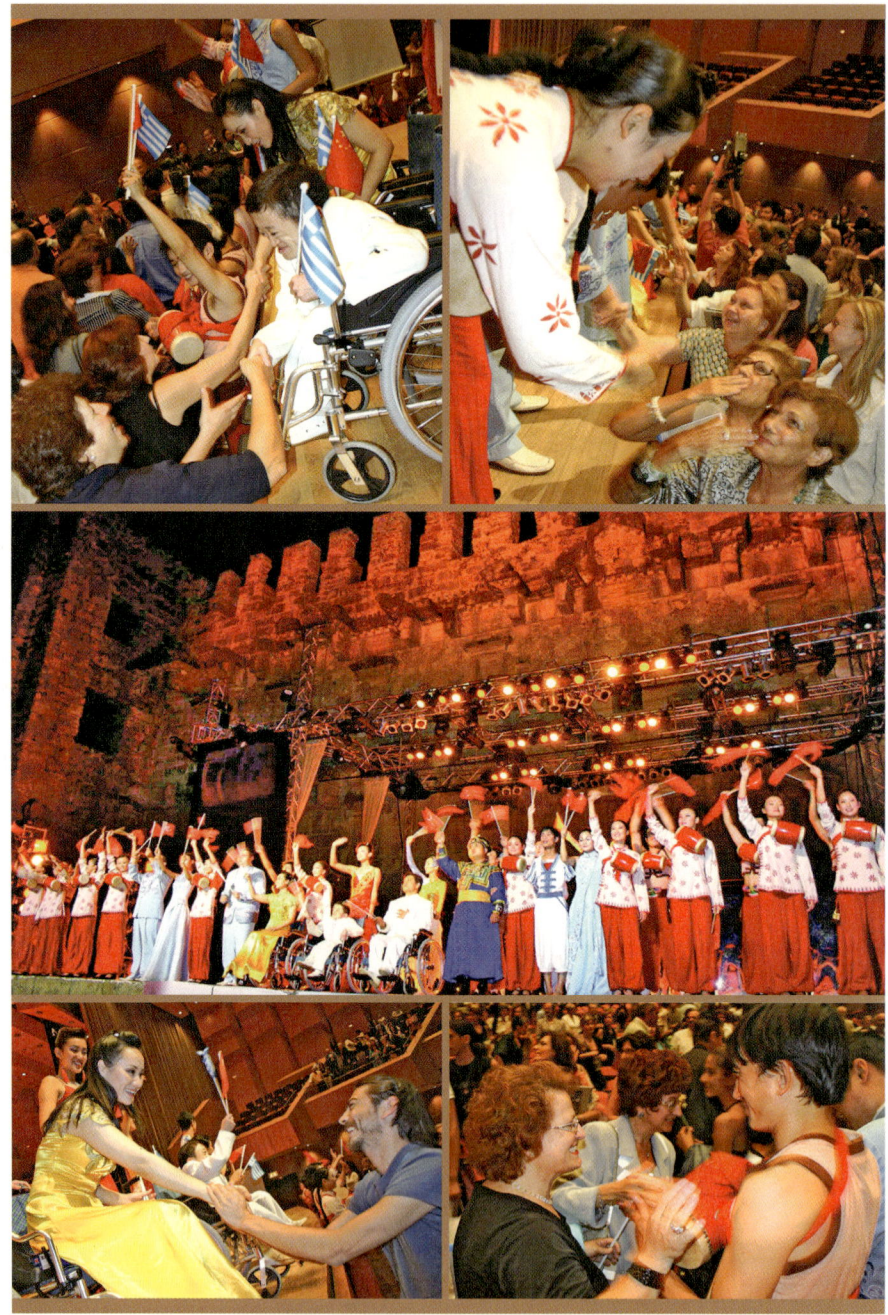

들은 마치 꿈결을 거닐고 있는 것 같은 표정이었다.

　이어서 동양의 웅장한 종소리에 맞춰 스물한 명의 청각장애인 무용수들이 무대에 등장, 춤을 추기 시작했다. 「나의 꿈」이 막을 올린 것이다. 120분 동안 「천수관음」을 비롯해 「앙묘청청秧苗青青」, 「작지령雀之靈」, 「화접化蝶」, 「답가踏歌」, 「홍선지무紅扇之舞」, 「황토황黃土黃」 등 중국적 정취를 담은 무용이 머나먼 이국의 관객 앞에서 펼쳐지고 있었다. 환상적인 안무에 관객들은 아름다운 예술의 경지로 빠져들었다. 단원들의 아름다운 동작에 촬영금지 규정도 무시한 채 무용단의 모습을 한 컷 한 컷 필름에 담는 이도 있었다.

　이어 시각장애인 가수 양하이타오楊海濤와 휠체어에 몸을 기댄 가수 리하이잉李海穎이 그리스어로 관객들에게 그리스 노래를 선사했다. 처음에는 마냥 놀라운 눈길로 노래를 감상하던 관객들이 두 번째 소절부터는 리듬에 맞춰 박수로 박자를 맞추기 시작했다. 그리스 관객들은 무려 12번이나 양하이타오에게 앙코르를 요청했다.

　관현악 연주가 이어졌다. 다섯 명의 시각장애인과 한 명의 지체부자유자가 중국과 그리스의 모음곡 「풍정風情」을 연주하기 시작했다. 연주자들은 자신의 예술적 감성을 맘껏 발휘하여 때로는 은은하게 때로는 애절한 음색, 때로는 웅장한 기세로 사람들의 마음을 격정으로 몰고 갔다. 뛰어난 연주 솜씨에 객석은 남녀노소 할 것 없이 쥐죽은 듯한 고요함 속에서 예술 세계로 흠뻑 빠져들었다.

　연주가 끝났다. 신기할 정도로 조용한 분위기에 시각장애인 연주자들은 객석이 텅 빈 것은 아닐까라고 착각할 정도였다. 30초 정도 흘렀을까. 갑자기 우레와 같은 박수 소리가 터져 나왔다. 단원들 모두 그제야 공연이 대성공임을 알 수 있었다.

　공연은 총 2시간 동안 계속되었다. 공연이 끝났을 때는 이미 밤 11시가 다 된 시각이었다. 기립한 관객들이 이쪽저쪽에서 보내는 박수와 환호성으로 거대한 홀 전체가 웅웅거렸다. 환호와 감동으로 가득한 관객들을 향해 단원들은 연거푸 고개 숙여 감사의 마음을 전했지만 관객들은 성이 차지 않는 것 같았다. 조명기사가 여러 차례 조명을 내렸지만 박수 소리와 환호는 오히려 점점 더 높아만 갔다. 공연을 하면서 받아 본 박수 중 가장 긴 박수였다. 흥분한 관객들은 홀을 떠나려하지 않았다. 단원들과 악수하고 포옹을 하기 위해 모두들 무대 앞으로 몰려와 장사진을 이루고 있었다. 일부 관객들은 오성홍기를 흔들며 연신 소리 높여 "원 더풀, 차이나!"를 외쳤다. 심지어 감정을 억제하지 못하고 엉엉 우는 사람들까지 있었다.

중국 장애인 예술단 단장 왕위안쉬王原說는 첫 번째 공연이 매우 성공적이었고, 관객들의 호응 역시 상상을 초월한다고 말했다.

이번 문화예술제 행사 기간 동안 모두 100여 개의 공연이 무대에 올랐다. 중국 장애인 예술단은 25일 밤 공연에 이어 26일에도 정오와 밤 두 번의 공연을 올렸다. 공연은 회를 거듭할수록 더 높은 성과를 거두었다. 3회에 걸친 공연에 모두 168분 동안 박수 소리가 이어졌다. 관중들은 중국 장애인 예술단의 공연이 전체 예술제 행사 공연 가운데 가장 뛰어났다고 입을 모았고 이번 공연의 하이라이트로 뽑았다.

중국 장애인 예술단의 문화예술제 공연이 끝을 맺은 다음날 우리는 우연히 아테네 국립공원에 위치한 한 작은 광장에 들렀었다. 광장 한쪽 광고판에 빽빽하게 여러 국가의 글이 적혀 있었다. 그중 중국어로 쓰인 한 줄이 유난히 눈에 띄었다.

"중국 장애인은 뛰어난 공연으로 그리스 사람들에게 철학적 사고의 기회를 선사했다."

성공적인 공연 한 번이 이 같은 표현을 이끌어낼 수 있다니 정말 놀라운 일이었다. 그러나 유구한 역사와 찬란한 문화, 특히 풍부한 사고력과 진취적인 정신으로 똘똘 뭉친 그리스인들을 생각하면 한 회 공연을 철학적 높이까지 끌어올려 중국 문화를 받아들이고 또한 자신의 문명을 되돌아보는 기회로 만들 수 있다는 것이 어쩌면 당연한 일이라는 생각이 들기도 했다.

세계를 감동시킨 폐막식 8분 공연

6분이 8분으로 바뀐 이야기

기회는 준비된 자의 것이다. 원래 폐막식 공연에서 중국 공연단에게 주어진 시간은 6분이었다. 베이징 올림픽 조직위원회가 장애인 올림픽기를 이양 받은 후 「천수관음」 시작 전까지 10초 정도 비는 시간이 있었다. 9월 21일, 장애인 올림픽 폐막식 조직위원회가 이 시간에 시각장애인 연주팀에게 「말리화(茉莉花 : 재스민)」를 연주하라는 통지를 보내왔다. 원래 문화예술제에서만 공연계획이 잡혀 있던 시각장애인 연주팀이 뜻밖의 기회를 얻게 된 것이다.

다음 무대를 준비하는 사이 잠깐 동안 하는 공연이기 때문에 시간이 얼마나 주어질지는 알 수가 없었다. 그러나 시각장애인 피아니스트 진위안후이金元輝는 적극적으로 연주할 곡을 선정하고 편집하여 음 하나하나를 가다듬기 시작했다. 리허설 장소에 피아노가 없었기 때문에 그는 옆에서 입으로 음절을 흥얼거리며 동료들과 연주를 맞춰나갔다. 여러 차례 곡을 수정하고 검토한 후 원래 10분 길이의 「말리화」를 30초, 1분, 1분 50초짜리의 각기 다른 버전을 준비한 다음 이를 「중국 풍정」이라 이름 지었다.

공연 내용이 확정된 뒤부터는 식사와 수면 시간 외에 거의 모든 시간을 리허

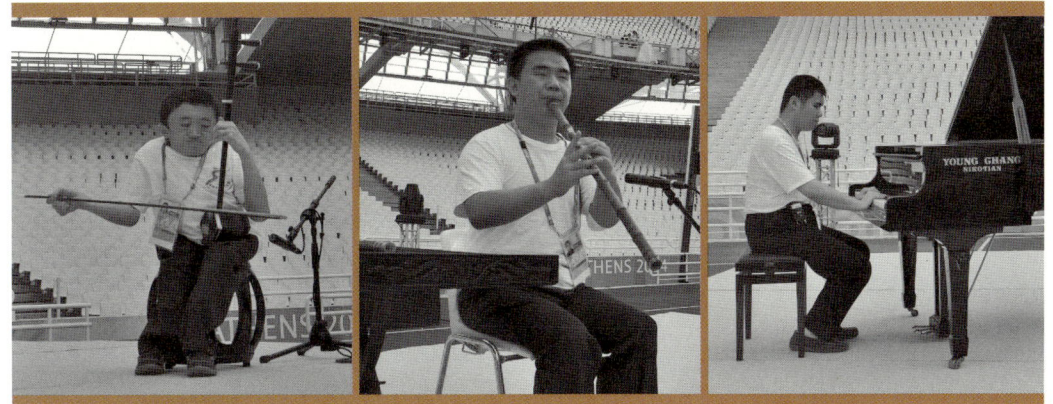

설에 쏟아 부었다. 매번 1분 50초를 연습한 것으로 계산해 보면 하루에 4~500번 정도를 연습한 셈이었다.

9월 23일 연합 리허설이 있던 날, 폐막식 총감독인 이브 페팽Yves Pepin이 직접 현장에 참가했다. 음악에 천부적 재능을 가지고 있는 이브 페팽은 특히 민족적 특색이 듬뿍 담긴 중국 무용과 악곡을 무척 좋아했다. 중국 장애인 예술단 청각장애인 무용단의 공연을 본 그는 무척 놀란 눈으로 이해가 안 된다는 듯 이렇게 물었다.

"모두 음악을 듣지 못하는 청각장애인들인데 어떻게 호흡을 저리도 완벽하게 맞출 수 있죠?"

내가 대답했다.

"공연을 하면서 사방에 서 있는 수화 선생님들의 손짓을 봅니다. 수화가 그들의 음악입니다."

그는 감탄을 금치 못했다.

"정말 놀랍습니다. 여러분 공연은 정말 대단해요. 동양의 아름다움을 느낄 수 있어요. 정말 감사합니다."

단원들과 기념 촬영을 한 후 그는 시각장애인 연주팀 연습장을 방문했다. 연주가 시작되기 전, 진위안후이는 우선 단원들과 각자 맡은 악기를 소개했다. 공연 곡목을 몇몇 시각장애인, 지체부자유자가 편곡했다고 소개하자 이브 페핀은 무척이나 놀라워했다. 시각장애인 연주자들이 만들어 내는 감미로운 선율에 푹 젖어버린 듯한 모습이었다. 연주가 끝나자 그는 감탄을 연발했다.

"Very good! Very good! 정말 완벽해요. 더 이상 손 댈 곳이 없어요. 정말 훌륭합니다. 내가 오랫동안 찾아 헤매던 바로 그 선율입니다. 자연의 아름다운 소리를 느낄 수가 있어요."

그는 그 자리에서 중국 시각장애인 연주단의 공연 시간을 30초에서 1분 50초로 변경했다. 이로써 중국 시각장애인 연주단 공연 프로그램은 막간을 메우기 위한 연주에서 엄연한 정식 공연으로 승격되었다. 장애인 올림픽 폐막식에서 중국 장애인 예술단의 공연 시간은 총 6분에서 8분으로 늘어났다.

마지막 리허설 현장

9월 26일, 예술단은 올림픽 문화제 행사공연을 끝내자마자 27일에 다시 빡빡한 리허설 공연을 시작했다. 이제 28일이면 두 달 동안 준비해 온 「천수관음 : 나의 꿈 ― 올림피아에서 자금성까지」를 장애인 올림픽 폐막식 주경기장에서 공연하게 된다. 공연단은 조직위원회가 배정한 리허설 시간과는 상관없이 계속해서 연습을 했다.

폐막식이 임박하자 연습장에는 행사 준비자들의 발길이 뜸해졌다. 그러나 폐막식 공연에 만전을 기하기 위해 27일, 예술단 전체 단원들은 거대한 창고인 폐막식 연습장에 들러 마지막 리허설을 시작했다.

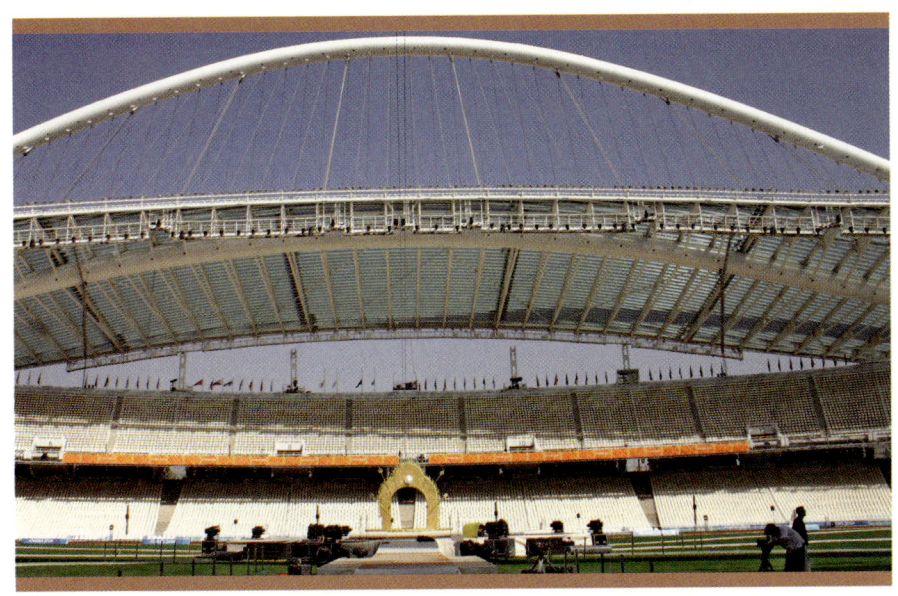

　　먼저 공연에 사용되는 연화회전대와 아치문을 세우는 데 걸리는 시간, 2008년 베이징 장애인 올림픽 대회기를 올리는 시간을 맞추기 위한 연습이 이어졌다. 시간을 정확하게 맞추기 위해 인원이 충분한데도 불구하고 예술단에서는 조직위원회에 작업을 도와줄 자원봉사자 십여 명을 요청했다. 바쁜 와중에도 신바람이 난 그들은 아치문 옆에서 사진을 찍어댔다. 아치문이 회전하자 그들은 큰 소리로 "Wonderful!"을 외쳤다. 우리는 그들에게 기념 배지를 선물했다.

　　무대 설치에 걸리는 시간을 체크한 뒤 무대 입장과 퇴장에 걸리는 시간을 맞추기 위한 연습에 들어갔다. 행사 준비 요원들은 다시 한 번 더 기계 조작을 익히고 공연에 사용할 물품을 하나하나 점검했다. 오늘 오후에 무대를 철거한 다음 올림픽 주경기장으로 운반해야 하기 때문이다. 날씨는 지독히도 더웠다. 뜨거운 직사광선을 피할 곳은 어디도 없었다. 조금만 서 있어도 몸이 다 녹아버릴 것만 같은 날씨에 단원들은 드넓은 행사 리허설 장소에서 하루를 보냈다. 온종일 힘든 일과를

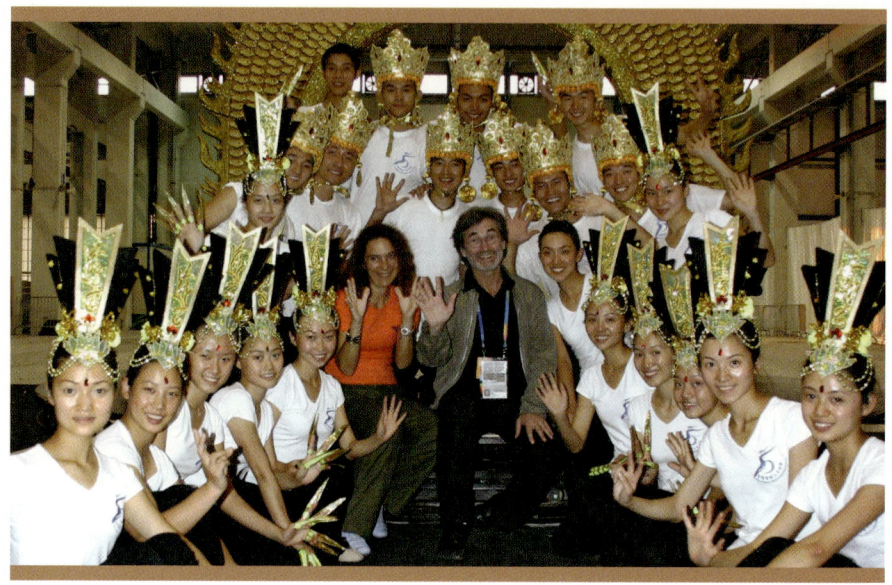

보낸 단원들은 작은 얼굴이 모두 벌겋게 달아올라 피부 전체가 화끈거렸다. 하지만 투덜거리는 사람은 그 누구도 없었다.

시각장애인 연주단의 마지막 리허설은 더욱 꼼꼼하게 정성을 다해 진행되었다. 매번 연주가 끝날 때마다 조금이라도 마음에 걸리는 곳이 있으면 다시 연습에 들어갔다. 금쪽같은 1분 50초를 위해 얼마나 연습에 연습을 더했는지 모른다.

그리스, 임시 국가특별추도일

9월 27일, 그리스 아테네는 여전히 태양이 이글거리는 폭염의 날씨였지만 공기는 그 어느 때보다 음울하게 가라앉아 있었다. 숨이 막힐 것만 같았다. 주최 측 조명 기사와 조명 관련 작업을 의논하기 위해 오후 2시에 만나기로 했었으나 도시

락을 다 먹고 3시가 돼도 나타나질 않았다. 동행한 홍콩 봉황鳳凰 위성TV 기자가 알아보니 사고가 있었다.

"큰 사고가 있어서 장애인 올림픽 폐막식 공연이 취소될 수도 있대요."

너무도 갑작스럽고 충격적인 소식이었다. 우리는 우선 마음을 가라앉힌 다음, 일단 최종 결정이 내려질 때까지 단원들에게는 이야기를 하지 않기로 했다.

자초지종을 알아보았다. 장애인 올림픽 경기를 관람하러 오는 학생들을 태운 차량이 사고가 나서 일곱 명이 사망하고, 많은 사람이 다쳤다고 했다. 이 사고로 장애인 올림픽의 분위기는 가라앉아 버렸다. 그리스 정부는 27일을 국가 특별 추도일로 지정했다. 아테네 올림픽 조직위원회에서 인터넷에 폐막식 행사를 취소할지도 모른다는 글을 띄웠다는 소식이 들려왔다.

장애인 올림픽 폐막식 공연은 우리 중국팀 공연 하나를 제외하고 모두 그리스 본국 공연으로 구성되어 있었다. 만약 폐막식 공연이 정말 취소되면 우리가 입을 손실은 막대했다. 공연을 위해 준비한 모든 노고가 순식간에 물거품이 될 뿐만 아니라 중국 문화를 전 세계에 알릴 기회, 중국인이 전 세계인들과 소통할 수 있는 소중한 기회를 잃는 것을 의미했다. 초조한 마음을 달랠 길이 없었다.

최종 결정이 어떻게 될지 모르는 상황에서 조직위원회는 우리에게 '모든 작업을 정상적으로 진행' 하도록 했다. 조직위원회의 말에 우리들은 한결 기분이 나아졌다. 늦게나마 조명 기사가 현장에 나타났다. 모두들 기쁜 마음으로 그를 맞이했다.

마지막 리허설 무대가 끝나고 단원들과 작업 요원들은 재빨리 무대를 철거한 후 장비를 차량 두 대에 나누어 실은 다음 장애인 폐막식 장소인 올림픽 주경기장으로 향했다.

보안검사를 받은 후 무대미술 담당자들은 함께 체육센터로 이동해 밤새 무대 설치에 매달렸다. 이상하게도 아테네 올림픽 조직위원회에서는 끊임없이 폐막식 공연을 취소할 수도 있다는 소식을 전하면서도 한편으로는 여전히 행사 관련자와 프랑스 문화공사 담당자들을 파견해 올림픽 체육관의 무대 설치를 도와주었다.

9월 28일 제12회 장애인 올림픽 폐막식 당일 정오, '전면 취소', '예정대로 공연 실시' 등 각종 루머가 떠돌았다. 모두들 초조한 마음으로 소식을 기다리면서 평소와 다름없이 준비 작업을 진행했다. 또 한 번의 큰 위기 앞에서도 사람들은 분명히 공연을 무대에 올릴 수 있을 것이라는, 하늘이 우리를 도울 것이라는 믿음을 가지고 있었다.

28일 정오, 국제올림픽위원회와 아테네 올림픽 조직위원회는 마침내 최종 결정을 내렸다. 이어 아테네 시장과 폐막식 총감독이 체육관으로 예술단 단원들을 찾아와 결정 사항을 전달했다.

아테네 올림픽 준비위원회와 국제올림픽위원회, 각국 대표단들이 논의한 끝에 폐막식 행사는 8분짜리 중국 공연만 남기고 기타 문화행사, 경축행사, 불꽃놀이는 모두 취소한다.

당시 우리 버스는 아테네 올림픽 주경기장 문 밖에 정차해 있었다. 예정대로 공연이 결정되었으며 더구나 중국 장애인 예술단 공연이 이번 폐막식의 유일한 공연이라는 소식을 듣고 사람들은 그제야 마음을 놓았다. 우리는 그 즉시 이 기쁜 소식을 베이징 및 초조하게 최종 소식을 기다리고 있던 기자들에게 전했다.

마지막 결정이 내려질 때까지 우리는 단원들의 사기를 고려해 사이사이 전해지는 소식을 모두 비밀에 붙였다. 올림픽 주경기장 입구에 이를 때까지도 단원들은 공연이 취소될 가능성이 있다는 소식을 전혀 모르고 있었다. 그러나 몇몇 눈치

빠른 단원들은 잔뜩 굳어있던 우리 얼굴에서 뭔가를 감지했었는지 그날 오전 내내 우울한 표정이었다. 후일 수화 선생님은 우리에게 이렇게 말했다.

"일부 단원들이 몰래 훌쩍거리는 걸 봤어요."

대표단 지도자가 정식으로 공연 취소를 통지하지 않는 이상 그들은 변함없이 열심히 연습에 임했고, 마지막 결정이 내려지는 순간 리린은 수화로 단원들에게 정식으로 공연 준비의 시작을 알렸다.

"최고의 공연을 펼쳐야 합니다. 비장애인들이나 다름없는 수준으로 아니, 그보다 더 훌륭한 공연을 선보여야 합니다. 모두 자신 있죠?"

청각장애인 단원들은 일제히 분명치 않은 발음으로 소리를 질렀다.

"네!"

모두 한껏 기운찬 모습으로 흥이 올라 있었다.

마지막 준비가 시작되고……

모든 단원이 차에서 내린 후 장애인 올림픽 주경기장으로 들어섰다. 철저한 보안 검사를 마치자 체육관 한가운데 아름답게 뻗은 복도가 눈에 들어왔다. 독특하고 아름답게 설계된 현대식 건물로 하얀 바탕에 푸른색이 어우러진 천장은 영원한 아름다움과 화해를 상징하고 있었다. 모두들 마음이 한껏 들떠 여기저기서 셔터를 눌러댔다.

그러나 우리는 서둘러 사진 촬영을 중단하고 앞서거니 뒤서거니 주경기장으로 향해야 했다. 우리 공연에 의상과 도구가 대거 동원되는 데다 일부 단원들은 행동이 불편하기 때문에 속도가 느린 편이었다. 게다가 입구에서 주경기장까지 제법

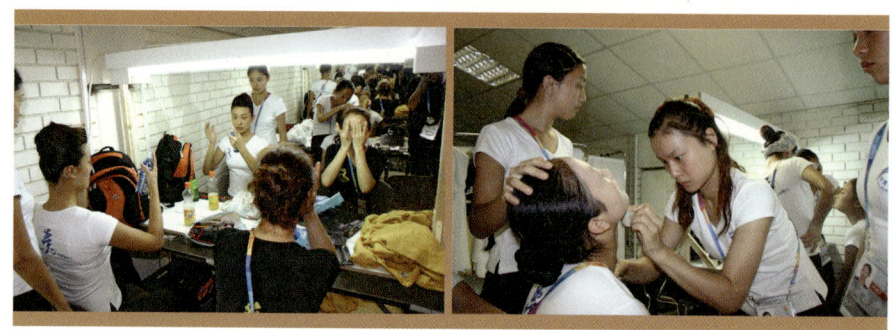

거리가 있었다. 관중들과 전 세계인에게 되도록 중국에 대한 아름다운 인상을 남기기 위해 예술단원들은 모두 중국적인 색과 풍격이 한껏 담긴 옷을 입고 있었다. 특히 여자 단원들의 화려한 중국식 복장은 많은 이들의 눈길을 사로잡았다. 많은 운동선수들과 자원봉사자들이 달려와 단원들과 기념 촬영을 했다. 이러한 복장과 찌는 듯한 날씨 탓에 단원들은 모두 비 오듯 땀을 흘렸다. 특히 남자 단원들은 온몸이 땀으로 흥건했다.

올림픽 주경기장으로 들어서자 주최 측에서는 '중국 전용 대기실'을 마련해 주었다. 공연단의 최종 리허설은 오후 5시였다. 드디어 소원대로 이 넓은 경기장 한가운데 무대 위에서 공연을 할 수 있게 된 것이다. 현장은 아직 준비가 한창이었다. 조명, 음향 설비가 채 끝나지 않은 상태였지만 마지막 리허설이자 주경기장에서의 유일한 리허설이 시작되었다.

리허설이 끝나고 저녁을 먹고 난 후, 폐막식 감독은 단원들을 집합시킨 다음 공연 시의 주의사항을 전달했다. 이어 단원들은 화장을 시작했다. 행사준비자들은 공연 순서 점검을 위해 공연 전 마지막 회의에 들어갔다.

오후 8시 10분, 모두 화장을 마치고 의상을 갖춘 후 네 명의 수화 선생님을 따라 마지막으로 리듬을 익혔다. 시각장애인 연주팀과 청각장애인 무용단의 공연 장소가 각기 달랐기 때문에 대기실을 나온 단원들은 서로에게 격려의 인사를 나누고 각기 행사준비자들을 따라갔다.

"파이팅! 모두 잘해야 돼!"

단원들은 힘차게 공연 장소를 향해 발길을 옮겼다.

모든 준비는 끝났다. 화려한 황금색 의상을 입고 대기실을 나와 주경기장 입구에 도착한 단원들은 또다시 그리스 해군 의장대에게 에워싸였다. 그들은 줄을 서서 단원들과 기념사진 촬영을 했다.

전 세계를 감동시킨 8분

9월 28일 저녁, 아테네 장애인 올림픽 폐막식이 장애인 올림픽 주경기장에서 성대하게 막이 올랐다. 시각장애인 연주단이 먼저 무대에 올랐다. 청각장애인 무용단의 수화 선생님 네 명이 동서남북 네 방향에서 대각선으로 천천히 무대 옆 지정 장소에 도착했다. 이어 마치 선녀 같은 무용단원들이 사람들을 뚫고 관중들의 박수 소리와 함께 무대 앞에 이르렀다. 장내에 있던 선수들은 알아서 길을 내주었다.

베이징올림픽위원회 상무 부주석 류징민이 국제장애인올림픽위원회 회장 필립 크레이븐Philip Craven으로부터 장애인 올림픽기를 받아 흔들기 시작하자 마치 하얀 재스민 꽃이 하늘하늘 물결치듯 관현악 연주 「중국 풍정」이 울려 퍼지기 시작했다. 다섯 명의 시각장애인과 한 명의 지체부자유자는 피리, 단소, 얼후二胡, 가오후(高胡 : 고음의 얼후), 구정(古箏 : 중국의 전통 현악기)과 피아노 등 각기 다른 악기로 전 세계에 축복과 우정의 인사를 전했다. 연주가 끝나자 쥐 죽은 듯이 조용하던 장내에 박수 소리가 울려 퍼졌다.

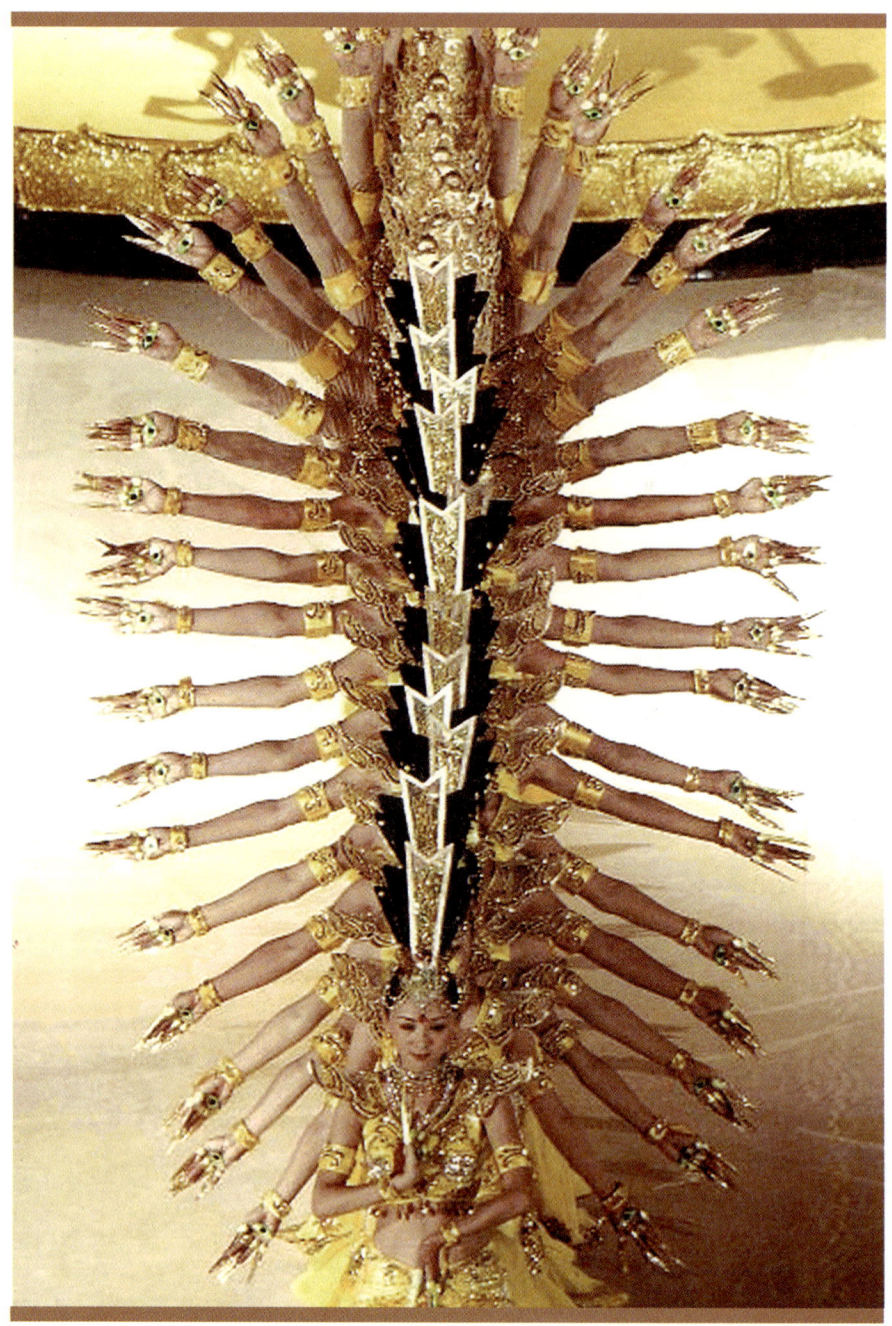

이어 중국 종 3개가 웅장한 소리를 내기 시작했다. 은은하게 이어지는 여음 속에서 '천', '지', '인' 세 악장으로 구성된 올림픽 판 「천수관음 : 나의 꿈―올림피아에서 자금성까지」를 공연할 청각장애인 무용단이 등장했다.

꿈속의 천당 ― 청각장애인 타이리화와 스무 명의 단원들이 한 몸이 되어 연화대 위에 섰다. 장애인 올림픽 로고와 천 개의 손이 상감된 금빛 찬란한 아치문 아래 다채로운 손 사위와 아름다운 색채를 통해 마음의 이야기, 마음속으로 꿈꾸어오던 꿈속의 유토피아를 그리며 인간 세상에 천수관음의 축복을 전한다.

빛나는 대지 ― 자애로운 타이리화가 천 개의 손으로 팔이 없는 황양광黃陽光을 연화대로 이끌자 수많은 손이 마치 꽃봉오리가 터지듯 황양광을 에워싼다.

베이징에서 만나요 ― 단원들은 마치 공작이 꼬리를 펴듯 미스 월드 홍보대사인 장신톈을 맞이했다. 장신톈이 수화로 마음속 축원을 전한다.

"고마워요, 아테네. 베이징에서 만나요."

대형 스크린에 자금성의 모습과 함께 중국어, 영어, 그리스어로 '고마워요, 아테네. 베이징에서 만나요'라는 자막이 뜨고 더빙 해설자의 음성이 흘러나왔다. 올림피아에서 거행된 장애인 올림픽이 이제 자금성으로 자리를 옮겨 '천지인'의 깃발이 베이징에 휘날릴 것이다.

그날은 그리스 임시 국가 특별 추도기간에 맞춰 음향도 낮게 조명도 약하게 처리했기 때문에 최상의 효과를 내지는 못했다. 그러나 단원들의 수려한 모습과 우아하고 아름다운 몸짓이 현장의 대형 스크린을 장식하자 장내에는 우레와 같은 박수 소리가 터져 나왔다. 공연 마지막까지 동작이 바뀔 때마다 뜨거운 박수 소리가 장내를 가득 메웠다. 거의 2초마다 박수 소리가 울려 퍼졌고, 그 소리 때문에 배

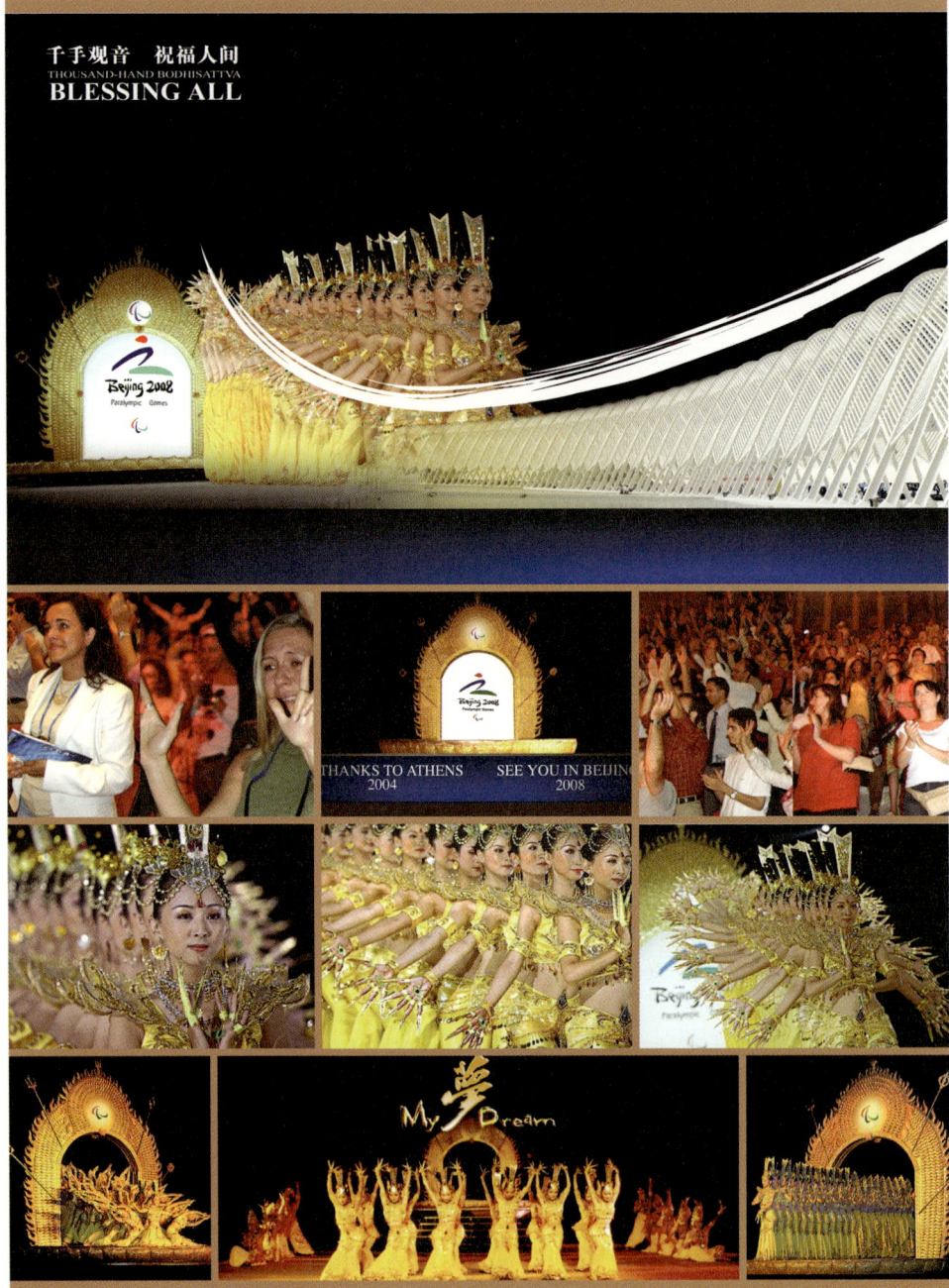

千手观音　祝福人间
THOUSAND-HAND BODHISATTVA
BLESSING ALL

THANKS TO ATHENS
2004

SEE YOU IN BEIJING
2008

My 夢 Dream

경음악이 거의 들리지 않을 정도였다. 다행히 단원들은 수화 선생님의 지휘를 받고 있었고, 수화 선생님들은 모니터를 보고 있었기 때문에 공연은 한 치의 차질 없이 진행될 수 있었다.

8분의 공연이 끝났다. 사방팔방에서 연신 플래시가 터졌다. 마치 폭죽을 대신해 찬란한 '축포'가 터지는 듯했다. 끊임없이 이어지는 박수 소리가 체육관을 가득 메웠다. 각국의 장애인 운동선수들은 후속 행사에도 불구하고 모두 무대로 몰려와 베이징 장애인 올림픽 로고가 있는 아치문 앞에서 단원들과 기념 촬영을 했다. 2008년 반드시 베이징을 방문하겠다는 약속도 물론 잊지 않았다. 단원들이 체육관을 반 바퀴 돌아 퇴장할 때 주변 관람석을 중심으로 마치 파도를 타듯 사람들의 함성과 박수 소리가 이어졌다. 단원들이 멀리 관중들을 향해 두 손을 흔들자 관중들은 다시 일제히 자리에서 일어나 박수를 치며 환호성을 질렀다. 장내는 열광의 도가니가 되었다. 찬란한 중국 문화를 선보인 올림픽 판 「천수관음 : 나의 꿈 — 올림피아에서 자금성까지」는 아테네, 나아가 전 세계에 감동을 선사했다.

관음 스물한 명이 선사한 감동 '삶의 율동'

폐막식이 끝나자 선수들과 관중들이 장내를 빠져나가기 시작했다. 예술단 단원들은 출구에 서서 선수들을 전송하며 2008년 베이징 방문에 대한 환영의 말을 전달했다. 각국 선수들은 너도나도 가드레일 앞으로 몰려들어 단원들과 사진촬영을 했다. 일부 관중들은 흥분을 감추지 못한 채 찬사를 연발했다.

"장애인 예술단원들이 중국 문화의 신비한 베일을 벗겨 줬어요. 아무 것도 듣지 못하면서 어쩜 그렇게 박자를 맞춰 일사불란하게 동작을 이어나갈 수 있죠? 정말 도저히 믿을 수가 없어요."

"정말 대단해요."

"최고예요."

"중국 장애인 단원들 정말 위대해요."

찬사의 말이 수없이 쏟아졌다.

차마 자리를 떠나지 못하는 일부 관중과 선수들은 단원들을 에워싸고 서로 연화대 위에서 사진을 찍느라 정신이 없었다. 주최 측에서는 하는 수없이 보호선을 치며 사람들을 조금씩 밖으로 내보냈다. 무대로 몰려든 관중과 선수들은 우리 행사요원들과 단원들이 무대를 철거할 때가 되어서야 아쉬운 듯 옆으로 비켜나 무대철거 모습을 지켜보다가 자리를 떴다. 관중들이 거의 다 사라지자, 그제야 우리는 주경기장에서 기념 촬영을 할 수 있었다.

폐막식에서 중국 예술단이 보여준 공연은 국제올림픽위원회, 아테네 올림픽조직위원회, 중국의 올림픽 관련 지도자들로부터 큰 평가

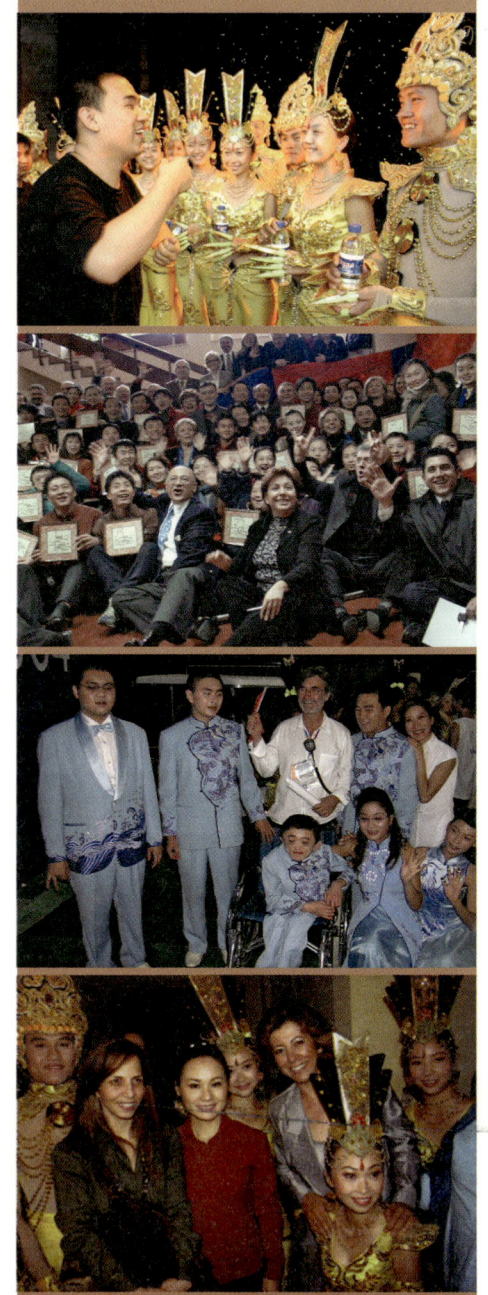

를 받았다. 폐막식이 끝나고 국제장애인올림픽 회장 크레이븐은 벅찬 감동을 이렇게 표현했다.

"중국 예술단 공연이 폐막식을 화려하게 장식해 줬습니다. 폐막식의 성공은 모두 중국 공연 덕분입니다."

폐막식 총감독 이브 페핀은 눈물이 그렁그렁한 눈으로 이렇게 말했다.

"공연 전부터 이 공연이 분명 전 세계를 깜짝 놀라게 할 거라고 생각했어요. 하지만 여러분의 공연은 상상 이상이었어요. 중국의 장애인 청년들이 동방의 아리따운 음으로 수난자에게는 애도를, 성스럽고 자애로운 「천수관음」을 빌어 인류에게 축복을 선사했습니다. 정말 도저히 믿기지 않을 정도로 아름답습니다. 이처럼 훌륭한 공연으로 폐막식을 장식해 주셔서 정말 감사합니다. 영원히 여러분을 기억하겠습니다."

중국장애인연합회 지도자 왕신셴王新憲은 공연이 끝난 후 단원들과 일일이 악수를 나누며 격려의 말을 전했다.

"정말 훌륭한 공연이었습니다. 조국의 얼굴을 빛내주신 여러분, 정말 고맙습니다."

베이징 올림픽 조직위원회 부부장 장밍張明 역시 단원들과 포옹하며 이렇게 말했다.

"정말 대성공입니다. 모두 감사합니다."

후에 중앙 정부 지도자는 아테네에서 개선한 중국 대표단을 접견하는 자리에서 다음과 같은 찬사를 보냈다.

성공적인 「천수관음 : 나의 꿈 ― 올림피아에서 자금성까지」 공연은 조국에 큰 영광을 안겨주었다.

도구 정리를 마치고 대기실로 돌아온 단원들은 이제껏 참고 있던 기쁨이 한거번에 폭발했는지 평소 그저 조용하기만 하던 모습과는 달리 흥분해서 소리 지르며 펄쩍펄쩍 뛰어올랐다. 잔뜩 상기된 표정으로 서로 수화를 주고받는 그들의 눈에 눈물이 고였다. 단원들이 수화로 나에게 말했다.

"공연이 끝나자마자 마구 소리 지르고 뛰어오르고 싶었어요. 하지만 단정한 모습을 보여야 하잖아요. 정말 가까스로 참았어요. 답답해 죽는 줄 알았어요."

그날 밤, 기쁨에 찬 단원들은 잠을 이룰 수 없었다.

그리도 기뻐하는 단원들을 바라보며 나 역시 갑자기 눈물이 쏟아졌다. 공연 준비 책임을 맡은 3개월 동안 나는 장애 청년들과 밤낮을 함께 고군분투하며 온갖 어려움과 고생을 겪었다. 대대적인 성공을 거두고 임무를 완성한 지금, 나 역시 흥분을 달랠 길이 없다. 솔직히 말해 단원들이 주경기장의 원형무대에 오른 그 순간부터 나는 가슴이 울렁거리기 시작했다. 그들의 의연한 모습에서 진정한 아름다움을 느낄 수 있었기 때문이다. 이는 신체적인 장애를 가진 그들을 동정해서가 아니었다.

또한 춤에 대한 그들의 기본적 자질이나 가지런하게 호흡을 맞추는 동작 때문이 아니었다. 바로 그들에게서 느낄 수 있는 예술적 깊이에서 비롯된 것이다. 이런 깊이는 그들의 놀라운 의지력, 엄청난 훈련, 많은 예술가들의 관심과 편달이 있었기에 이루어질 수 있었다. 그러나 내가 말하는 예술적 느낌은 이런 모든 것들을 뛰어넘는 것이다.

올림픽 판 「천수관음 : 나의 꿈 ― 올림피아에서 자금성까지」는 군무로써 숨이 헉 하고 막힐 정도의 힘을 지니고 있는 작품이다. 금빛 찬란한 무용수들 하나하나가 모두 아름다운 미소를 띠고 있었다. 그들은 언제나 준비된 자세로 두 눈을 반짝거리며 손동작을 훈련하면서 운율을 통해 자애로운 미소를 배웠다. 그들이 관중에게 보여준 것은 미모나 기교가 아니었다.

　　그들은 혼연일체가 되어 윈강석굴(雲崗石窟 : 산시성山西省 다퉁大同 서쪽 15킬로미터, 우저우강武州江 북안에 있는 사암砂岩의 낭떠러지에 조영造營된 중국에서 가장 큰 석굴 사원)에 담긴 중국 문명의 화려하고 아름다운 모습을 보여주었다. 스물한 명, 42개의 손이 자연스러운 동작을 통해 관음의 숨결, 관음의 빛이 되었다.

　　들리지 않는 것은 전혀 문제가 되지 않았다. 말을 할 수 없는 것도 장애가 아니었다. 리듬과 운율이 이미 그들의 피에 녹아 흐르고 있었다. 아름다운 그들의 공연 앞에서 펑펑 쏟아지는 내 눈물이 결코 그들의 땀 한 방울의 가치에도 미치지 못한다는 사실을 안다. 그들이 이토록 희생한 것은 관중의 비위를 맞추거나, 자신을 표현하기 위해서가 아니었다. 그들은 삶이 그대로 녹아 난 율동을 선보이고 싶었다. 스물한 명 단원들의 공연을 바라보며 나는 다시 한 번 무대 위 공연과 관중의 마음이 하나 되는 경지를 느낄 수 있었다. 나는 듣고, 보고, 전율했다. 단원들은 그들이 개척한 땅 위에서 자신의 가치를 실현하고 있었다. 그들은 더 이상 사람들의 관심을 구걸하지 않는다. 그들은 자신들의 존엄 그 자체로 자신 있게 무대 위에 우뚝 섰다.

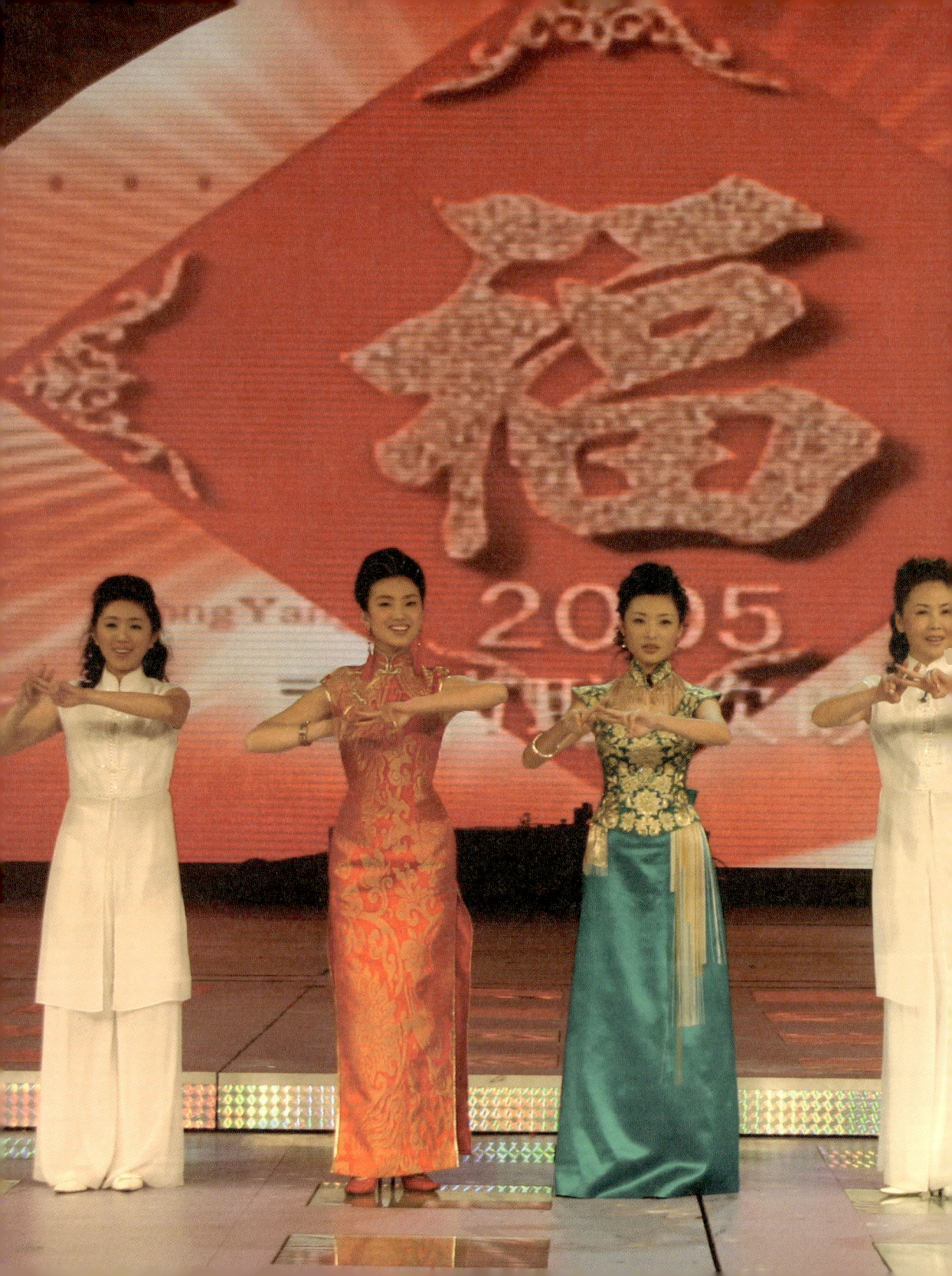

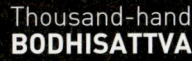

사랑은 공통 언어,
아름다움은 모두의 소망

「천수관음」이 공연되자 여기저기서 관심과 찬사·경탄이 쏟아졌다. 그러나 이 같은 화려함과 박수소리 뒤에 숨은 이야기를 아는 이가 얼마나 될까. 「천수관음」 뒤에는 밤낮을 가리지 않고 공연을 위해 자신을 묵묵히 헌신한 사람들이 있다. 빛나는 영광 하나하나에 그들의 피와 땀이 맺혀 있다.

세계 유일의 청각장애인 사회자 장신톈

2005년 12월 31일 아침, 스무 살의 앳된 장신톈은 새해의 소원을 조용하게 빌고 있었다. 그녀는 늘 그랬던 것처럼 저녁에 있을 몇 분의 공연을 순조롭게 끝마칠 수 있길 기원하고 있었다. 그러나 그날 밤 9시, 그녀는 그 작은 소망을 넘어 중국인 모두에게 주목 받는 유명인사가 되었다.

장신톈의 미소는 모든 시청자들의 마음을 사로잡았다. 사람들은 그녀의 당당한 모습이야말로 그 어떤 사회자에게도 뒤지지 않다는 것을 인정했다. 특히 그녀의 미소는 숱한 남성들의 마음을 사로잡았다. 이처럼 아름다운 여인이 청각을 잃다니, 사람들은 진심으로 그녀의 장애를 안타까워했다.

그러나 청각장애인이라는 조건은 결코 그녀의 찬란한 인생을 가로막을 수 없었다. 스무 해, 그녀의 삶은 따뜻하고 온화한 사랑의 노래 그 한 소절이었다.

삶과 죽음의 경계에서

장신톈은 아름다운 해변의 도시 칭다오青島에서 태어났다. 천성이 영특하며 용모가 아름답고 사랑스러운 그녀는 금쪽같은 딸이었다. 그런데 그녀는 백일을 며

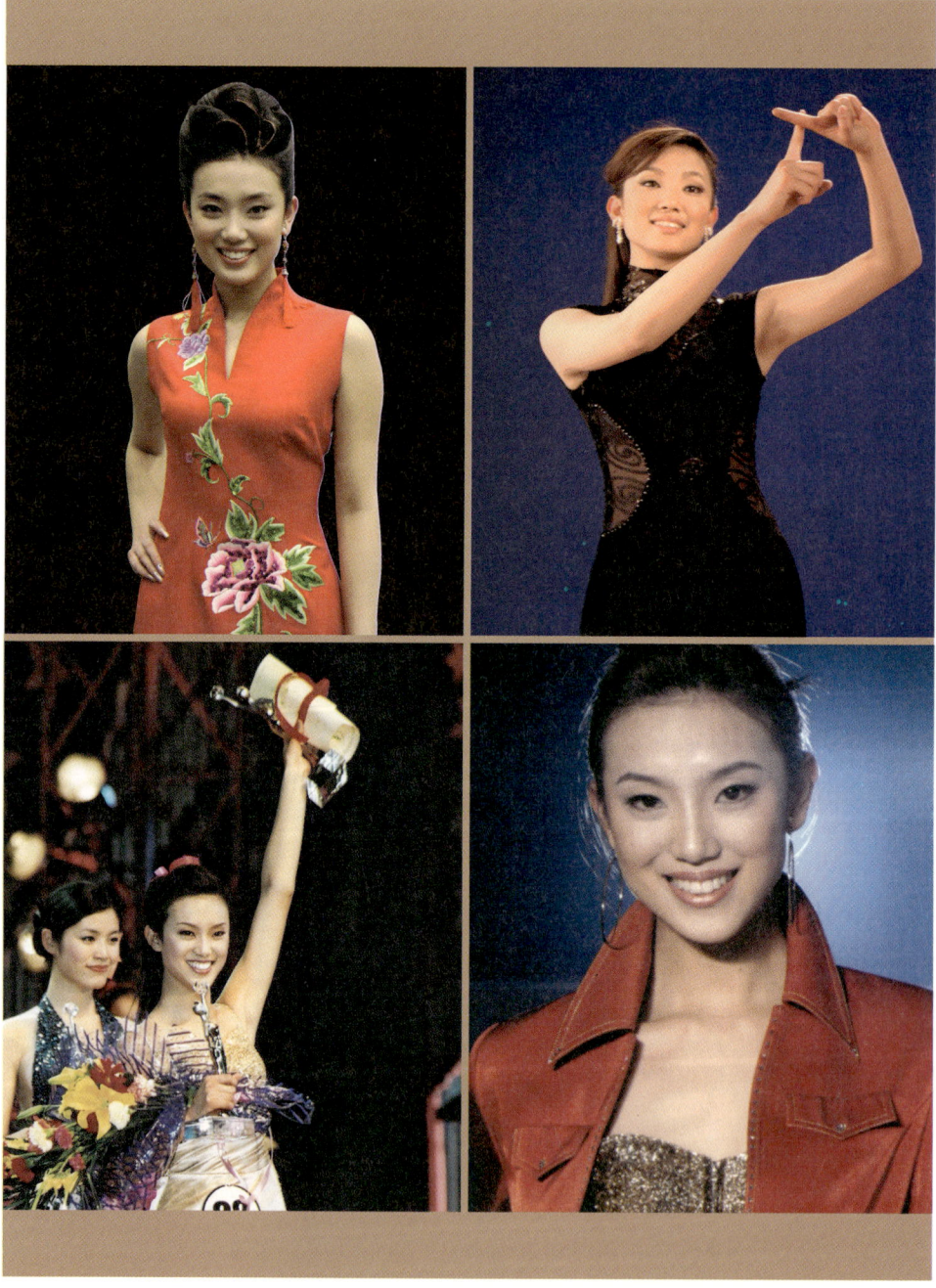

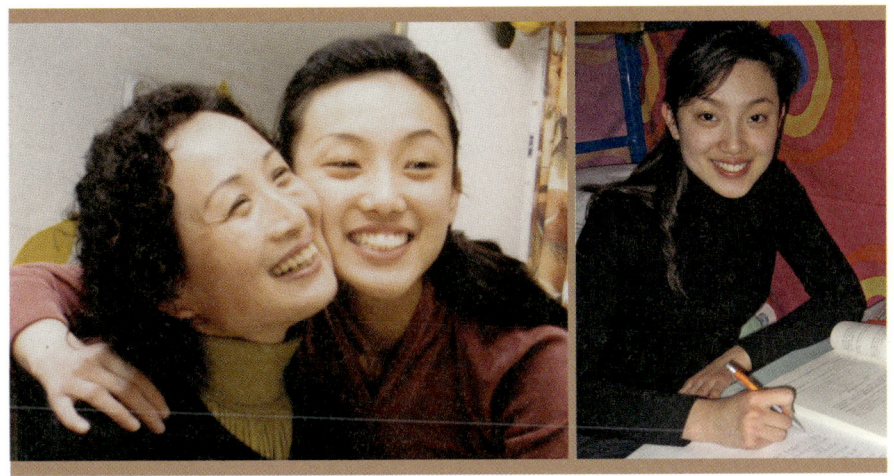

칠 앞 두고 폐렴에 걸리고 말았다. 갓난아기인 그녀를 안고 황급히 병원을 찾아가 항생제를 맞힌 부모는 백일에는 건강한 딸아이의 웃음을 볼 수 있을 거라 믿었다.

처음 태어날 때 장신톈의 청각에는 전혀 이상이 없었다. 음악 소리가 들리면 귀를 쫑긋거리며 옹알거리는가 하면 손발을 흔들어대기도 했다. 그러나 폐렴에 걸린 후부터 장신톈은 아무런 반응을 보이지 않았다. 장난꾸러기 남자아이가 폭죽을 터뜨려도 예전 같으면 놀라서 울음을 터뜨렸을 아이가 아무 일도 없는 듯 무심한 표정이었다. 부모는 불길한 생각을 지울 수가 없었다. 하지만 장신톈은 폐렴 치료를 위해 처방된 항생제로 인해 청력이 완전히 상실하고 말았다.

젊은 부부는 억장이 무너졌다. 얼마 전까지만 해도 세상에서 가장 행복한 사람이었던 그들 부부가 이제는 이 세상에서 가장 불행한 사람이 된 것만 같았다. 가슴이 새카맣게 타버린 그녀의 엄마는 아이를 안고 바다로 향했다. 다음 생에는 건강한 아이로 다시 태어나길 기원하면서 저 바다 밑바닥으로 함께 가라앉아 버릴 작정이었다.

하늘의 뜻이었을까, 파도는 두 모녀를 떠밀어 모래사장에 올려놓았다. 눈물을 훔치며 집으로 돌아온 어머니는 앞으로 딸에게 아낌없는 사랑을 베풀기로 결심했다.

침묵이 소리를 뛰어넘다

부모의 세심한 가르침 속에 장신톈은 무사히 학업을 마칠 수가 있었다. 부모들은 심한 마음의 갈등을 겪었지만 장신톈이 바라보는 세계는 가슴이 두근거릴 정도로 아름답고 사람들은 모두 선량하기만 했다.

그녀는 점점 활짝 핀 연꽃처럼 아름다운 숙녀로 성장했다. 하늘은 그녀에게서 청각을 빼앗아갔지만 대신 다른 많은 것을 그녀에게 선사했다. 아름답게 성장한 장신톈은 예술적인 면에서 두각을 나타냈다. 2002년 칭다오 국제 맥주 축제에서 열린 모델 선발대회에서 장신톈은 '10대 미인'에 선정되었고, '최우수 미디어 인기상'과 '사랑의 천사'라는 영예를 차지했다.

2003년 4월, 칭다오시 청각장애인학교 3학년에 재학 중이던 장신톈은 제52회 미스 월드대회 참가자를 선정하기 위해 개최된 미스 중국 선발대회에서 자신 있고 아름다우며 건강하고 밝은 모습으로 중국을 대표하는 미인이라는 영광을 얻었다. 이어 뉴욕에서 열린 미스 월드대회에서 그녀는 미스 월드 홍보대사로 선발되었다.

'2003 국내외에 가장 큰 영향을 끼친 『중국 여성』 시대의 인물'에 선발된 여성 가운데 장신톈은 열아홉 살로 가장 나이가 어렸다. 그녀는 왕난王楠, 장지후이張積慧, 뤼추루웨이閭丘露薇 등 아홉 명의 여성들과 함께 나란히 시상대에 섰다. 전국여성연합회 의장 구슈롄顧秀蓮은 그녀를 미소와 자신감으로 외유내강의 미를 보여준 여성이라고 칭찬을 했다.

세상을 향한 손짓

중국 장애인 예술단은 세계의 양대 정상급 예술의 전당에 올랐다. 중국에서는 유일했다. 또 세계에서 유일한 특수 예술 공연단으로 '전 세계 장애인들의 홍보대사'란 영예도 안았다.

장신톈은 2004년 2월 16일 정식으로 예술단 가족이 되었다. 이는 그녀에게 새로운 영광의 출발이었다.

2004년 3월, 중국 장애인 예술단의 첫 번째 한국 공연에서 장신톈은 사회자로 나섰다. 첫 무대였다. 당당한 그녀의 모습에 관객들은 찬탄을 금치 못했다. 이후 그녀는 중국 장애인 예술단 공연의 사회를 도맡으며 전 세계에 중국 장애인들의 정신적 풍격을 보여주는 홍보대사로 활동했다. 청초한 용모와 날씬한 몸매, 우아한 기품과 약동하는 청춘의 활력으로 그녀는 중국 장애인 예술단의 간판 사회자가 되었던 것이다.

2004년 아테네 장애인 올림픽 폐막식에서 중국 홍보대사로 승격된 장신톈은 중국을 대표하여 2008년 베이징 올림픽에 전 세계인을 초청했다. 그녀는 이를 무한한 영광으로 여기고 있다. 무대 위 10초, 그녀는 이 10초를 위해 다섯 가지의 수화 동작을 무려 한 달 이상 연습했다. 수화 동작 뿐만 아니라 표정, 눈빛, 입 모양, 걸음걸이, 의상에 이르기까지 모든 것이 조화를 이룰 수 있도록 철저하게 준비했다.

장신톈의 사전에는 '원망'이란 단어는 찾아볼 수가 없다. 아름다움을 사랑하는 그녀는 언제나 전 세계에 가장 아름다운 자태를 보여주고자 노력할 뿐이다.

그녀는 동양적 매력을 한껏 풍긴다. 무대 위에 서면 마치 한 폭의 동양화에서 절세가인이 걸어 나온 듯하다. 수화를 하기 위해 살포시 손을 올리면 버드나무 가

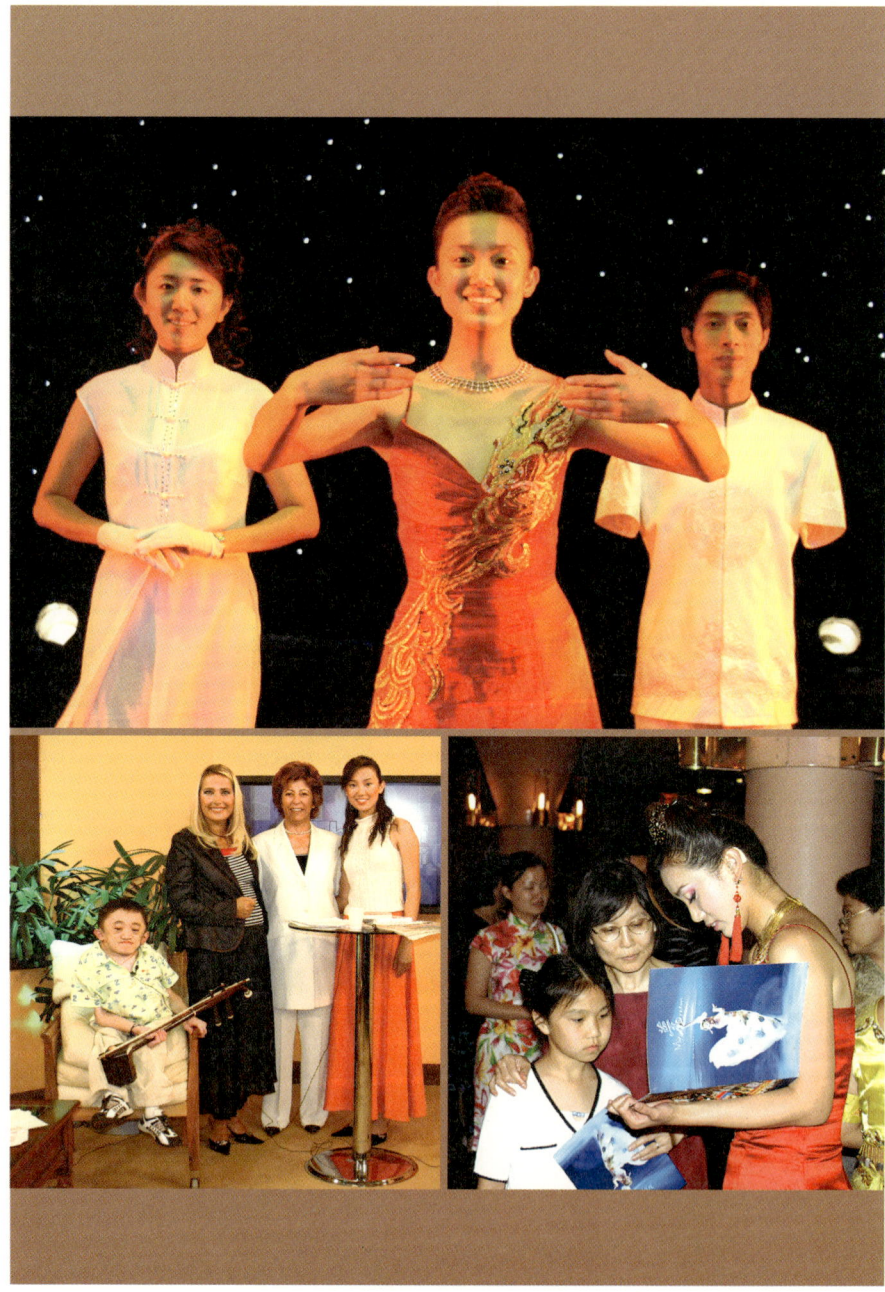

지를 들어 올리는 듯하다. 그녀는 5가지 수화 동작으로 8개의 한자를 표현한다.

"간세야덴, 샹취베이징(感謝雅典, 相聚北京 : 고마워요, 아테네. 베이징에서 만나요)."

서양인들은 그녀를 '동방의 성녀' 라 불렀다. '요조숙녀는 군자의 좋은 짝' 이라고 하던가. 장신텐의 명성이 높아지면서 추종자들이 생겨났다. 한번은 공항에서 그녀와 마주친 젊은 군인 하나가 한참을 멈칫거리다 잔뜩 겁먹은 모습으로 물었다.

"같이 사진 좀 찍어도 될까요?"

얼굴이 벌겋게 달아오른 군인을 바라보며 장신텐은 매우 상냥하게 그의 부탁을 들어주었다. 사실 장신텐의 메일함에는 각처에서 날아온 메일들이 가득하다. 그중에는 그녀에 대한 많은 청년들의 진실한 감정이 담겨있다.

장신텐의 어머니는 행여 딸이 명성을 얻은 후 생각에 변화가 있진 않을까 걱정이었다. 그러나 그녀는 어머니에게 지금은 좀 더 많이 배우고, 좀 더 많이 일할 생각밖에 없다고 분명하게 말했다.

2004년 9월 장신텐은 뛰어난 성적으로 베이징 연합대학 특수교육학과에 입학하여 사무자동화를 전공하고 있다. 그녀는 문화적 깊이가 예술의 원천이라 생각하고 자신의 예술적 재능이 영원하기 위해서는 반드시 많은 지식을 쌓아야 한다고 생각했다.

평안하고 소리 없는 세상은 사람들의 가슴을 한없이 넓게 해준다. 무대 위에서 보여준 그녀의 당당한 모습은 소리 없는 호소가 뿌리를 깊게 내리고 있기에 가능했다. '설 특집 공연' 담당 코디네이터인 쉬징이 말했다.

"당당하고 의젓한 장신텐의 모습은 아무나 흉내 낼 수 있는 게 아니에요. 그녀의 캐릭터는 한마디로 대갓집 규수 이미지가 적격이에요."

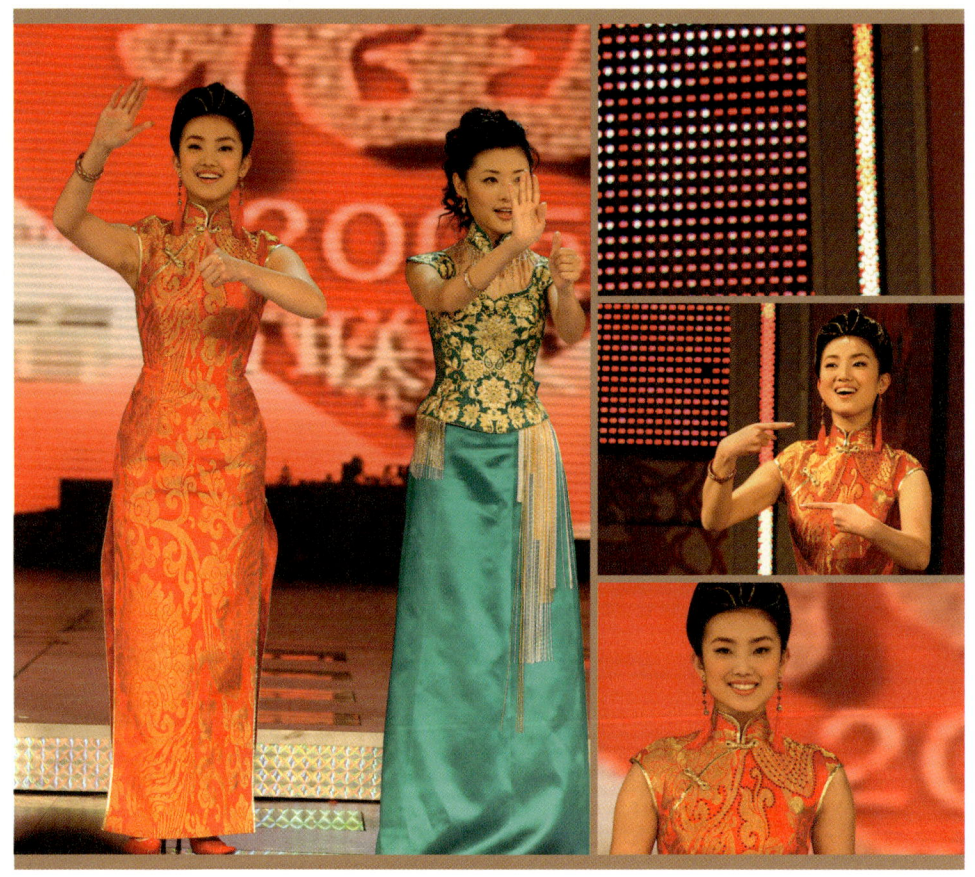

2005년 2월 8일, CCTV '설 특집 공연' 스튜디오 안, 그 안에 모인 사람들뿐만 아니라 전국의 시청자들 모두가 장신톈을 따라 손으로 '사랑은 가장 아름다운 우리들의 언어' 라고 표현했다.

네 송이 황금 꽃의 전원 교향악

꽃다운 나이

비장애인은 꿈꿀 수 없는 세계

고요함을 벗 삼아 세속의 유혹을 뿌리친 그들

어떤 이들이 호화롭고 사치스러운 물질을 바라일 때

향기로운 대지 위에 청춘을 쏟은 그들

묵묵히 소리의 세상과 소리 없는 세상을 이어주며

두 손으로 가장 아름다운 언어를 표현한다.

질책의 소리조차 아름다움이 될 수 있는 세상,

그 생활이 어찌 아름답지 않겠는가.

수화는 인류의 보물

닭의 해, '설 특집 공연'을 통해 더욱 많은 사람들이 수화의 매력을 한껏 느낄 수 있었다. 사랑이 있기에 공통의 언어를 가질 수 있었다.

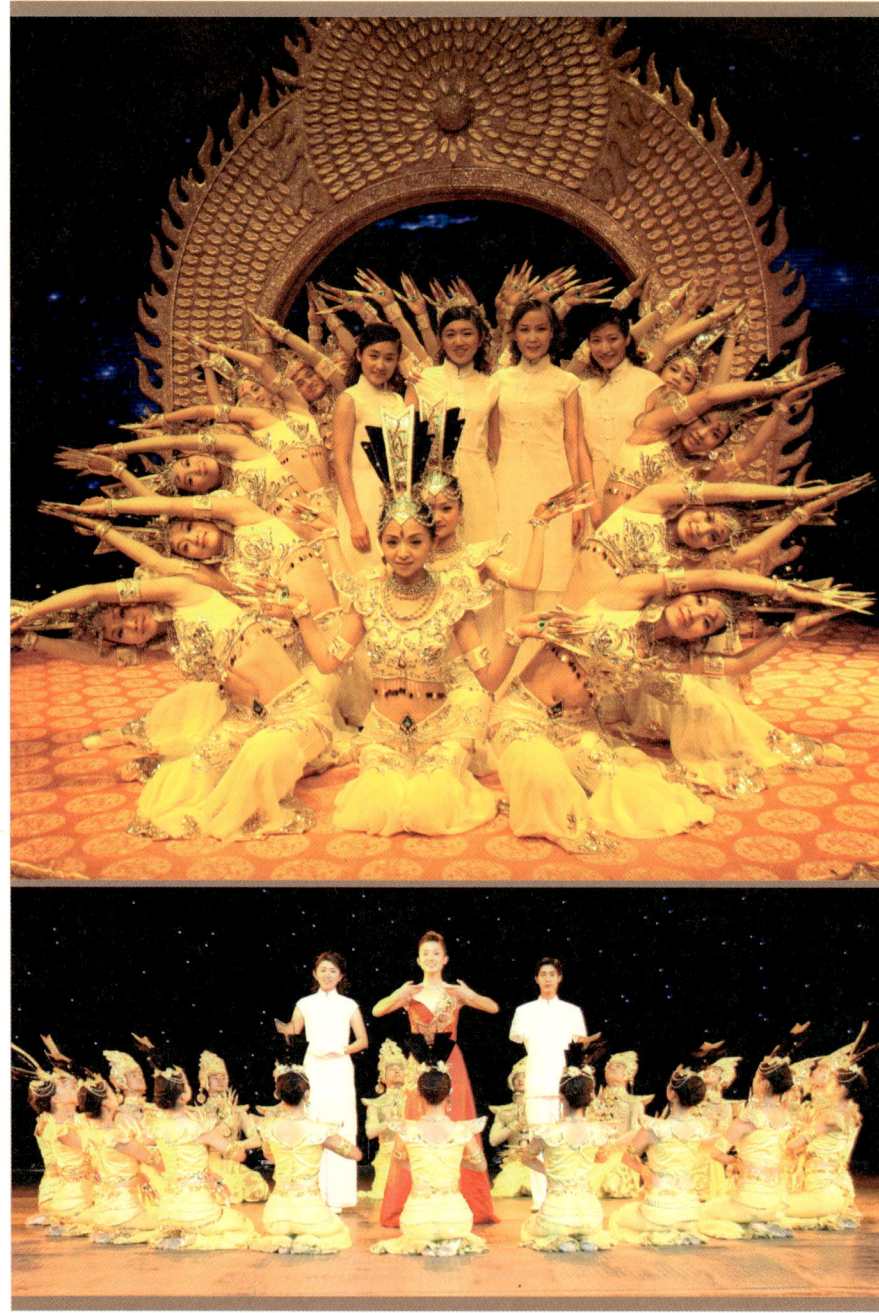

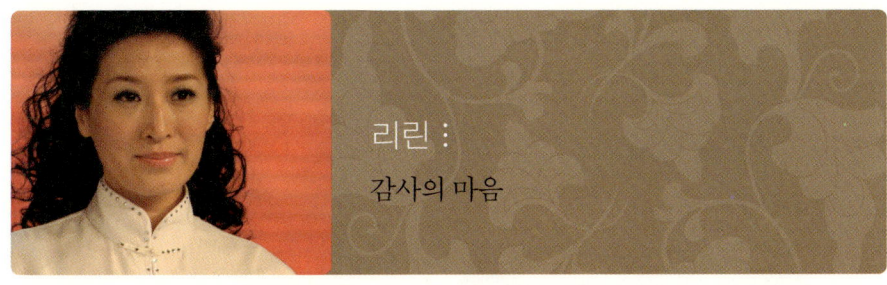

리린 :
감사의 마음

리린李琳의 집은 바다 부근이다. 그래서일까? 바다와 가까이서 생활하는 사람은 모두가 친화력을 강하다는 생각이 드는 것은 …. 리린은 아름다운 해변의 도시 랴오닝성遼寧省 다롄大連 출신이다. 토끼 해에 태어나, 예술단 친구들은 모두 그녀를 '토끼 엄마'라고 부른다.

그녀는 '설 특집 공연'에서 '관음'들의 좌측 상단 모서리에 위치했다. 네 송이 황금 꽃의 화심花心인 그녀의 존재감은 대단했다. 유명한 PD들이 진심으로 그녀를 부러워하며 이구동성으로 이렇게 말했다.

"스물한 명의 관음들이 일제히 곁눈으로 토끼 엄마의 지휘를 따르는 것을 보면서 우리는 '질투라는 게 바로 이런 거구나'라고 느꼈습니다."

리린의 지휘자적 소양은 어머니로부터 물려받았다. 수화 연구 개발 전문가인 리린의 어머니 역시 다롄장애인연합회에서 일을 했다. 리린은 어릴 때부터 어머니의 이런 모습에 매력을 느꼈다. 어머니가 일찍 세상을 떠나자 그녀는 어머니의 삶을 이어갔다.

리린이 예술단과 인연을 맺게 되기까지는 아름다운 뒷이야기가 있다.

어느 해인가, 예술단이 다롄에서 공연을 열게 되었다. 이 공연을 관람한 리린

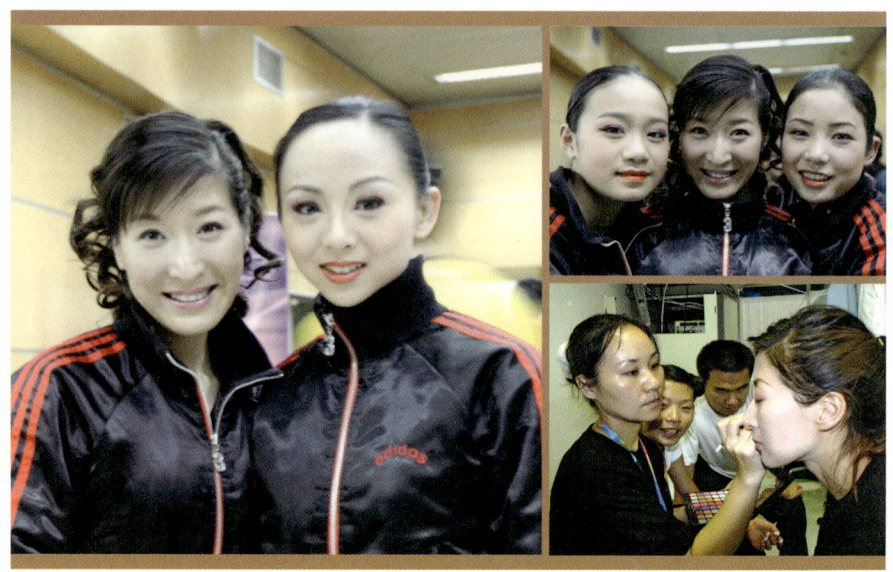

은 공연이 끝난 후 직업적 관심에서 단원들과 이야기를 나누었다. 수석 무용수인 타이리화와 이야기하던 중 타이리화는 리린의 수화가 그 누구보다도 가슴에 와 닿는다는 느낌을 받았다. 타이리화는 예술단에 리린을 수화 선생님으로 추천했 다. 예술단의 왕징의 도움으로 리린은 베이징으로 자리를 옮기게 되었다.

리린은 재주가 많은 선생님이었다. 외국어에도 능통하고 독서량도 풍부한 그 녀의 말에는 많은 이야기가 담겨 있었다. 그녀는 바로 현대사회가 필요로 하는 여 성상이라 할 수 있다. 그녀 정도라면 베이징에서 대우가 훨씬 좋은 직업을 선택할 수 있었지만 그 모든 기회를 버리고 수화 통역을 선택했다.

리린은 청각을 잃은 스물한 명 단원들에게는 어머니와 같은 존재였다. 그녀는 단원들의 찡그린 얼굴과 활짝 웃는 얼굴 그 하나하나를 마음으로 느꼈다. 물론 괴 롭고 힘들 때도 있었다.

사실 수화 통역은 찰나의 실수도 용납되지 않는 막중한 직업이다. 특히 청각

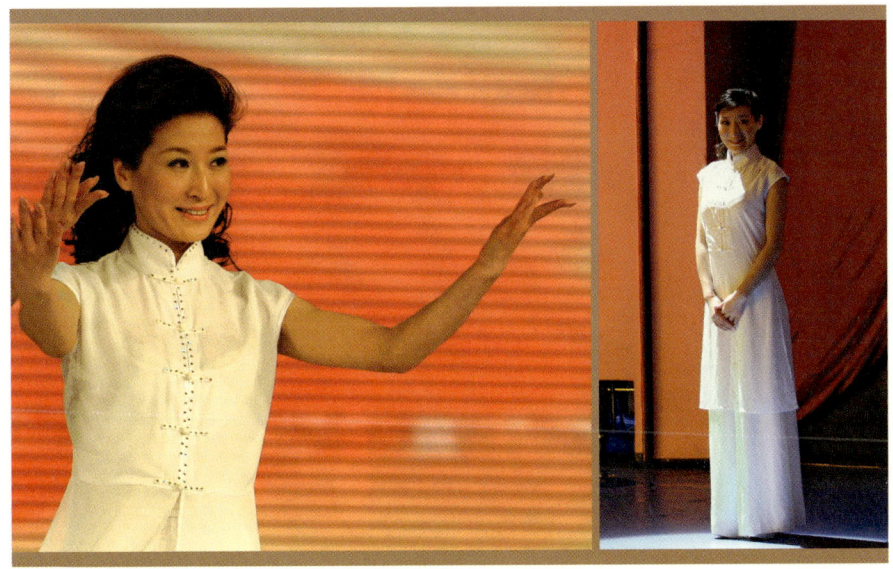

장애인 아이들은 생각이 비교적 단순하고 정서의 기복이 심한 편이기 때문에 그들을 위로하는 일은 결코 쉬운 일이 아니다. 그래서 리린은 혼자서 남몰래 눈물을 흘린 적도 한두 번이 아니었다. 그러나 항상 그렇게 울먹거리다가도 마음을 가다듬고 다시 일을 시작했다.

언젠가 단원 한 명이 리린에 대한 오해로 울고불고 하며 집에 돌아가겠다고 소란을 피운 적이 있었다. 사라진 단원 때문에 다급해진 리린은 단원들에게 핸드폰으로 메시지 보내기 작전을 펼치도록 했다. 단원들 모두 1급 통신원이 되어 연락을 하기 시작했다. 단원들의 통신 작전은 한밤중까지 계속되었다. 마침내 그 단원은 다시 나타났고, 리린은 달려가 끌어안고 울음을 터뜨렸다.

또한 혼자서 일을 처리하기 힘든 단원들은 일단 병이 나면 제일 먼저 리린을 찾았다. 언젠가 고열에 시달리던 한 단원이 한밤중에 리린의 방문을 두드렸다. 리린은 그 단원을 등에 업고 곧장 병원으로 뛰어갔다. 바로 이런 과정 속에서 리린은

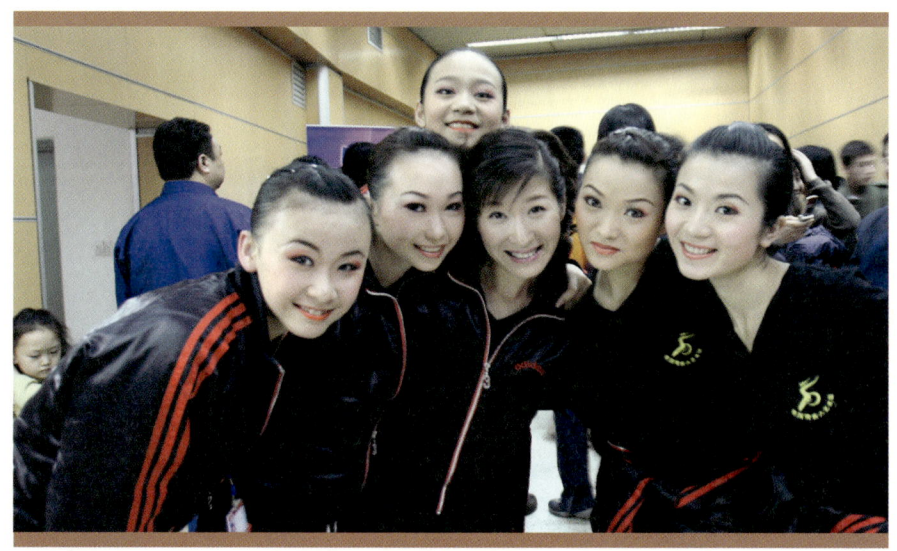

단원들과 마음을 트기 시작했고, 「천수관음」은 리린의 두 손을 통해 완벽한 모습을 갖추기 시작했다.

단원들이 100번 연습하면, 그녀는 100번을 지휘했다. 그러나 무대 위에 선 단원들이 사람들의 선망의 눈길을 받을 때 그녀는 다른 세 명의 선생님과 쓸쓸히 무대 한쪽에 자리해야 했다.

그러나 돌아가신 어머니의 꿈과 소망을 이어갈 수 있게 한 예술단 생활은 리린에게 최고의 선택이었다. 그녀의 마음은 따스한 햇살로 가득 차 있었다. 햇살이 아무리 따스하고 향기로운 풀이 대지에 가득하다 해도 사람의 영혼이 메마른다면 그 들판에는 영원히 생기가 돋지 않을 것이다. 그러나 리린은 충만한 은혜로움을 마음 속 깊이 간직한 채 금빛 찬란한 전원을 꾸며나가기 시작했다.

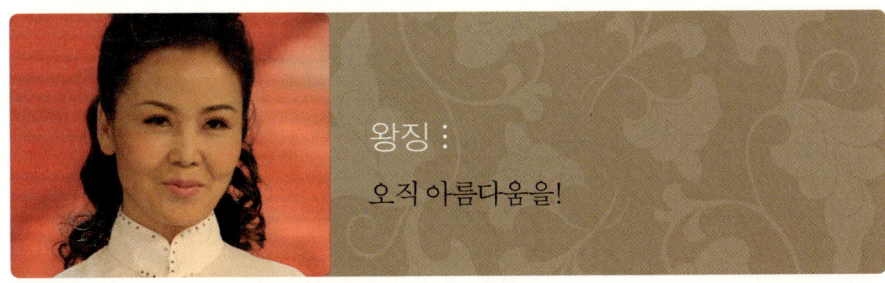

왕징 :

오직 아름다움을!

예술은 완벽한 아름다움을 추구하는 세계이다. 바로 그 세계에 살고 있는 사람이 왕징王晶이다.

왕징은 늘씬한 몸매에 긴 머리, 리듬체조 선수 같은 몸매를 가지고 있다. 특히 생명력 넘치는 그녀의 수화를 지켜보면 다른 이들의 수화는 그저 '단순한 손짓'에 불과하다는 생각이 들 정도이다. 언어가 줄 수 있는 감동을 모두 손가락 끝에 모아 놓은 것 같은 그녀의 수화는 신들린 춤을 연상하게 한다.

그녀는 10대 아이를 둔 엄마다. 산둥성山東省 여인의 기질을 그대로 타고 났다. 솔직하고 시원시원한 성격으로 일을 진행하는 솜씨도 일사천리다. 컴퓨터와 외국어에 능숙해 국제적인 업무에도 큰 몫을 했다. 그녀의 대범한 기질로 인해 손님들은 외모에서만 아니라 왕징이라는 사람 그 자체에서 풍기는 매력에 흠뻑 빠져들었다. 완벽한 아름다움을 갖춘 그녀는 예술단에서 가장 자신 있게 내세울 만한 당당한 모습으로 예술단의 대변인 역할을 톡톡히 해냈다. 예술단이 처음 사회적으로 찬사를 받은 것도 이런 왕징의 출중한 수화 솜씨 때문이었다.

장지강 감독은 그녀의 우아함과 대범한 기질에 감동하여 '미의 전도사'라는 호칭을 사용하기도 했다.

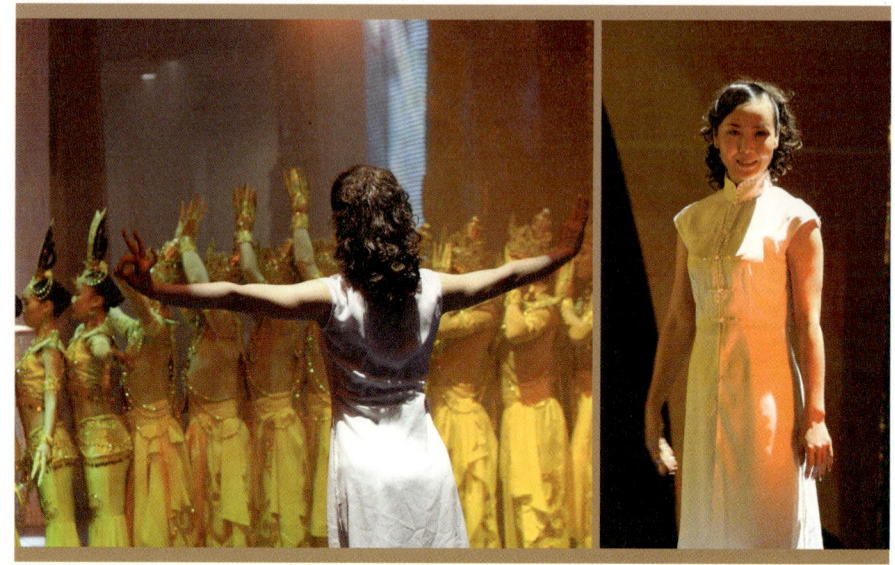

관객들은 공연장에서 왕징의 수화뿐만 아니라 차오친喬蓁과 딩젠丁建의 부드
럽고 감성적인 더빙도 들을 수 가 있었다. 왕징의 수화는 차오친이나 딩젠이 음성
으로 전해주는 메시지와 오묘한 조화를 이루었다.

　　만약 수화를 하나의 예술적 영역에 포함시킨다면 왕징은 중국, 나아가 전 세
계에서 최고의 수화 예술가라 할 만하다.

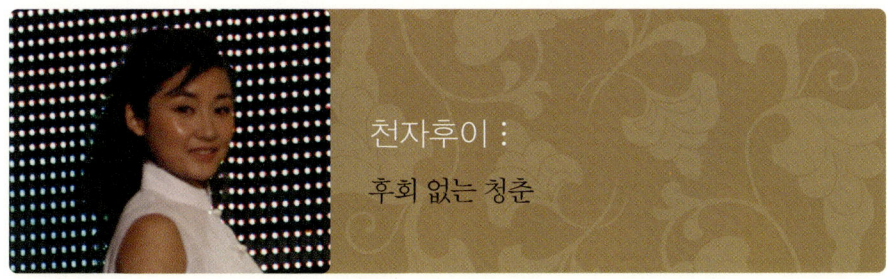

최신 유행을 좋아하고 활력이 넘치는 스무 살의 베이징 무용대학 모범생 천자후이陳佳慧는 다른 예술단 단원들과 마찬가지로 첫눈에 개구쟁이라는 느낌이 들었다. 그러나 천자후이는 지식과 함께 즐거움을 선사하는 단원들의 선생님이다. 그녀가 있는 곳에서는 항상 단원들의 웃음소리가 끊이질 않는다.

누군가 이렇게 물어본 적이 있었다.

"한창 땐데, 좀 더 화려한 곳에 가서 네 끼를 발산하지 않고 이런 곳을 선택한 게 후회되지 않아?"

천자후이는 침착하게 대답했다.

"제가 좋아서예요. 이곳이 바로 제 마음 속의 성지거든요. 저의 모든 사랑을 이곳에 주고 싶어요."

사람들은 이상하다는 듯 되물었다.

"그럼 넌 여기서 뭘 얻을 수 있는데?"

천자후이는 서슴지 않고 대답했다.

"내가 가지고 싶은 모든 것을 얻을 수 있어요."

사람들은 갈수록 이해가 되지 않았다.

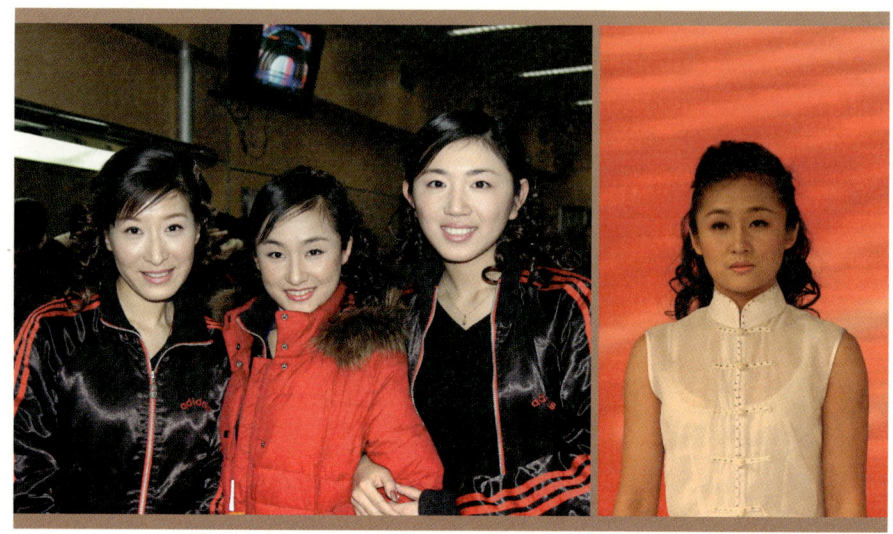

"소중한 젊음을 여기서 다 허비하다니, 아깝지 않니?"

"이 아이들이 원한다면 상관없어요."

간단명료한 대답이었다. 하지만 순간, 사람들은 숙연한 마음으로 생명의 의미를 다시 한 번 되새기게 되었다. 물욕이 팽배한 이 시대를 살면서 사람들은 '내 청춘을 걸고 내 일에 승부수를 던진다' 라는 말을 종종 한다. 그러나 그녀처럼 자신의 젊음으로 또 다른 생명을 성장시키고 자신의 아름다운 청춘이 같은 또래의 단원들을 통해 빛나도록 하다니, 정말 존경할 만한 젊은이가 아닌가! 정말로 '사랑에는 경계가 없다 ― 당신만 원한다면, 내가 그것을 가지고 있기만 하다면' 이라는 시의 한 구절이 떠올려질 만 하다.

천자후이는 사랑하는 일을 선택했고, 평생 이 선택을 후회하지 않을 것이다. 청춘은 풍경(처마 끝에 다는 붕어 모양의 종. 바람이 부는 대로 흔들리면서 소리가 난다) 과 같은 것인데, 천자후이가 바로 바람처럼 세상의 풍경을 흔들며 그 기쁨의 소리를 아득히 먼 곳까지 전하고 있는 것이다.

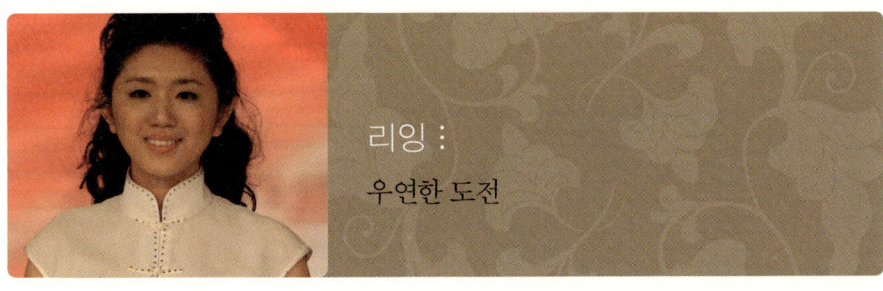

리잉 :

우연한 도전

　　리잉李瑩은 예술단과 교류를 가졌던 외국인 모두에게 깊은 인상을 남겼다. 그
녀는 예술단의 이익을 위한 일이라면 국제 회담에서 단 한 치의 양보도 하지 않았
다. 청각장애인 단원들의 개인 비자가 거부됐을 때 그녀는 대사관 직원들을 상대
로 끝까지 싸웠다.

　　수화 선생님 네 명 가운데 그녀는 유일하게 예술단에 자원해서 원서를 낸 사
람이다. 2003년, 아테네 행사 준비를 하던 예술단은 대외 업무 담당자 한 사람이 부
족했다. 친구를 통해 이 사실을 알게 된 리잉은 베이징 주재 해외기업에서 하던 일
을 그만두고 예술단의 문을 두드렸다.

　　국제 무역을 전공한 리잉은 영어가 매우 유창했다. 그런 그녀에게 처음 예술
단 단원들은 미덥지 않은 반응을 보였다. 무엇보다도 수화에 대해 리잉은 완전히
무지한 상태였다. 신체적 조건이 탁월한 단원들에 비해, 리잉은 지나치게 뚱뚱한
편이기도 했다.

　　그러나 성실함으로 무장한 그녀는 끊임없는 노력으로 자신의 능력보다 훨씬
더 많은 것을 보여줄 수 있었다. 사람들에게 비웃음을 당하지 않기 위해 피나는 노
력으로 불과 일주일 만에 기본적인 수화를 마스터했다. 결국 그녀는 네 명의 아테

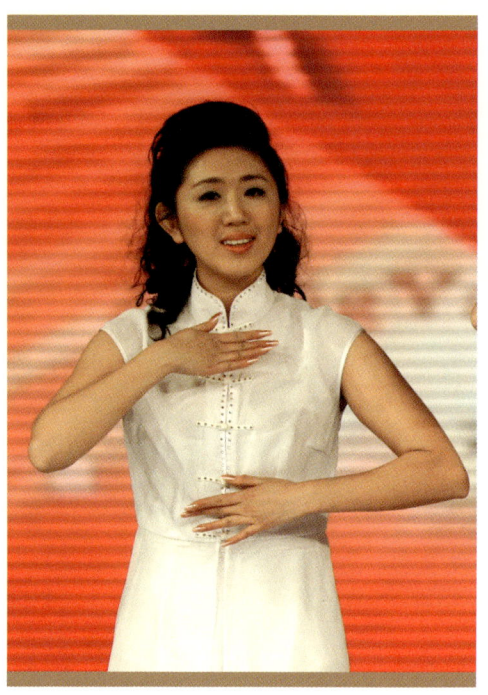

네 수화 통역자 중 한 사람이 되었다.

그러나 아테네를 향한 길이 그리 만만한 것만은 아니었다. 외모나 업무에 있어 동료들과 조화를 이루기 위해 그녀는 열심히 수화를 익히는 한편 모진 다이어트에 돌입했다.

아테네 올림픽 폐막식 행사 마지막 6초, 청각장애인 사회자 장신톈이 전 세계를 향해 이렇게 이야기한다.

"2008년, 베이징에서 만나요."

그와 동시에 그리스어와 영어로 이야기해야 한다. 세계가 중국에게 내 준 이 6초는 예술단에게는 중요한 또 하나의 관문이었다.

연출자들이 수차례에 걸쳐 논의한 끝에 이 역할은 반드시 그리스어와 영어를 정확하게 구사하면서도 중국적 이미지가 강한 사람이 맡아야 된다는 결론에 도달했다. 그러나 이 요구 조건을 만족시킬 수 있는 인재를 찾기란 쉽지 않았다.

이 일을 맡을 사람을 확정하기 전, 리잉이 임시로 맡게 되었다. 아무 것도 확정된 것이 없는 상태에서 리잉 역시 별로 자신이 없었다. 계속 연습을 하긴 했지만 당일 무대에 서게 될 사람은 누가 될지 알 수 없는 일이었다.

2004년 9월 28일, 과연 리잉이 무대에 설 수 있을까?

마침내 리잉으로 최종 결정이 났다. 리잉은 무대 아래서 긴장을 너무 한 탓인지 손에 땀이 흥건했다. 하지만 긴장했다고 해서 실력을 발휘하지 못할 리잉이 아니었다. 숨이 막힐 것 같은 고요함 속의 마지막 6초.

"Thanks to Athens, reunite in Beijing."

이 말이 정확한 발음으로 낭랑하게 울려 퍼졌다.

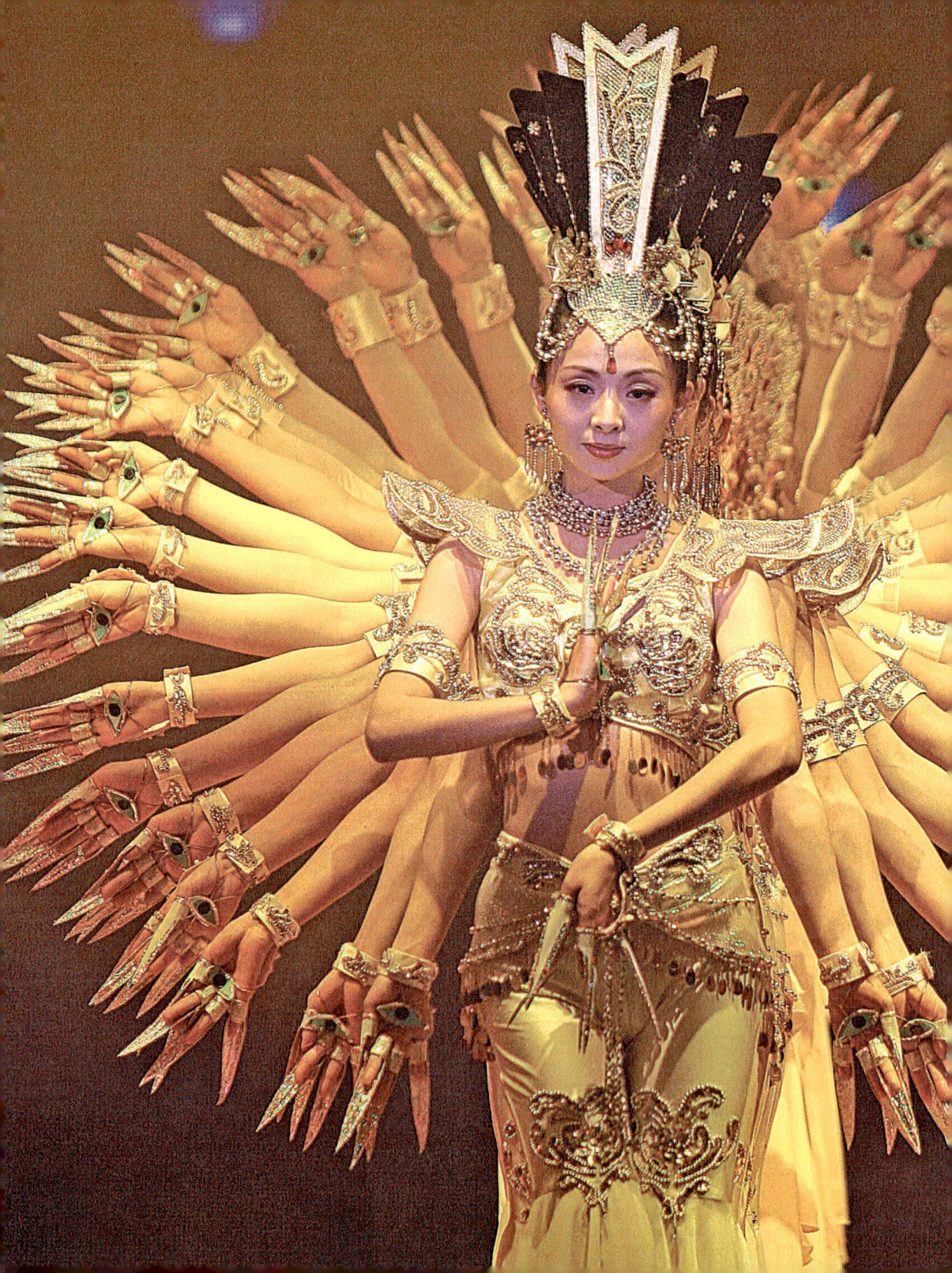

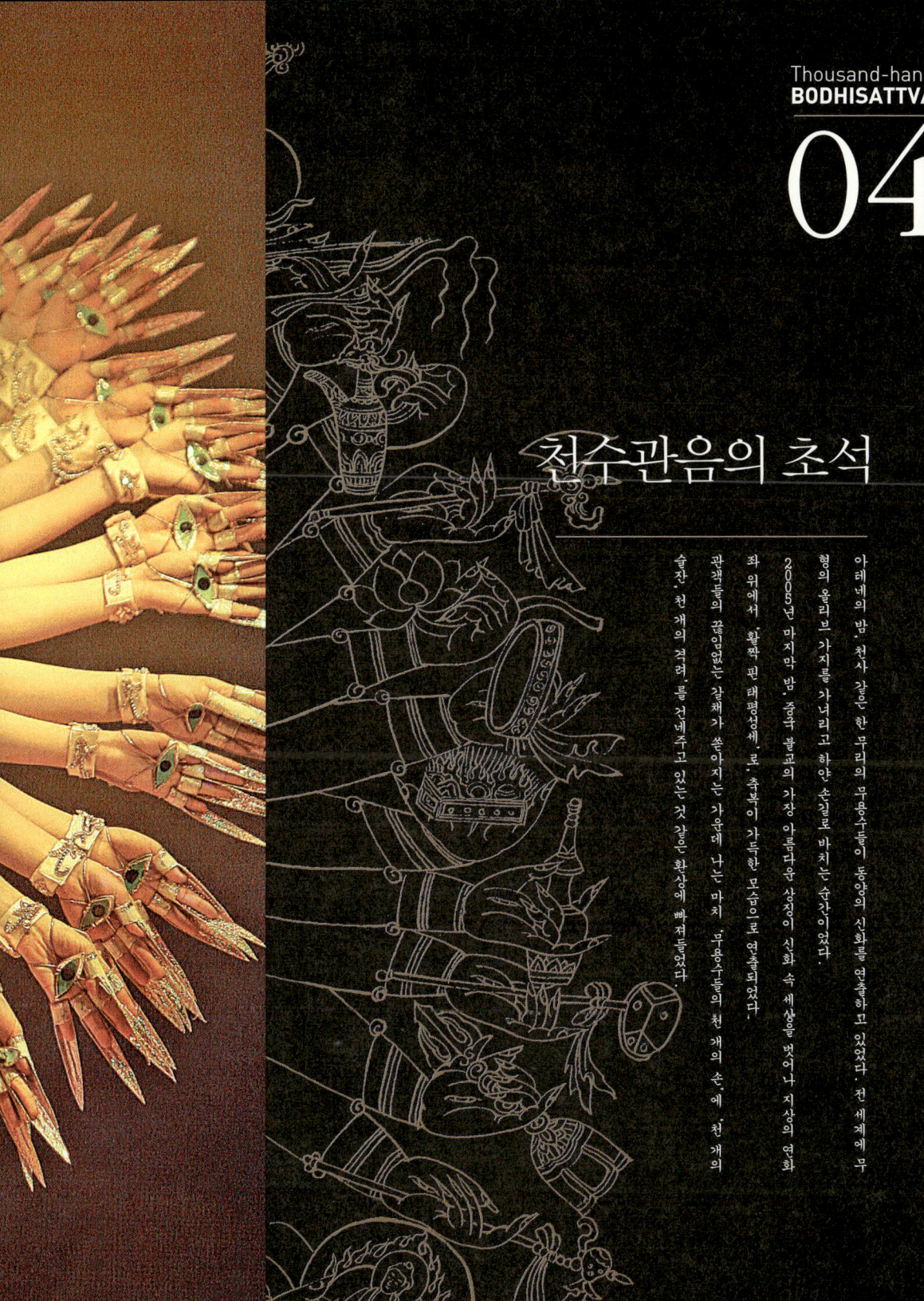

천수관음의 초석

아테네의 밤, 천사 같은 한 무리의 무용수들이 동양의 신화를 연출하고 있었다. 전 세계에 무

형의 올리브 가지를 건네리고 하얀 손길로 바치는 순간이었다.

2005년 마지막 밤, 중국 불교의 가장 아름다운 상징이 신화 속 세상을 벗어나 지상의 연화

좌 위에서 활짝 핀 태평성세.로. 축복이 가득한 모습으로 연출되었다.

관객들의 끝임없는 갈채가 쏟아지는 가운데 나는 마치, 무용수들의 천개의 손.에 천개의

술잔, 천개의 격려를 건네주고 있는 것 같은 환상에 빠져들었다.

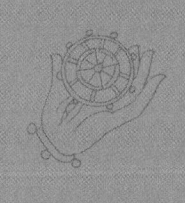

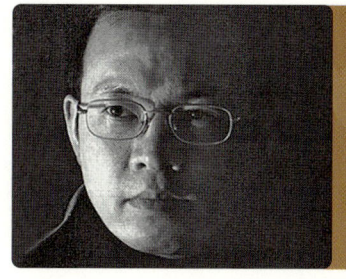

뤄장타오 :
「천수관음」무대 설치가

　　뤄장타오羅江濤는 독일에서 8년간 유학을 마친 후, 30여 개 국가에서 문화 관련 업무에 종사했다. 그의 예술 세계에는 동·서양 문화의 정수가 멋들어지게 조화를 이루고 있었다. 그는 매우 당찼다. 동양인으로서의 자부심을 갖고 있지만 한편으로는 항상 최고의 서양 문화를 받아들일 자세를 갖추고 있는 열린 사람이었다. 이후 그는 무대미술 분야에서 '서양 문화를 바탕으로 동양 문화의 수준을 한껏 끌어올리는 작업'을 선보였다. 제2회 전국 우수 무대 설계 대회에서 두각을 나타낸 「팔계대가八桂大歌」가 바로 그의 작품이다.

　　2004년 9월 28일, 제12회 아테네 장애인 올림픽 폐막식 대회기 전달식 후 행해질 공연으로 「천수관음」이 결정되었다. 그해 7월, 장지강 감독은 뤄장타오에게 스물한 명 관음의 몸을 실을 연화대와 대회 깃발을 놓을 고리 모양의 아치문 설계를 부탁했다. 10일 후, 뤄장타오가 설계안을 내놓았고, 그 즉시 두 사람은 설계안에 합의했다.

　　도면 위의 설계가 아름다울수록 설계자의 어려움은 커지는 게 사실이다. 불과 두 달밖에 남지 않은 상황에서 뤄장타오는 강한 믿음으로 사람들의 사기를 북돋아 주었다.

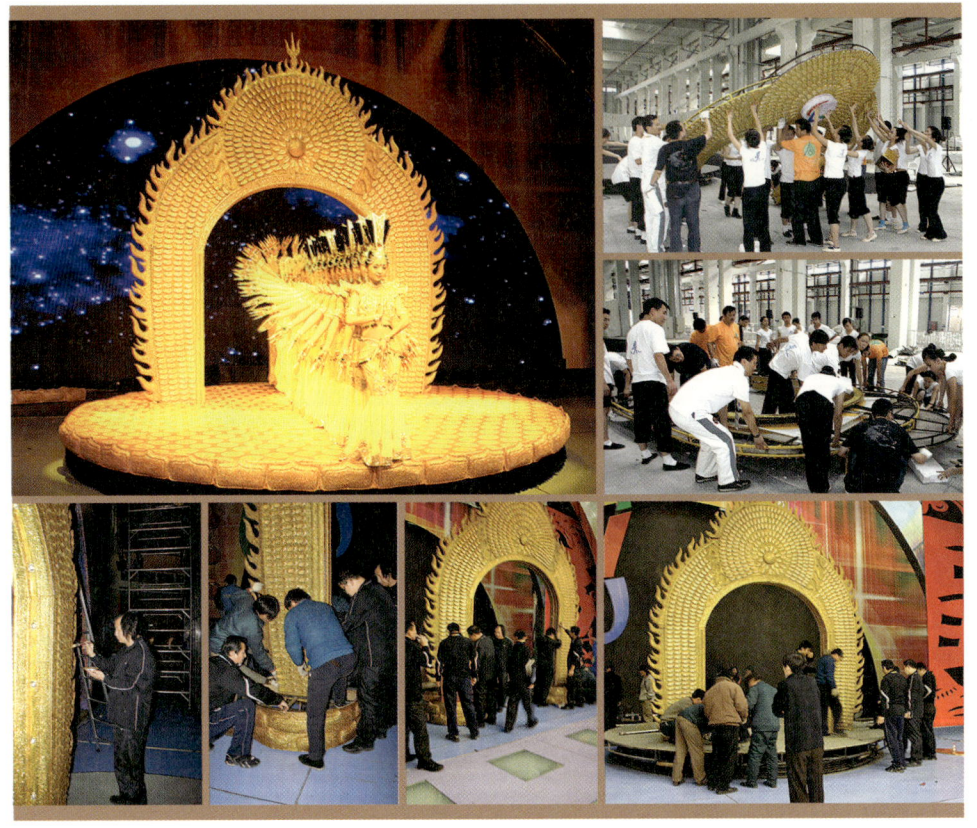

체적이 그리 크지 않은 이 연화대를 설계, 제작하고 성공적으로 조작하기까지 사실 뤄장타오는 숱한 시행착오를 거치며 엄청난 스트레스를 견뎌야 했다. 스물한 명의 성인 남녀가 직경 560센티미터의 연화대 위에서 안정적인 자세를 유지하고, 가볍게 이를 회전시킬 수 있도록 하는 것은 오로지 그의 몫이었다. 가장 힘든 부분은 공연 끝부분에서 연화대가 음악에 맞춰 45초 동안 360도 회전을 해야 된다는 점이었다. 또한 아치문 내부 구멍에서 대회 깃발이 서서히 아래로 내려올 때 마지막 순간 떨어지는 곳이 무대 정중앙이어야 했다. 행여 깃발이 내려오는 도중 속도가 일정치 않으면 하강이 정지될 수도 있었다. 이런 의외의 상황을 방지하기 위해 준비에 만전을 기했다.

2004년 9월 28일 아테네의 밤, 전 세계가 이 아름다운 순간의 증인이 되었다.

금빛 찬란한 불상의 감실에 꽃잎 같은 천 개의 손이 얹히고 그 주변으로 용의 허리가 모습을 드러낸다. 각기 '풍風, 조調, 우雨, 순順'을 상징하는 깃발이 아치문 양쪽을 수호하고 있다. 아치문의 가장 눈에 띄는 부분에 장애인 올림픽 마크가 상감되어 있다. 아래쪽은 108개의 꽃잎이 받치고 있는 연화대이다. 종교적 차원에서 인간이 거쳐야 할 108 단계를 상징한다. 황금색 양탄자가 깔린 연화대 위에서 청력을 잃은 무용수들이 고대의 중국적 정서를 흠뻑 담은 춤을 선보인다.

'2008 BEIJING'이란 글자가 새겨진 깃발이 모습을 드러내자 장내에는 감동의 물결이 일어나고…… 반 년 후, CCTV '설 특집 공연' 무대를 위해 뤄장타오는 다시 한 번 「천수관음」의 무대 설계 책임자가 되었다. 아테네 폐막식 공연에 비해 기본적인 틀이 마련되어 있는 상황에서 전체적으로 '날카롭고 예리한 느낌'을 '상서로운 축복의 느낌'으로 전환할 필요가 있었다. 뤄장타오는 이런 느낌을 살리기 위해 최선을 다해 공연을 준비했다.

'설 특집 공연' 무대, 매끄러운 비단이 깔린 청동빛 연화대는 단원들의 의상과 어우러져 한껏 분위기가 고조되었다. 아치문의 힘찬 깃발이 내려짐과 동시에 드러난 용허리가 더욱 장중하고 범상치 않은 모습이었다. 다양한 서체의 '춘春' 자가 불상의 감실 중앙에 자리하고 있던 장애인 올림픽 마크를 대신했다. 그러나 뭔가 부족한 느낌이 있어 마지막에 '춘' 자를 빛나는 야광주로 바꿨다. 효과는 대 만족이었다.

성스러운 관음이 비단길을 따라 연화대에서 TV 무대로 옮겨지면 13억 관중들의 시선이 화면에 고정되었다. 남쪽 바다의 붉은 연꽃이 물결을 따라 점차 떠오르기 시작한 것이다.

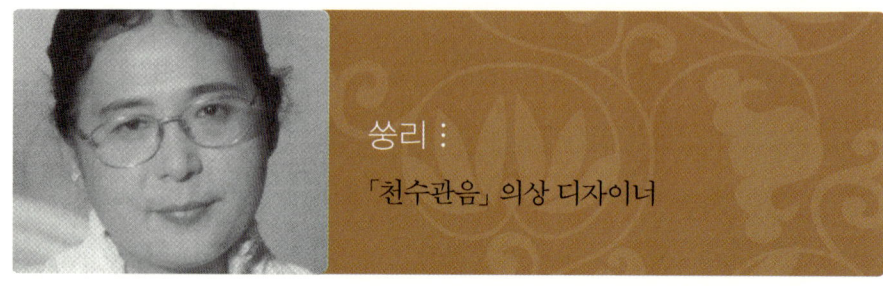

쑹리 :
「천수관음」 의상 디자이너

저장浙江 미술학교를 졸업한 쑹리宋立는 '동양의 무지개 의상 마술사' 라고 불린다. 그림 같은 강남의 산수가 그녀에게 무수히 많은 영감을 불어넣었을까. 그녀가 디자인한 연극 · 무용 · 드라마 의상은 일일이 셀 수 없을 정도이다. 패션 디자이너들은 그녀를 여타의 디자이너들과는 달리 창조적 역량이 매우 뛰어나다고 평가한다.

예술가들 사이에는 '진정한 예술가는 그 모습을 드러내지 않는다' 라는 말이 공공연히 퍼져 있다. 쑹리의 예술적 품격은 내면으로부터 우러나오는 것으로 그녀의 모습 자체가 바로 이러한 문화적 품격을 그대로 보여주고 있다. 의상과 어우러진 그녀의 장신구는 항상 우아한 멋을 자랑한다.

쑹리와 이야기를 나눌 때면 말보다는 오히려 눈빛을 주고받는 시간이 더 많다. 빙산 아래 자리한 불씨처럼, 외모는 깔끔하고 냉정하면서도 그 안의 마음은 항상 불탔다. 또한 적은 말수에도 불구하고 '단어 하나하나에 그녀의 재능이 줄줄이 엮여 있다' 는 찬사가 아깝지 않을 정도로 그녀의 말은 매력적이다.

「천수관음」은 아름답되 속되지 않고, 아리땁되 요염하지 않고, 은유적이되 노골적이지 않고, 성스럽되 별스럽지 않아야 한다. 한결 같은 스물한 명의 관음은 개성이 없는 것 같으면서도 한편으로 독특한 모습으로, 또한 경쾌한 동작과 함께 성스러우면서 생동적인 느낌을 선사할 수 있어야 한다.

불교에서 말하는 '9981번의 고난'을 겪는 듯 쏟아지는 수많은 난관을 극복한 후, 마치 비파로 반쯤 얼굴을 가린 것 같은 '보살'의 모습을 관객에게 선사했다.

머리부터 살펴보면, 화관은 금빛 조각과 마노(瑪瑙: 석영, 단백석蛋白石, 옥수玉髓의 혼합물로 흰 빛이나 붉은 빛이 나며 장식품을 만드는 데 쓰임)로 제작되었고, 높이는 팔을 뻗었을 때 팔 끝부분의 높이와 일치한다. 검은색 바탕을 뒤쪽에 덧대어 더욱 장중한 멋이 느껴지도록 했다. 밀랍으로 만든 염주는 하트 모양의 붉은색 마노를 달아 이마에 늘어뜨렸다. 무용수의 팔은 연꽃잎 구슬을 끼우고, 목 부분은 염주로 연결하였다. 꽃잎을 연상시키는 날아갈 듯한 어깨 장식, 금빛 바탕의 가슴 두덩은 연꽃 모양으로 장식하였다. '관음'이 날아갈 듯 하얀 손을 들어 올리면 가슴 두덩 아래에 달린 보석 장신구가 흔들리며 영롱하게 반짝거린다.

반짝이 장식들이 보여주는 배꼽 아래 물결 모양의 허리 장식은 남쪽 바다가 주는 은혜를 상징하고, 두 무릎 위는 청록, 황금색의 연화무늬를 넣어 장식하였다. 나팔바지 형태의 바지 단에는 각기 연꽃 네 송이를 장식하고 금테두리를 둘렀다. 사뿐하게 걸음을 옮길 때면 작은 발이 보일 듯 말 듯 아리따운 모습

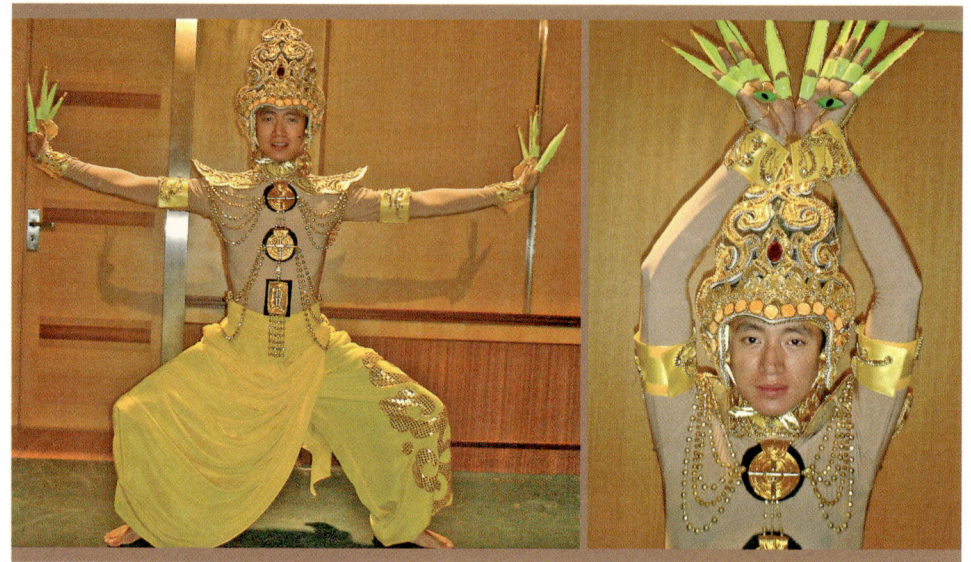

이 연출된다.

　남색, 청록색, 황색이 어우러진 손등 장식은 마치 화룡점정과 같은 효과를 내고 형광 소재로 만들어진 긴 손톱과 함께 빛을 발한다.

　천 개의 손이 부드럽게 흔들리고 천 개의 눈이 반짝거리면 전설 속의 천수천안 관음이 우아한 모습으로 세상에 모습을 드러낸다. 쑹리는 자신의 창조물로 불가의 공덕을 쌓았다고 하겠다.

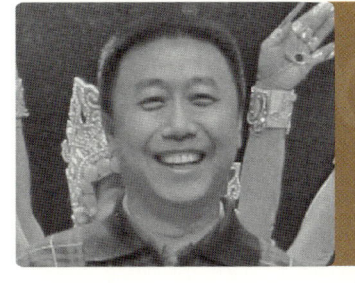

처음부터 무대 공연용으로 만들어진 「천수관음」은 당연히 관객의 눈을 즐겁게 했다. 2000년 열두 명으로 구성된 첫 번째 공연부터 2004년 아테네 폐막식 공연까지 국가 1급 조명사 사샤오란沙曉嵐의 많은 노고가 있었다.

그런데 TV용으로 다시 제작되면서 「천수관음」의 조명도 새롭게 준비해야 했다. TV에서는 카메라 렌즈를 통해 시청자들에게 전달되므로 모든 색의 변화를 고려할 필요가 있었다. 카메라가 끊임없이 이동하면서 단원 하나하나의 얼굴, 무대 구석구석을 비추기 때문에 한 곳이라도 빈틈없이 깨끗하고 투명하게 조명을 비출 수 있어야만 했다. 때문에 위안쥔袁駿에게 조명이 맡겨졌다.

위안쥔은 전형적인 북방 남자다. 인정이 많고 믿음직하며 성실했다. 아이디어가 풍부한 그는 완벽한 아름다움을 만들어 내기 위해 기발한 계획을 세워 나갔다.

첫 번째 천인합일의 조형이 만들어질 때 그는 남색과 황색을 기본으로 한 컴퓨터 광선으로 윤곽을 그린 후 3개의 대형 스크린에 유성이 쏟아지는 배경을 만들었다. 관음이 정지 상태에 있을 때는 빛이 춤을 추듯 흔들리며 100여 개의 컴퓨터 등이 한꺼번에 빛을 쏟아 부어 바닥에 놓인 비단 위에 전혀 그림자가 생기지 않고 투명한 빛이 나도록, 배경 조명을 설치했다. 평온한 느낌을 주는 남색이 황금색과

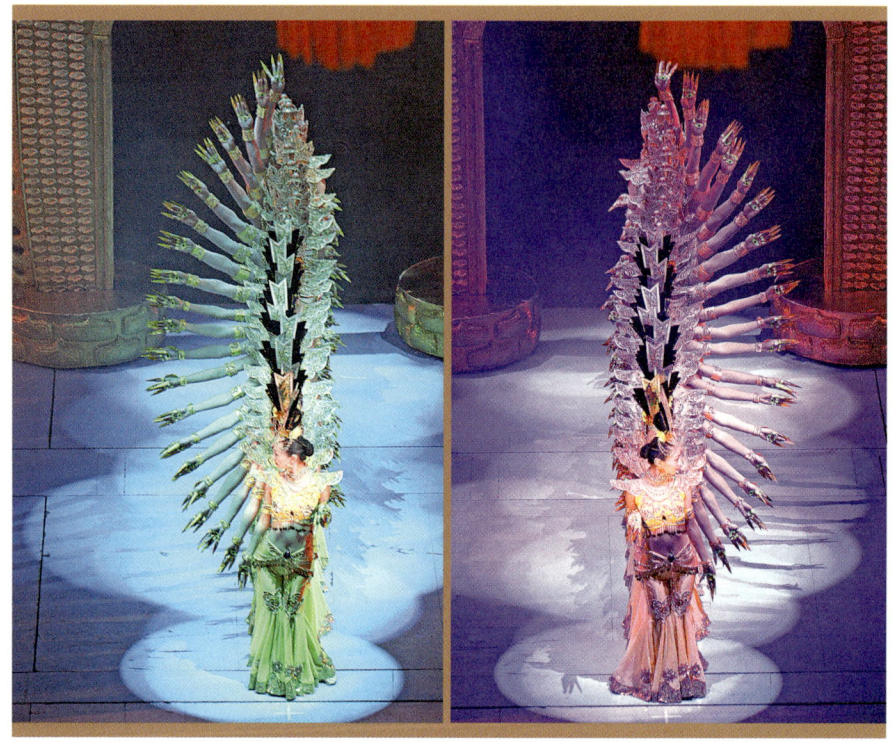

어우러지면서 더욱 우아하고 순결한 빛으로 거듭났다. 황색과 남색이 조화를 이룬 빛이 바닥을 훑고 지나가면 일곱 가지 빛깔로 환상적인 변화를 보여주었다. 누구나 이 환상적인 빛의 변화 속에 오묘한 세상의 기운을 느낄 수 있었을 것이다.

관음들이 다시 연화대로 돌아와 '활짝 핀 태평성세'를 연출할 때 모든 컴퓨터 광선이 일시에 밝아지면서 아치문 뒤의 레이저 광선이 관음들의 팔 사이로 쏟아져 나왔다. 그러면 마치 관음이 신통력을 발휘하는 듯 미묘하고 장엄한 자태가 돋보였다. 천상의 소리처럼 고요하고 우아한 음악이 오묘한 금빛 조명과 어우러지면서 화려하고 상서로운 분위기를 완벽하게 연출한 것이다. 인자하고 온화한 기운을 흠뻑 받은 시청자들, TV 앞에 자리한 그들은 마치 선량하고 지혜롭고 아름다운 세상

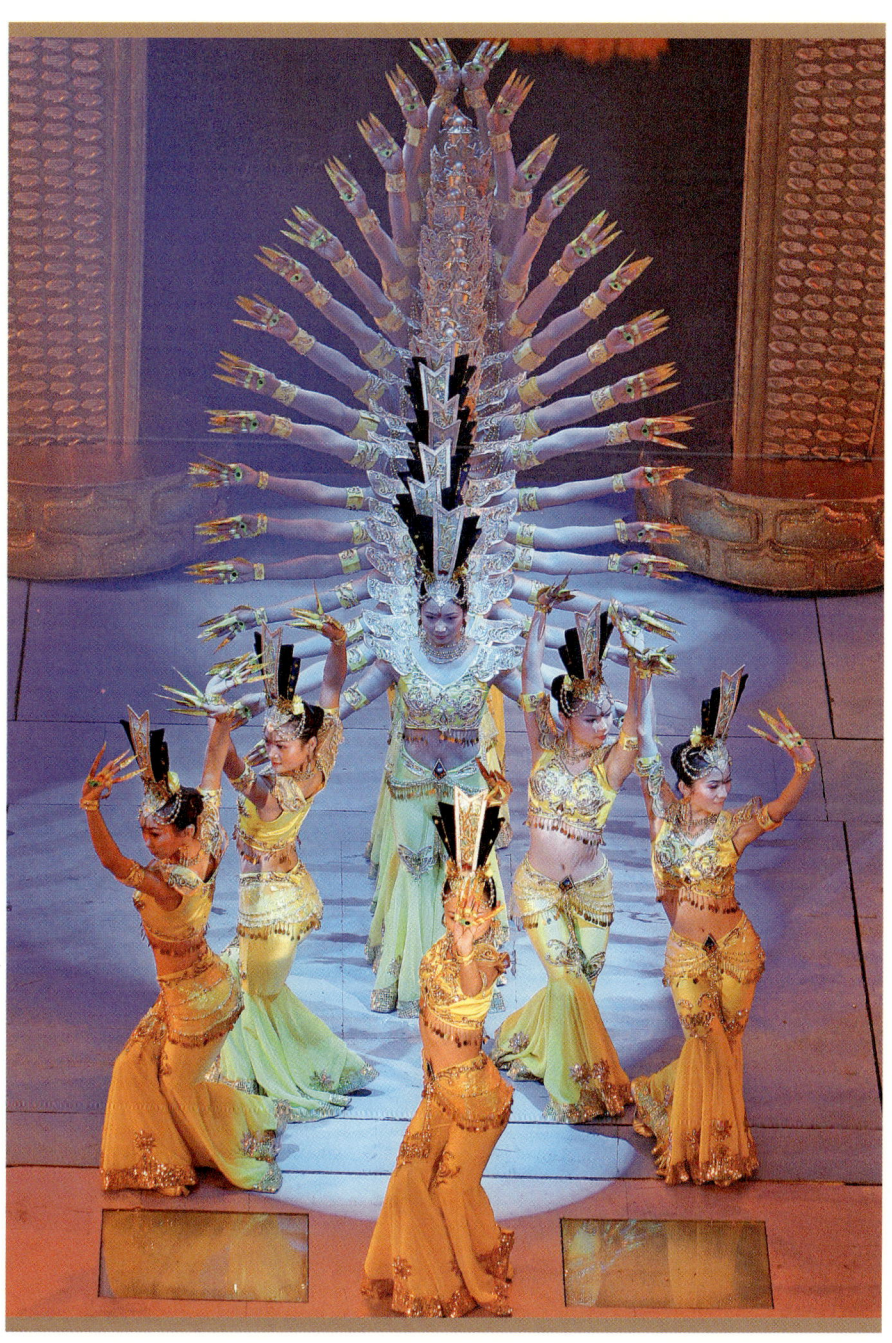

156
157

으로 빠져드는 것 같은 느낌을 받았을 것이다.

「천수관음」의 '손'은 춤의 영혼에 해당한다고 할 수 있다. 인간 세상의 무한한 소망과 동경, 그리고 한없는 사랑이 모두 이 관음의 수많은 손에 담겨 있었다. 춤을 추는 사람은 바로 그 손으로 중생에게 축복을 선사하고, 손에서 비춰지는 자연스런 빛은 공연의 절정을 이끌었다. 위안췬의 세심한 조명 설계를 통해 각각의 불상의 감실 위에 자리한 작은 손으로부터 영롱한 빛이 번지면서 단원들의 팔은 마치 백옥처럼 정결한 모습으로 나타나고, 빛이 흐르는 손가락 끝에서는 상서로운 빛이 사방으로 퍼져 나갔다.

위안췬의 조명 언어는 '관음'이 마치 천 개의 손으로 중생을 두루 보호하고, 천 개의 눈 그 혜안으로 널리 세상을 살펴보겠다는 맹세를 하고 있는 듯했다.

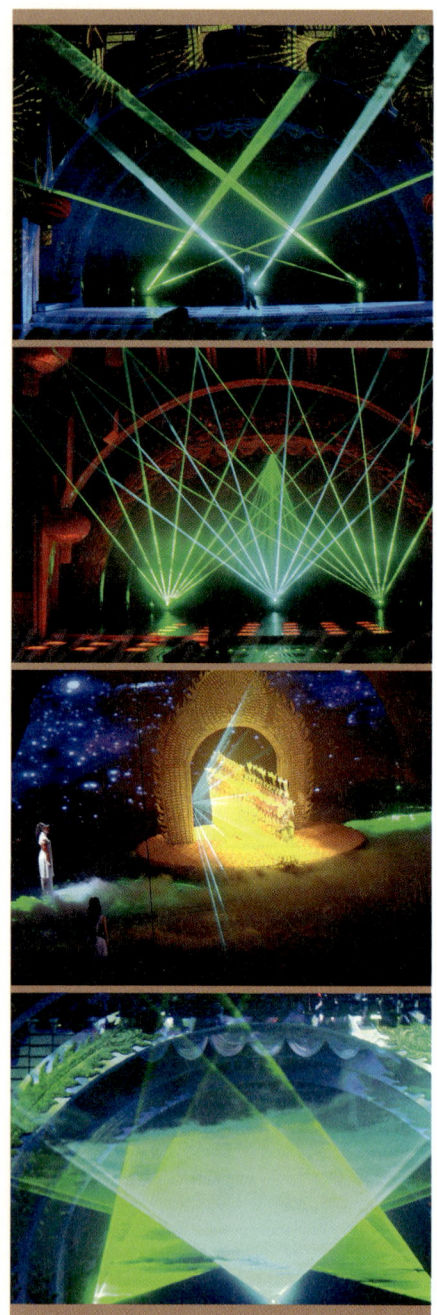

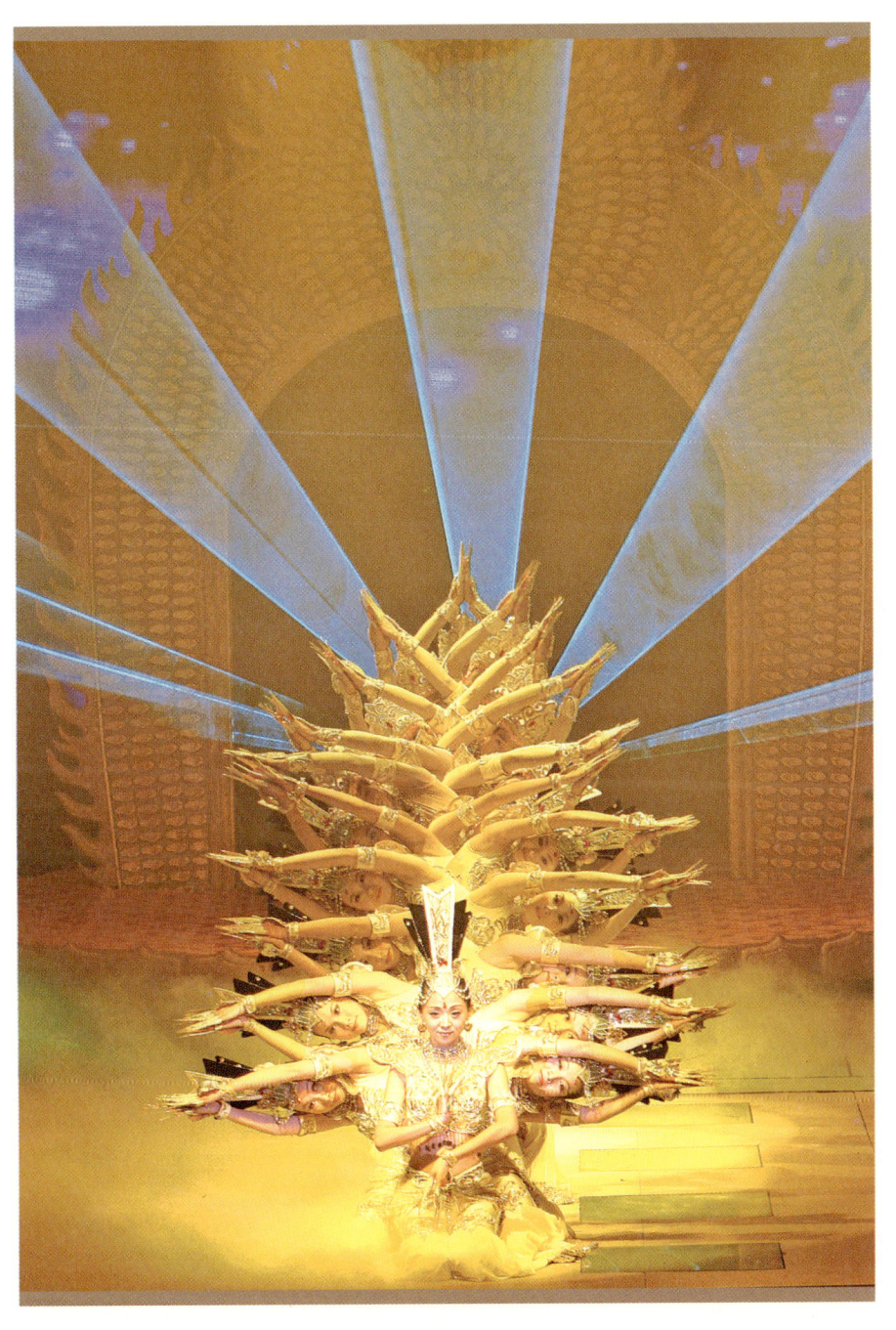

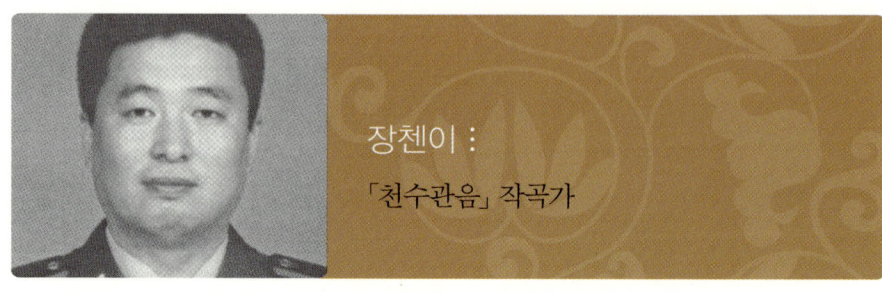

장첸이 :
「천수관음」작곡가

장첸이張千一는 중국 사람들 사이에는 꽤 알려진 인물이다. 「청장고원靑藏高原」, 「수자송嫂子頌」 등의 가곡을 작곡한 사람이 바로 장첸이이다. 2004년 전국 공연문화 시상식에서 선발된 무용극 「야반마野斑馬」, 「대몽돈황大夢敦煌」 역시 그의 야심작이다.

그는 공연문화 분야에서 하루 '24시간이 부족할 정도' 로 맹렬하게 작곡 활동을 하고 있다. 2004년 7월 장지강 감독의 아테네 공연 기획 초청장을 받았을 때 그는 상하이 음악학교에서 박사학위 과정을 이수 중이었다. 그렇게 바쁜 일정이었음에도 문화 사업에 대한 매력에 이끌려 결국 장 감독의 요청을 수락하고 말았다. 아마도 「천수관음」의 '천千' 자가 그와 인연이 있었던 것일까, 그의 창작은 흠잡을 곳이 없었다. 기존의 창작 스타일을 고집하지 않고 새로운 제재와 임무에 언제나 자신의 창작적 영감을 유감없이 발휘하였다.

황종(黃鐘 : 한 음역 내의 12개의 음을 가리키는 12율명 중 하나), 대려(大呂 : 12율명중 하나)의 소리가 울려 퍼지면서 구정古箏의 소리가 흘러나오고 여성들의 합창이 어우러지면 마치 수많은 신들이 소리를 내는 듯 신성한 소리의 물결이 밀려오는 것 같았다. 이어 평온한 음이 이어지고 관현악이 연주되면서 산 속 깊숙이 자리한 샘물의 흐름도 온몸으로 느낄 수 있었다.

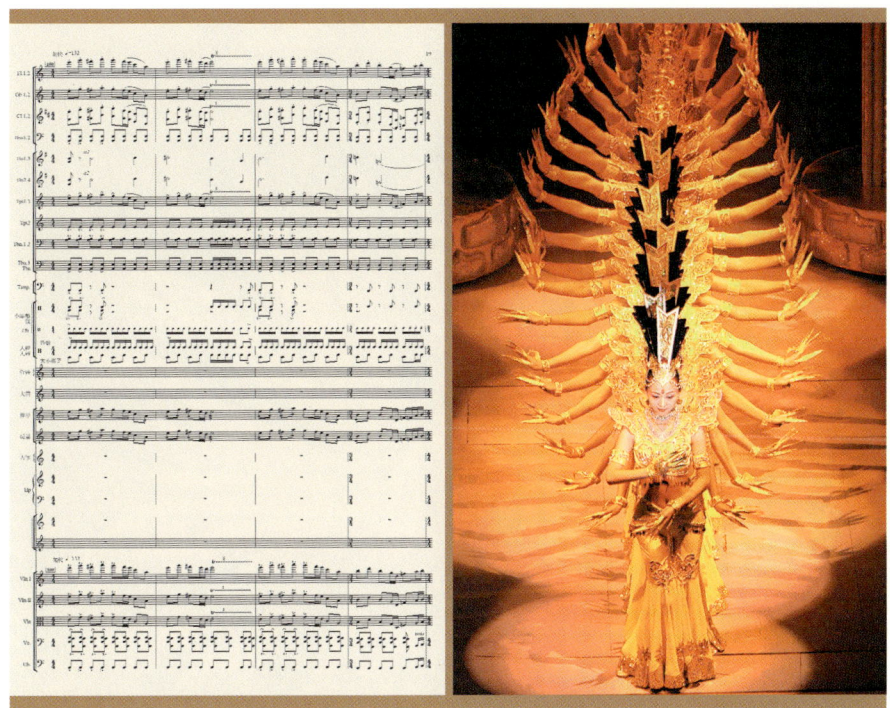

다시 환희에 찬 천축 궁정악이 흘러나오고 단아하고 장엄한 여신이 여러 모습으로 나타나는 순간 음악이 느려졌다가, 다시 긴박해진다. 전자음악과 타악이 함께 울리면 마치 관음이 세상에 등장하여 신들이 함께 이를 축복하는 것 같은 느낌을 받는다. 끝으로 가면서 음악은 점차 조용해지면서 한껏 춤추고 노래하던 신령들이 점차 꽃술을 향해 날아 돌아가는 듯하다. 불상의 감실은 신의 나들이 이전, 조용하고 신비스러운 시간으로 되돌아간다.

예술단을 따라 수백 일 밤을 함께 연습했지만 매번 음악이 울려 퍼질 때마다, 나의 영혼은 절로 관중들과 함께 소리의 세계에 도취되어 버렸다. 역시 음악은 국경 없는 언어였고, 장첸이는 다시 한 번 세상에 천국의 소리를 선사했다.

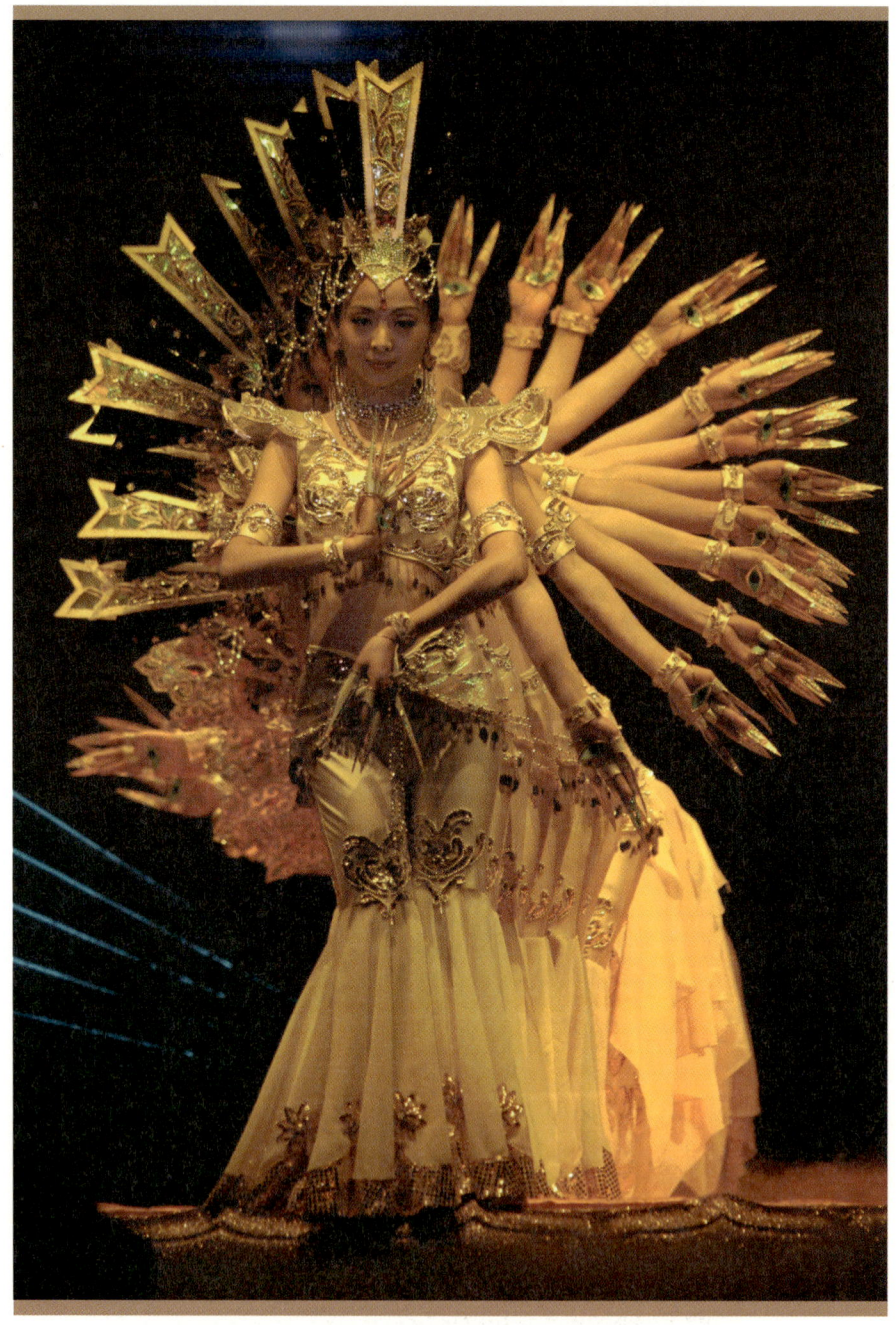

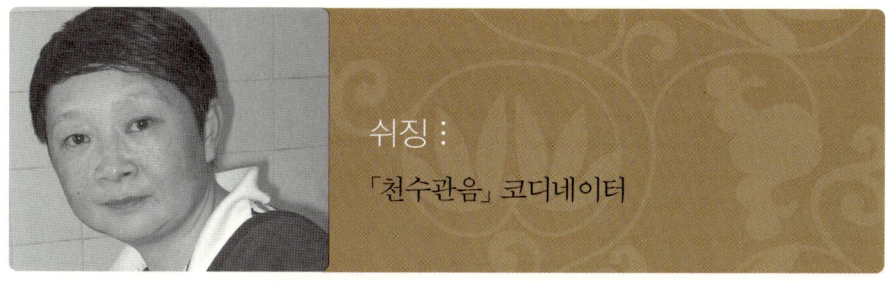

쉬징 :

「천수관음」 코디네이터

　　우연일까, 아니면 정말 무슨 인연이 있는 걸까, 쉬징은 분장사들 사이에서 '천수 쉬징'이란 별명을 가지고 있다.

　　많은 연예인, 유명 사회자들이 그녀의 손길을 거쳐 갔다. 장장 20여 년 동안 '설 특집 공연' 무대의 분장을 담당한 그녀는 중국 TV 방송의 이미지를 주도한 인물이라고 할 수가 있다. 수많은 스타의 얼굴이 쉬징의 손을 통해 만들어졌고, 쉬징의 손을 거쳐 간 연기자들은 자신의 이미지에 만족하고 자신감을 가졌다.

　　얼굴에 담긴 뜻은 마음에서 비롯되는 것이다. 천 개의 손을 가졌다는 쉬징의 마력을 통해 연기자들의 무궁무진한 이미지가 탄생되었다.

　　청초하고 아름다운 이미지를 가진 타이리화는 이목구비가 뚜렷하고, 작고 갸름한 턱이 사랑스럽게 느껴지는 얼굴이다. 순결하고 깔끔한 타이리화는 쉬징의 손을 거쳐 완벽한 조형물로 재탄생했다.

　　'설 특집 공연' 무대에 오른 '관음'들의 얼굴은 따사로운 오렌지빛 기초화장에 풍성한 눈썹, 많은 이야기를 담고 있는 듯한 눈썹 꼬리, 날아오를 것 같은 봉황의 눈, 실로 자애롭고 선한 관음을 연상토록 하였다. 눈두덩 끝에 형광분을 바르고 앵두 같은 작은 입술에 붉은 점을 찍어 양미간을 장식한 마노와 조화를 이루도록

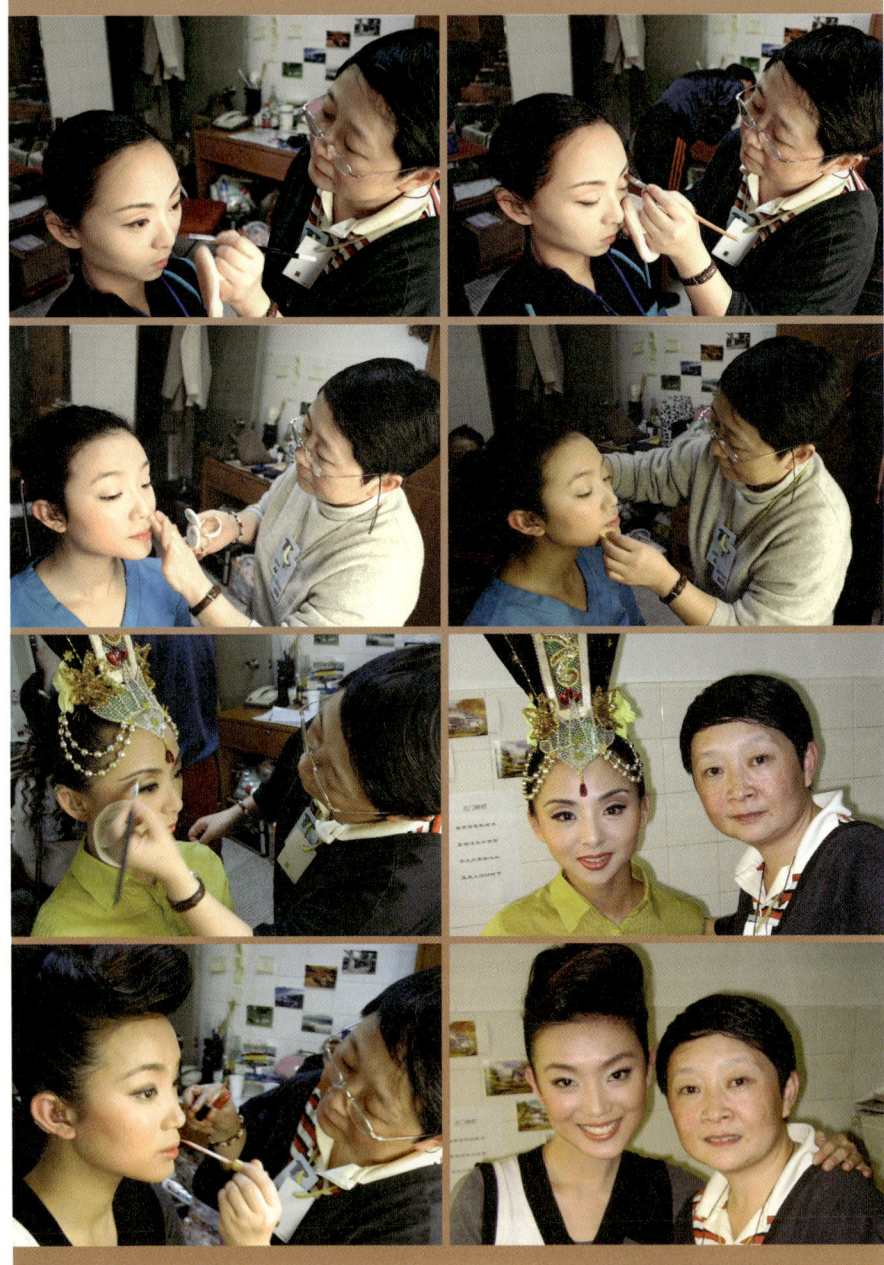

했다. 금빛 분장과 어울리면서 또한 금빛을 능가하는 매력을 발산하도록 한 것이다. 천 개의 손을 가진 관음이 사람들을 선善의 세계로 이끈다면 천 개의 손을 가진 쉬징은 사람들에게 은은한 향기를 선사했다.

그녀는 방송 화장의 최고 경지는 마음속에 자리한 티끌을 모두 거두어 내어 찬란한 생명력을 발산하게 하는, '생명력 있는 화장'이어야 한다고 늘 강조했다. 오묘한 손놀림을 통해 수많은 꽃을 만들어 내는 쉬징의 작은 작업실에는 다음과 같은 잠언이 붙어 있다.

봄엔 꽃 피고 가을엔 달뜨네
여름은 바람 겨울은 눈,
마음에 걸린 근심이 없다면
그곳이 바로 아름다운 세상이네

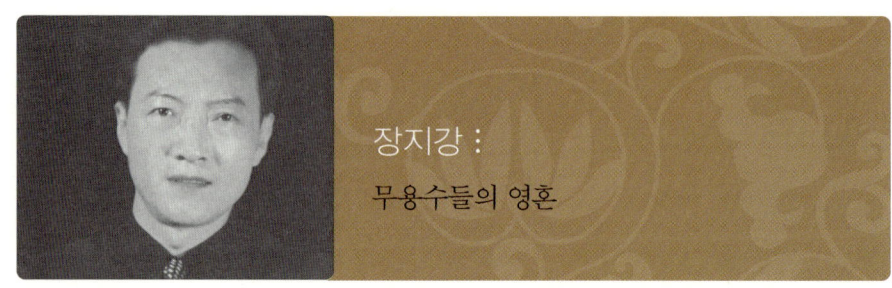

장지강 :

무용수들의 영혼

　2004년 9월, 제12회 장애인 올림픽 폐막식과 2005년 CCTV '설 특집 공연' 무대를 통해 소개된 중국 장애인 예술단의 「천수관음」은 전 세계에는 놀라움을, 중국인들에게는 감동을 선사했다. 사람들은 화려하고 아름다운 무용과 장애인 예술가들의 뛰어난 기예에 박수를 보내는 한편, 이런 불후의 작품을 창작한 장지강이란 인물에 대해 궁금증과 감탄을 동시에 가졌다. 이처럼 신성한 작품을 만들어 낸 과정과 그와 「천수관음」의 인연은 모든 사람들에게 화제가 되었다.

　「천수관음」의 총감독인 장지강은 산시성山西省 사람으로 본적은 양취안陽泉이고, 타이위안太原에서 자랐다. 그가 예술에 종사한 지도 벌써 30년이란 세월이 흘렀다. 열두 살에 무용과 인연을 맺었고, 열일곱 살에 무용 작품을 창작하기 시작했다. 1987년에 특채로 베이징 무용학교 연출학과에 입학하여 1990년 졸업 후 모교에서 교편을 잡았다. 1992년 중국 인민해방군 총정總政 가무단에 들어갔다.

　현재 그는 중국 인민해방군 총정 가무단 단장이자 중국의 저명한 무용 감독, 중국 문련전국위원회, 중국 특수 예술위원회 부주석, 베이징시 무용가협회 부주석, 중국 무용가협회 감독학술위원회 위원이다. 중국 인민해방군 심사위원으로 중국 무용계 유일의 '세기의 별'을 수상했다. '중화민족 20세기 무용경전', 제3~6회

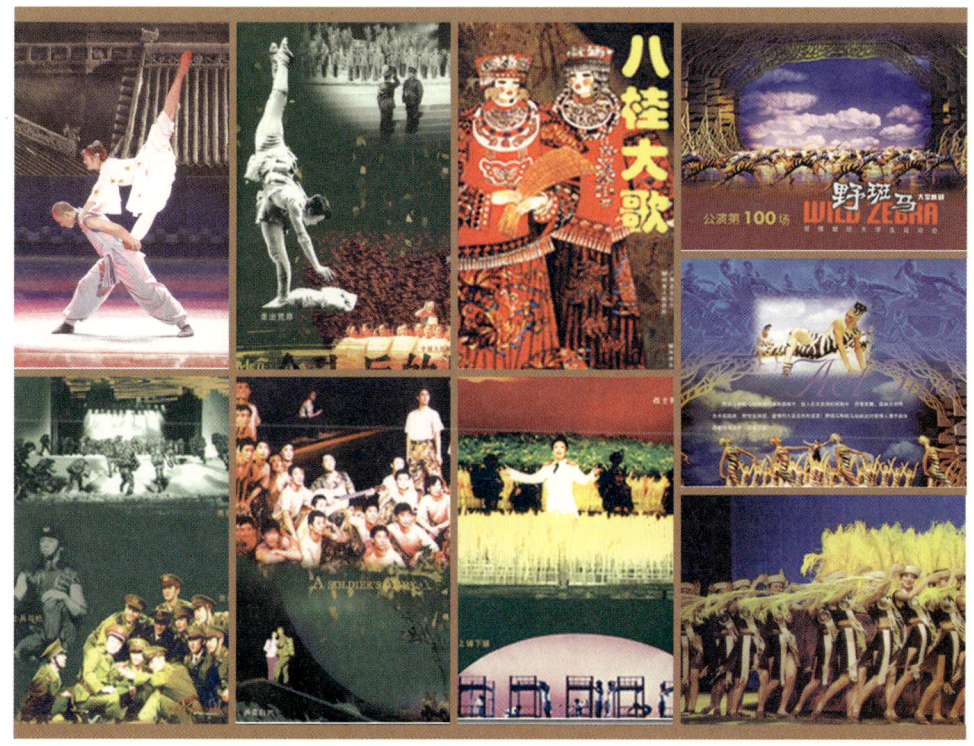

전국 무용대회 심사위원, 모나코 국제 무용대회 심사위원, 국가 1급 감독 등 그 직위와 영예를 일일이 다 헤아릴 수 없을 정도다.

한마디로 그는 재능이 아주 뛰어난 무용예술가이다. 무용을 영원한 연인이자 동반자라고 생각하고 오랫동안 무용을 통해 무대와 인연을 맺고 있다. 그가 창작한 작품으로는 무용극 「야반마野斑馬」와 「일파산조一把酸棗」, 무용시 「서출양관西出陽關」, 음악극 「백련白蓮」, 가극 「황하인黃河人」, 대형 가무극 「한 사병의 일기一個士兵的日記」, 「민족음화民族音畵」, 「팔계대가八桂大歌」 등 360여 작품에 달한다. 대부분의 작품이 60여 개 나라와 여러 지역에서 공연되었다. 프랑스 대통령상, 할리우드 최고 감독상, 국제 금상, 국제 황금 어릿광대상 등 세계 최고상을 아홉 차례 수상했으며, 국내에서는 각종 대상, 금상, 1등상을 40여 차례나 획득한 바 있다. 국내외 무용예술계와 매체에서 '무용계의 기인'이라 불리는 장지강에게 국가지도자들 역시 끝없는 찬사를 보내고 있다.

영감의 원천, 윈강석굴

산시성은 중국 불교문화의 가장 유구한 역사를 담고 있는 곳 가운데 하나다. 1500년 전에 착굴한 윈강석굴이 있다. 윈강석굴은 산을 파서 만든 곳으로 동서로 약 1킬로미터에 달한다. 산허리의 크고 작은 석굴 53곳에 불상 5만 1천여 점을 간직하고 있는 중국 불교문화 석굴 예술의 최대 보고이다.

출생의 인연 때문이었을까, 장지강은 산시의 전통문화에 깊은 애정을 가지고 있었다. 특히 그는 일찍부터 윈강석굴의 심오한 예술적 매력에 깊이 빠져들었다. 결국 석굴 불상이라는 조형예술에 관한 독특한 해석을 갖게 되었다.

1996년 어느 날, 윈강석굴의 천수관음상을 찾은 그는 관음상을 응시하며 무려 한 시간 반 동안이나 깊은 생각에 잠겼다. 불상이 주는 신비한 매력에 도취된 그는 관음보살의 자애로운 눈빛으로부터 세상을 가득 메운 관음의 대자대비한 사랑을 깨닫게 되었고, 공작 날개처럼 펼쳐진 천수관음의 손을 바라보며 춤의 선율을 느낄 수가 있었다.

순간, 그의 머리에 영감이 떠올랐다. '이런 황홀한 느낌을 무용으로 만들 수 없을까?' 이렇게 혼잣말을 중얼거렸다. 머리에는 「천수관음」의 동작 하나 하나가 떠오르기 시작했다. 그 후 4년 동안, 「천수관음」에 대한 그의 구상은 끊임이 없었다. 예술단을 이끌고 공연을 다닐 때마다 그 지역 명승고적의 천수관음상도 살펴보았다. 산시성 핑야오平遙의 쐉린쓰雙林寺와 타이위안의 충산쓰崇善寺에 있는 천수관음상, 그중에서도 충산쓰의 관음상은 천수천안千手千眼 관음상이다.

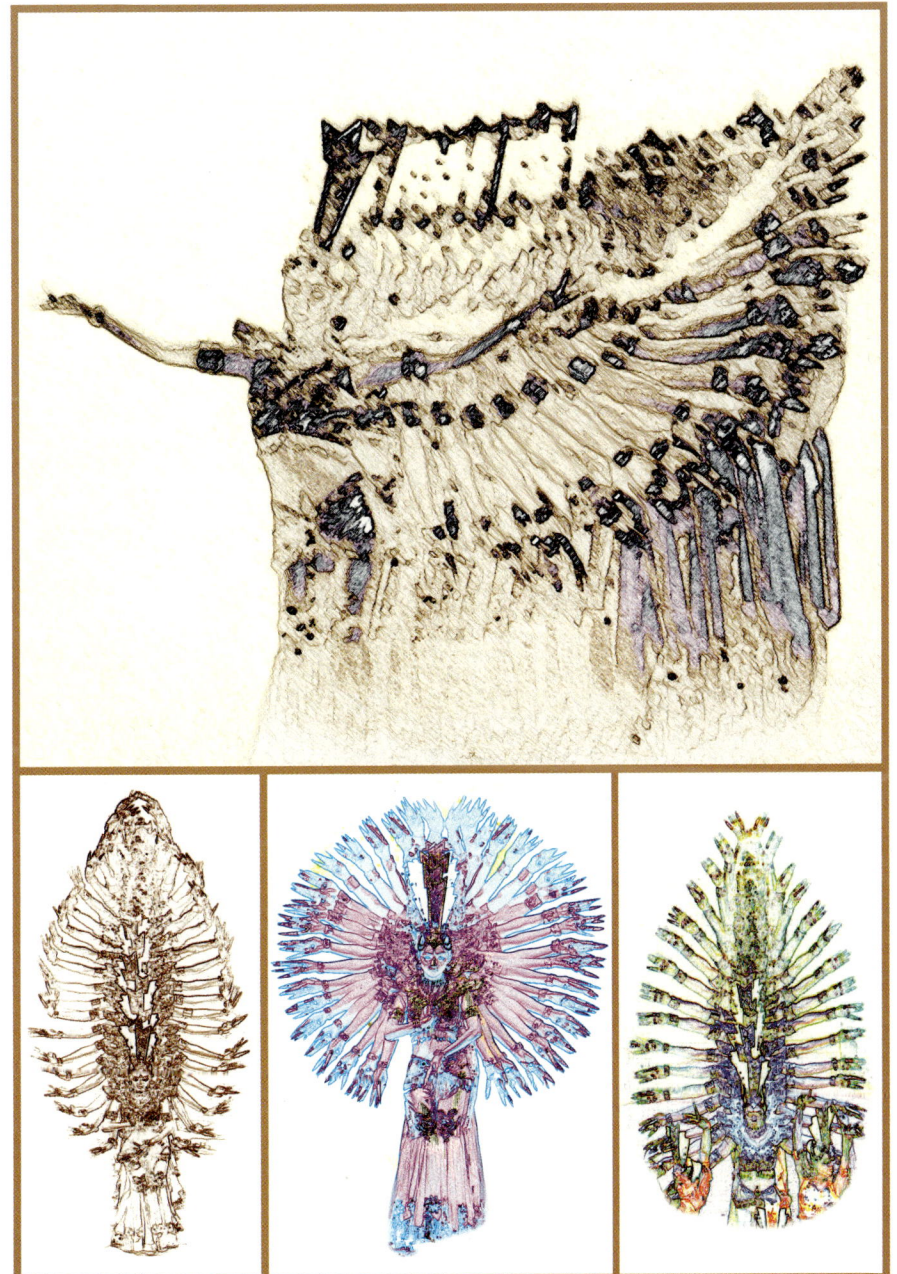

그런데 「천수관음」을 정말로 무대에 올린 것은 2000년 장애인 예술단의 미국 공연에서였다. 그 당시, 장지강은 이미 무용계에 명성이 자자했다. 작품의 수준을 높이기 위해 중국 장애인 예술단은 장지강을 예술 감독으로 초청하여 해외공연 감독을 맡겼다. 그때 장지강이 처음으로 생각한 작품이 「천수관음」이었다.

그가 작품을 구상한 지 벌써 4년 째였다. 그의 재능과 열정은 당장이라도 「천수관음」을 무대에 올릴 수 있을 만큼 탁월했다. 하지만 장지강은 장애인들이 이 작품을 무대에 올린다면 더욱 특별한 의미를 가질 수 있을 것 같았다. 이 공연을 통해 자신이 도움의 손길을 뻗고자 한다면 천 개의 손이 그들을 향해 도움을 줄 것이라는 깨달음을 얻었다.

무용의 제재 역시 장지강의 마음을 사로잡았다. 중국의 전통 종교 문화인 불교에서 소재를 선택하여 박애정신을 표현하는 것인 만큼 관객들은 감정적으로나 문화적으로나 커다란 공감대를 형성할 수가 있다는 생각도 들었다. 바로 이런 과정을 거쳐 열두 명의 여자 장애인 단원들이 공연한 「천수관음」 첫 번째 판본이 탄생하게 된 것이다. 물론 미국 무대는 대성공이었다.

최고의 작품을 향한 질주 '장애로 동정을 사지 말라'

2004년 5월, 행운의 신이 다시 장지강과 「천수관음」 공연에 찾아왔다. 미국 무대에서 성공을 거둔 「천수관음」은 곧이어 40여 개 국가에서 대대적인 환영을 받았다. 하지만 장지강은 아직도 손봐야 할 부분이 많다고 생각했다. 시작과 끝부분은 만족스러웠지만 중간에 「천수관음」이라는 주제를 돋보이게 할 만한 것이 있어야 했기 때문이다.

그래서 그는 6분의 「천수관음」 안에 대자대비한 사랑을 표현하기 위해 첫 번째 판 「천수관음」의 대대적인 재구성을 시작했다. 음악, 무대미술, 의상, 조명 등 모든

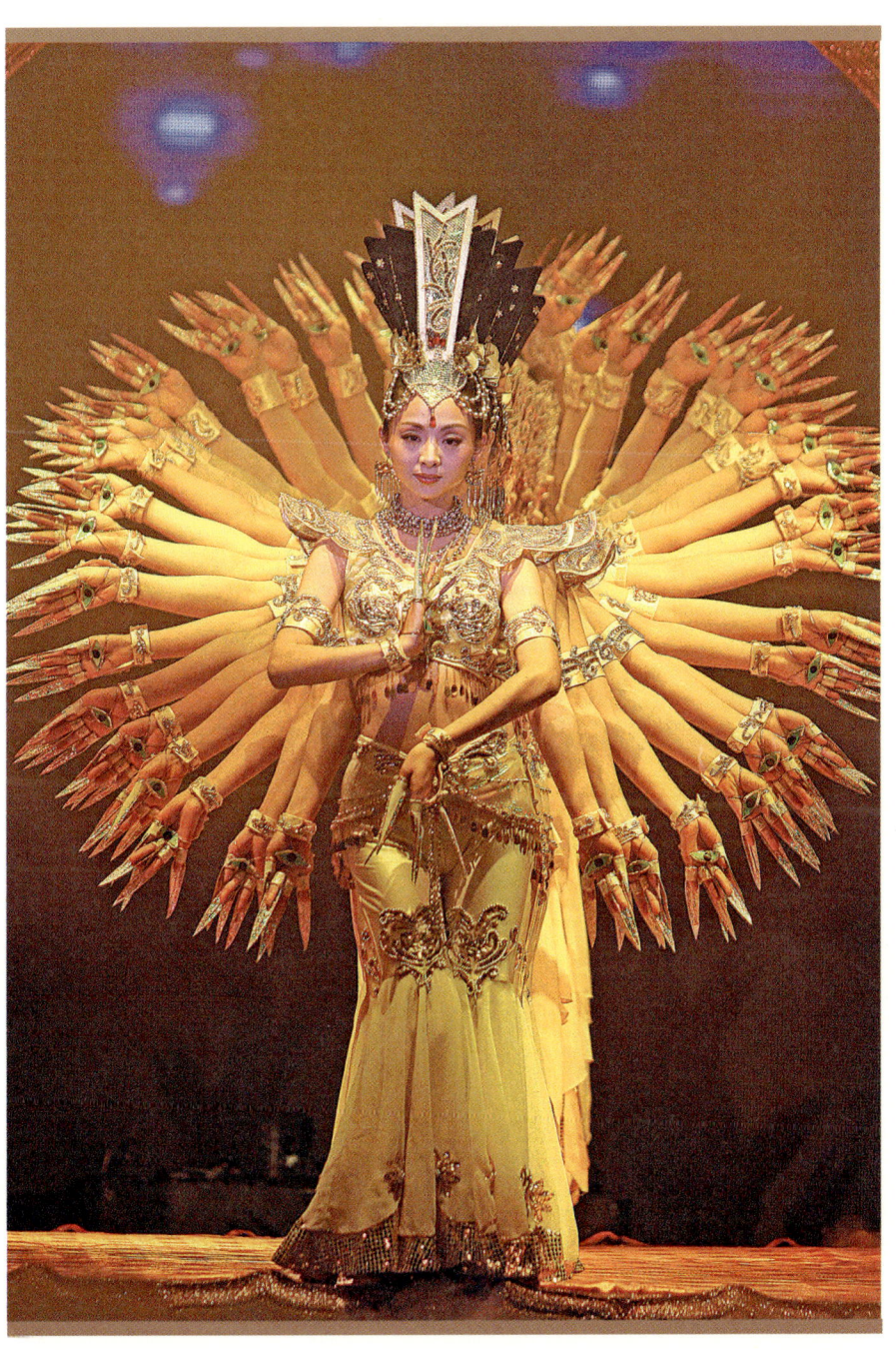

분야를 망라해 개편을 했다. 장지강은 1초, 1초, 매 순간 최고의 경지를 보여주어야만, 관객들이 「천수관음」을 관람하면서 다음 동작을 전혀 상상할 수 없을 정도로 놀라워할 것이라는 생각을 했다. 일반인들의 상상을 뛰어넘는 변화를 모색하여 손동작의 화려함을 충분히 보여주어야만 한 단계 업그레이드 된 「천수관음」이 될 수 있다고 생각을 한 것이다.

예술적인 면을 향상시키기 위해, 그는 먼저 중국의 일류 예술가로 창작 멤버를 구성했다. 유명한 작곡가 장첸이, 조명기술자 사샤오란, 패션디자이너 쑹리, 무대미술가 뤄장타오를 초빙한 것이다.

그런데 장지강이 가장 힘들어 했던 것은 여자 단원의 부족이었다. 결국 남자 단원들을 영입하는 수밖에 다른 방법이 없었다. 이렇게 '관음'을 열두 명에서 스물한 명으로 확충하자 또 다른 문제가 발생했다. 새로운 단원들의 기본기가 너무나 천차만별이었다. 정확한 동작이 나오지 않는 단원들은 기본기를 단련시키기 위해 지옥 훈련에 돌입하는 수밖에 없었다. 그리고 장지강은 쉬는 시간을 이용해 항상 단원들에게 강한 의지를 심어주었다.

"지금까지 우리는 장애를 구실로 관객들의 동정과 연민의 박수를 얻어왔습니다. 이제 이런 시대는 지났습니다. 우리는 우리 자신의 예술적 역량을 통해 관객의 갈채를 이끌어 내야 합니다."

그의 말은 전체 단원들에게 용기를 주고 열정을 불러일으켰다. 그래도 훈련은 힘들었고, 단원들은 곳곳에서 어려움에 부딪혔다. 단원들 모두가 소리에 대한 감각이 없는 농아들이었기에 가지런하게 호흡을 맞춰 동작을 통일하는 것이 가장 큰 문제였다. 특히 손의 위치를 바꾸는 장면에서 단원들은 짜여진 각도에 맞춰 단 한 순간에 자신의 손 위치를 바꾸어야 했다. 피나는 노력을 기울이는 수밖에 없었다. 장지강은 연습 때마다 최소 두 명의 수화 선생님을 동원하여 교대로 연습을 돕도

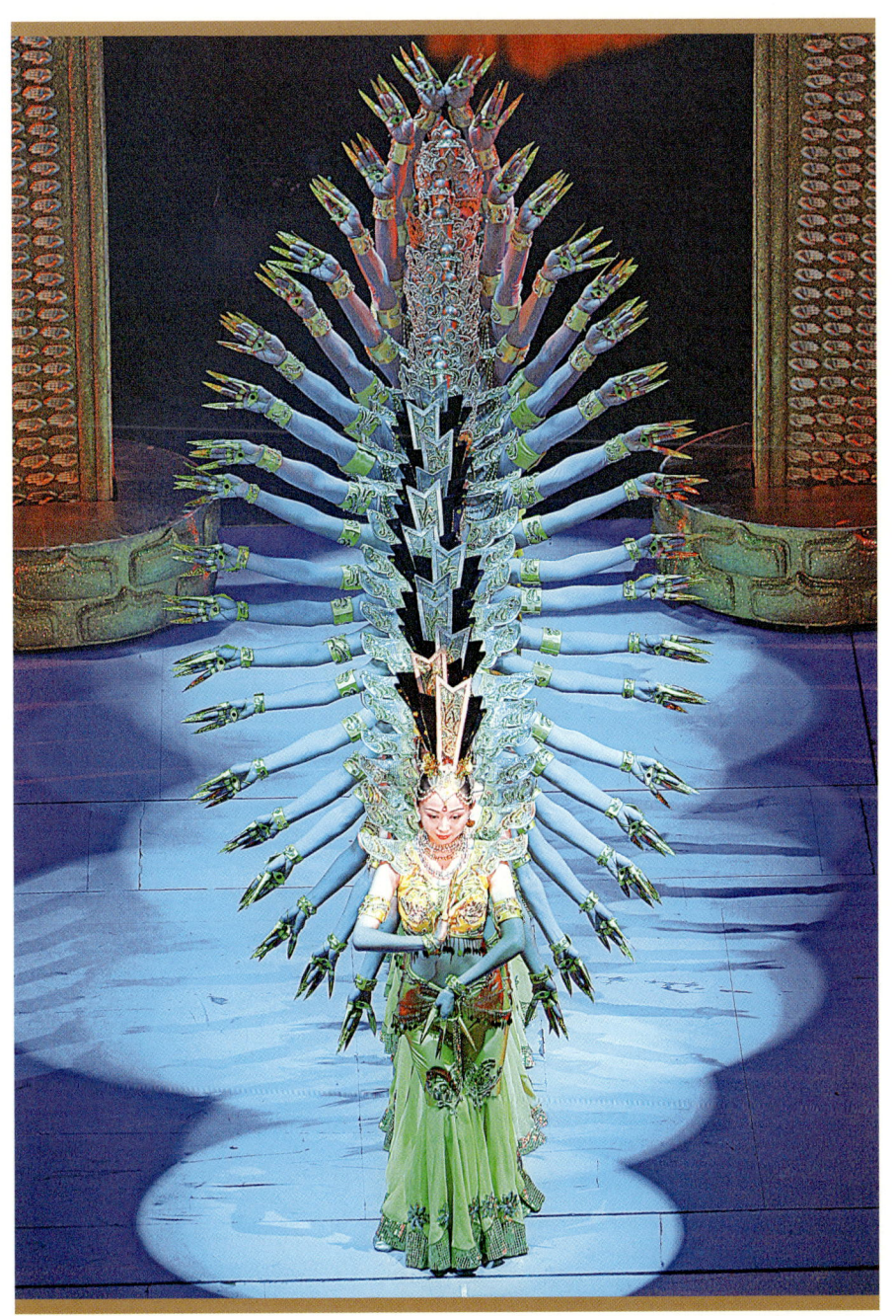

록 했다.

당시 군의 '81 공연'을 총감독하면서 총정 가무단의 대형 가무극인 「한 사병의 일기」의 편성을 책임지고 있던 그는 한밤중이 되어야 겨우 시간을 낼 수가 있었다. 그는 매일 밤, 시간을 쪼개서 '81 공연' 연습을 마치고 다시 장애인 예술단에 들러 「천수관음」을 연습시켰다. 정확한 동작이 나올 수 있도록 그는 단원들에게 무용 동작 하나를 위해 수 시간씩 반복 연습을 하도록 했다. 해방군 의장대식으로 말이다.

효과를 극대화하기 위해 그는 긴 시간을 투자해 타이리화가 관음의 영혼까지도 완벽하게 소화해낼 것을 요구했다. 온몸으로 관음의 편안하고 안정된 느낌을 표현해 줄 것을 주문한 것이다. 타이리화는 처음 천수관음을 연기할 때 환하게 치아를 드러내며 웃었으나, 장지강은 웃는 얼굴 대신 자애롭고 편안한 모습을 보여주도록 요구했다. 그러나 웃음을 거둔 타이리화의 모습에서는 자애롭고 편안한 느낌보다는 엄숙하고 딱딱한 느낌이 더 많이 느껴졌다. 오랫동안 반복 연습을 거듭한 끝에야 겨우 그녀의 표정이 가벼워지기 시작했다.

물론 시선 처리도 문제였다. 처음 연습을 시작할 때 그녀는 시선을 어디에 두어야 할지 갈피를 잡지 못했다. 계속되는 수정 끝에 전방 3, 4미터 앞에 시선을 두기로 했다. 현재 우리가 볼 수 있는 타이리화의 편안하고 안정된 천수관음의 모습은 이처럼 수많은 시행착오를 겪으며 끊임없이 노력을 기울인 덕분에 얻은 땀의 성과물이다.

2004년 9월 28일, 장지강의 예술적 이상과 중국 문화의 정수를 보여주는 제2판 「천수관음 : 나의 꿈 — 올림피아에서 자금성까지」가 정식으로 아테네 제12회 장애인 올림픽 폐막식에서 공연되었다. 동양적인 선율과 함께 신비롭고 아름다운 공연이 무대에 올랐다. 관중들은 그 순간 환상 같은 예술의 세계, 사랑으로 충만한

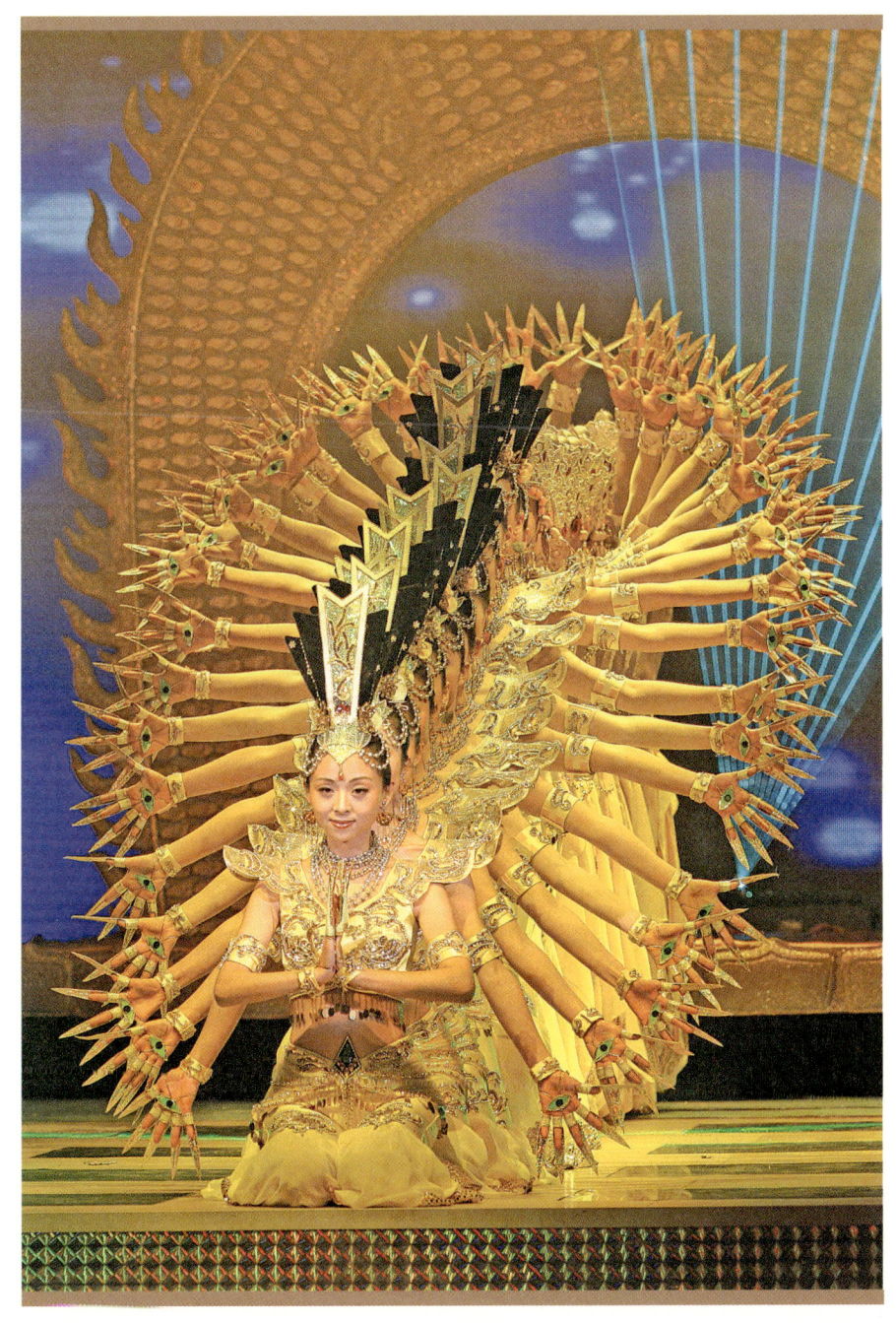

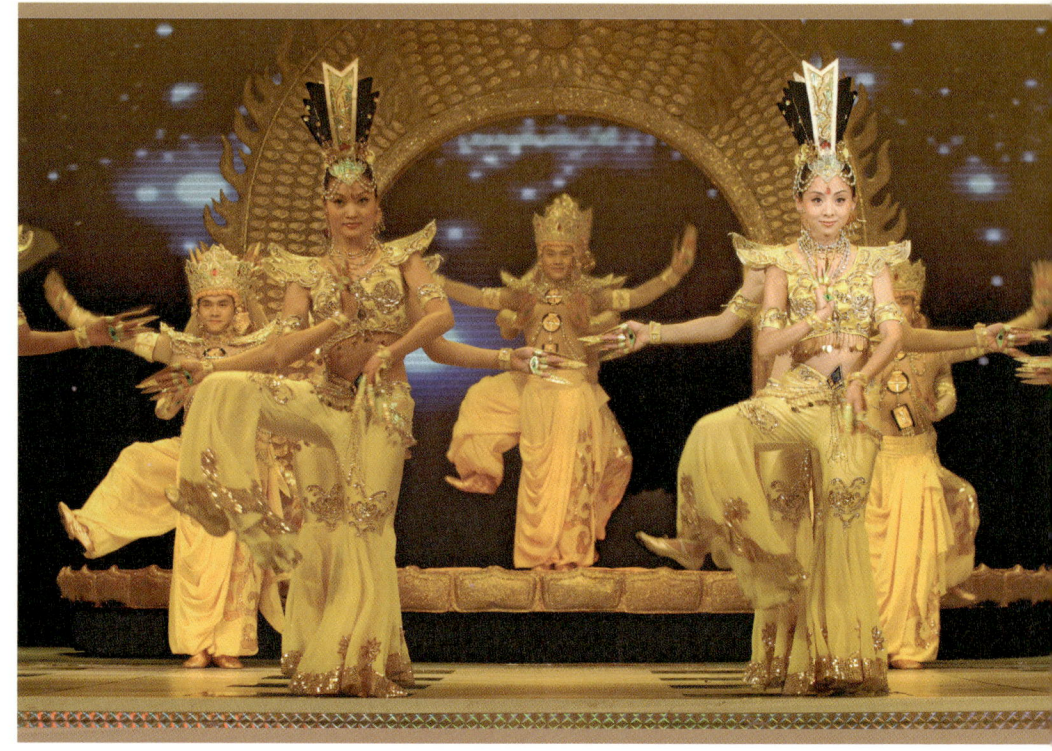

황홀경에 빠져들었다. 단 6분의 공연에 158차례에 달하는 박수갈채를 받았다. 또한 TV 앞에 앉은 전 세계 수많은 시청자들 역시 꿈만 같은 공연에 매료되었다. 그야말로「천수관음」은 대성공이었다.

생명력 '끊임없는 창조의 정신'

2005년 새해 벽두, CCTV는 '설 특집 공연' 무대를 준비하느라 여념이 없었다. 각 예술단체들은 중국 최고의 무대이자 전 세계의 눈길이 쏠리는 이 무대를 위해 치열한 경쟁을 벌였다. 조직위원회는 가장 먼저「천수관음」을 선택했는데, 심사를 거치지 않고 무대 공연이 확정된 유일한 공연이었다.

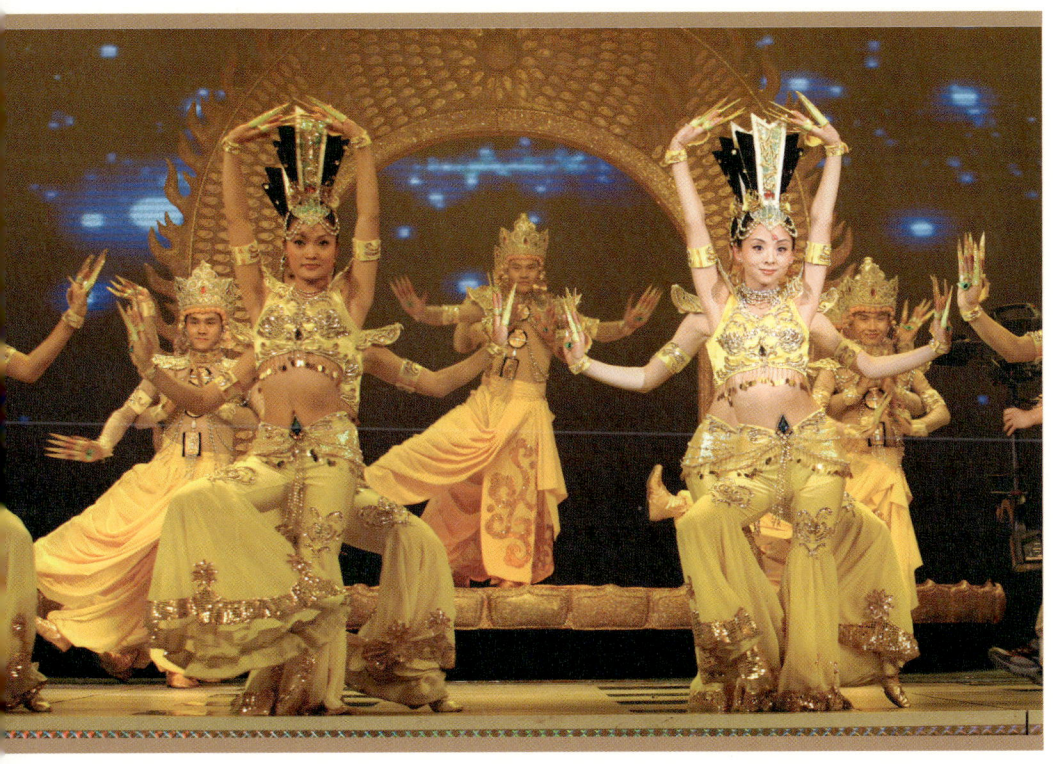

　　역시 장지강은 예술에 관한 한 욕심이 많은 사람이었다. 그에게 영원한 만족이란 있을 수 없었다. 그는 언제나 창조적 작품을 만들기 위해 노력을 했다. 당시만해도 사람들 모두 한결같이 올림픽 판 「천수관음」을 전혀 흠잡을 데 없는 최고의 작품으로 꼽았기 때문에 아무런 부담이 없이 폐막식에 올렸던 「천수관음」을 그대로 공연하면 전혀 문제가 되지 않았다. 그러나 그는 여기서 만족하지 않고, 이번 기회에 다시 한 번 대대적인 '수술'을 감행해서 한층 더 수준 높은 예술 작품으로 「천수관음」을 승화시키고자 했다.

　　「천수관음」의 예술적 의미를 분명하게 드러내고 사람들을 향해 장애인들이 보내는 축복의 메시지를 정확하게 전달하기 위해 그는 대대적인 재구성에 돌입했

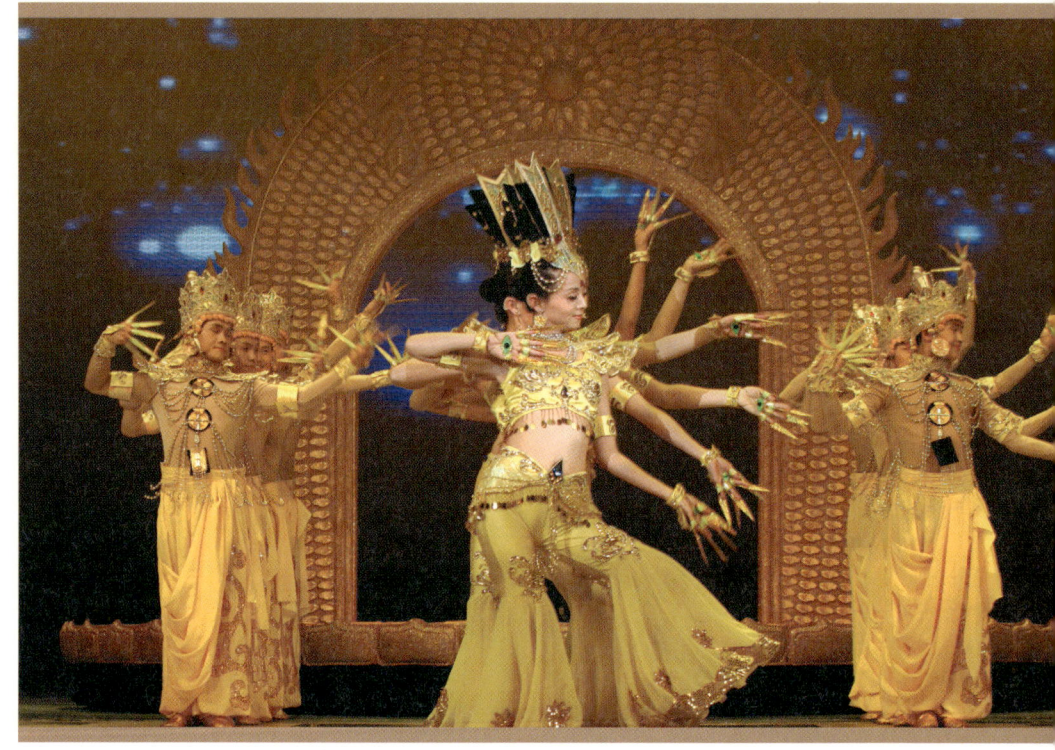

다. 일부 내용을 삭제하고 팔의 움직임에 변화를 주어 '천 개의 손, 천 개의 눈' 인 관음의 시각적 효과를 최고로 끌어올렸다. 신비스러운 느낌을 줄 수 있도록 변화무쌍한 손동작을 선보임으로써 시각적 효과를 극대화시켜 최종적으로 모든 것이 하나로 합쳐지는 모습을 보여주고자 한 것이다. 편안함 뒤에 오는 관음의 기쁨을 보여주기 위해 중반부에서는 손동작을 바꾸어 한껏 분위기를 살릴 수 있도록 했고, 후반부에서는 3열 종대로 각기 다른 높낮이에서 두 손을 이용해 축복을 보내도록 했다. 여기에 되도록 많은 관음의 머리가 보이도록 하면서 처음부터 끝까지 계속해서 손동작에 변화를 주었다. 또한 구성과 배경 음악을 개편하는 한편 무대 미술, 조명, 의상 등도 변화시켰다. 장 감독은 관객들이 동작을 예측할 수 없는 변

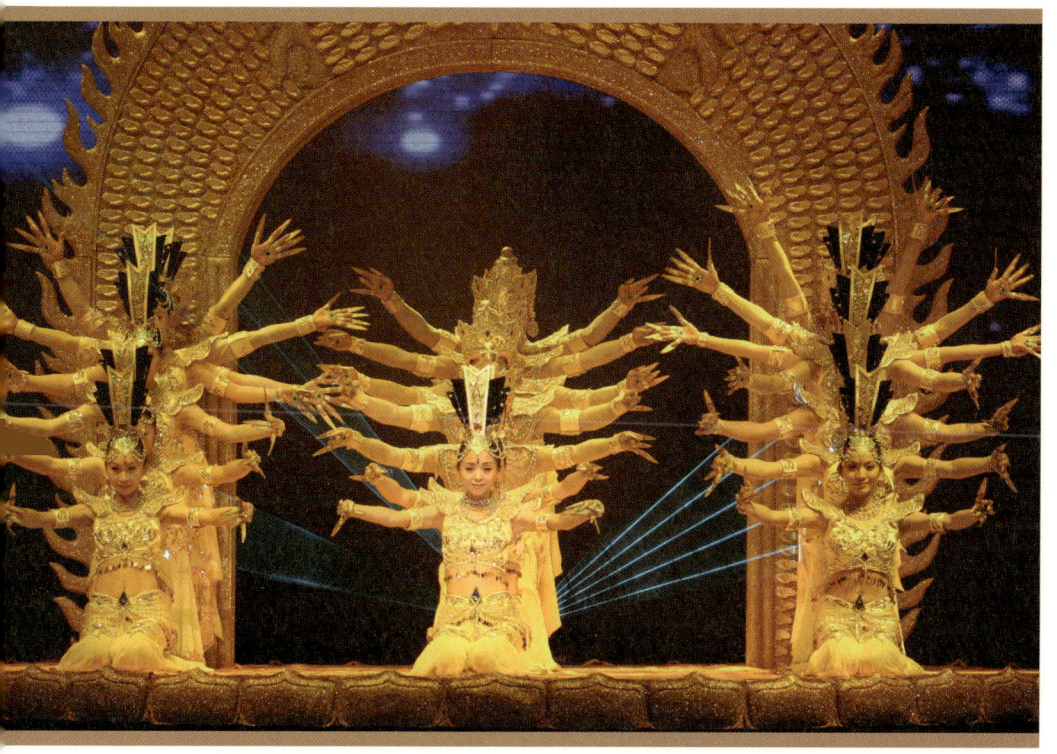

화무쌍한 구성을 목표로 삼았다.

　설 군관 합동 무대를 함께 준비하느라 정신없이 하루하루를 보내고 있던 그에게 당 중앙 지도부의 공연 관람 소식은 더 큰 부담을 안겨주었다. 두 무대를 모두 완벽하게 준비하기 위해 장지강은 아테네 폐막식 준비 때와 마찬가지로 밤 시간을 둘로 나누어 먼저 군 관련 행사 연습을 끝낸 후 다시 「천수관음」 팀을 찾아 연습에 매진했다. 이처럼 두 연습장을 뛰어다니다 보면 밤을 꼬박 새우는 일이 다반사였다.

　세 번째 「천수관음」의 효과를 극대화시키기 위해 장지강은 더욱 엄격하게 단원들을 훈련시켰다. 혹사나 마찬가지였다. 단원들이 소리를 통해 리듬을 익힐 수

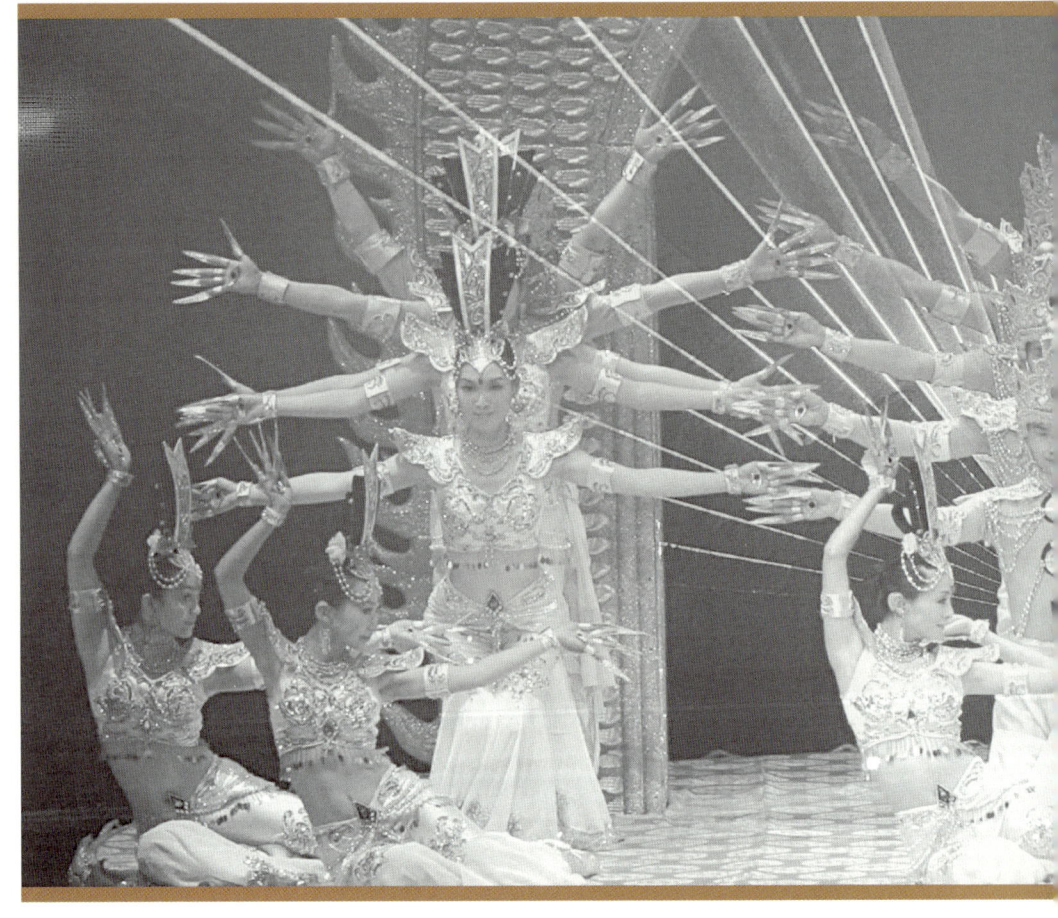

없는 농아라고 해서 난이도를 낮추는 일은 결코 없었다. 그는 능력 이상의 목표를 달성할 수 있도록 강도 높은 훈련을 통해 '몸으로' 리듬을 기억하게 만들었다. 농아 단원들이 비장애인과 마찬가지로 완벽하게 아름다운 예술을 선보임으로써 사람들의 마음속에 불가능을 가능으로 만들었다는 인상을 심어주고자 했다. 이를 위해 그는 단원들에게 이렇게 말했다.

"우리의 예술적 경지는 불가능을 가능으로 만드는 것입니다."

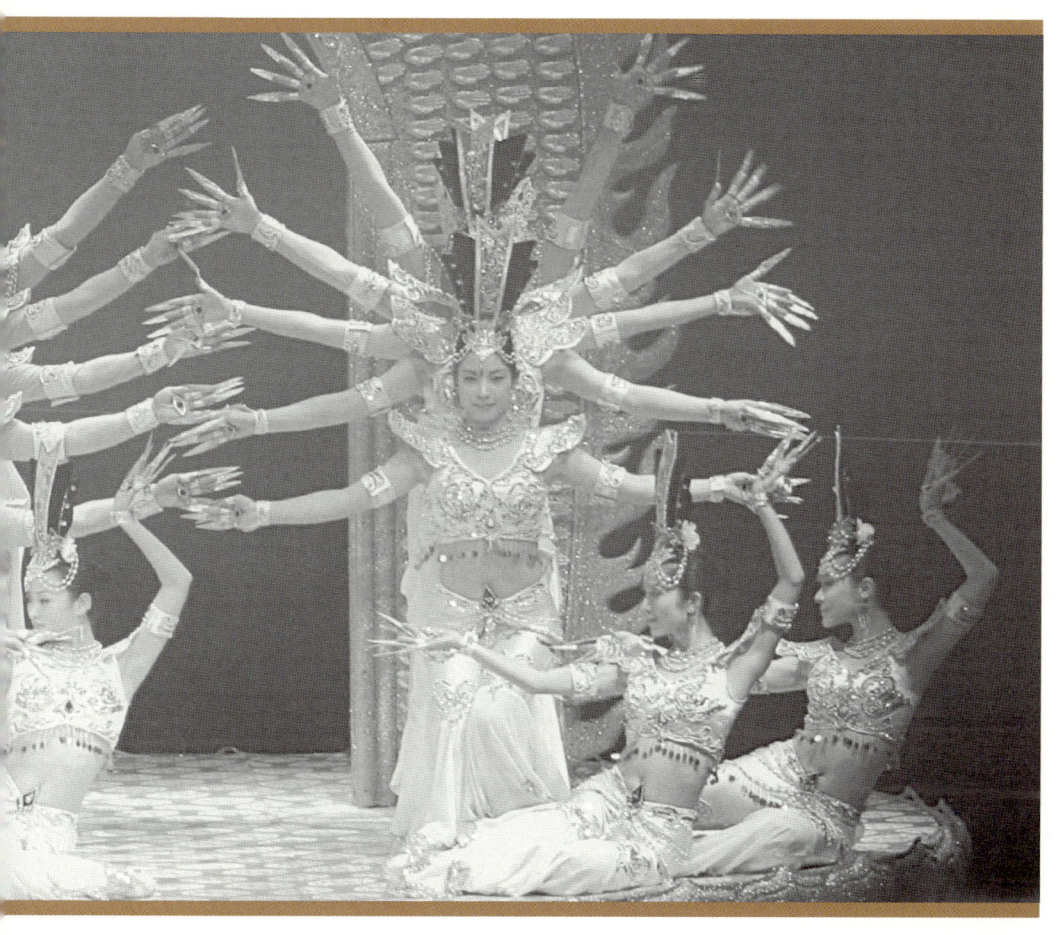

　단원들은 장 감독의 말을 들으며 창작에 대한 열정을 불태웠다. 꾸준히 준비를 해나갈 수 있도록 단원들은 매일 아침 일찍 일어나 조깅을 하고 똑같은 동작을 매일 수백 번씩 반복하며 밤늦게까지 연습을 게을리 하지 않았다.

　뿌린 만큼 거둔다고 했던가. 2005년 2월 8일, 「천수관음」이 드디어 무대에 올랐다. 우아하고 아름다운 타이리화가 금빛 찬란한 의상을 입은 스무 명의 단원들을 이끌고 있었다. 황홀한 음악과 함께 일사불란하게 아름다운 동작을 펼쳐 보이는 농아들을 바라보며 CCTV 제1스튜디오에는 뜨거운 박수 소리가 울려 퍼졌다. 절묘하도록 아름다운 그들의 매력적인 공연은 매 순간마다 중국인들에게 감동을 전해 주었다. 관객들은 '설 특집 공연'의 1등상인 특별 대상을 「천수관음」에게 선사했다.

뼈를 깎는 노력이 결실을 거둔 셈이다. 그러나 장지강 감독은 영광은 모두 과거의 것일 뿐, 무용의 생명은 영원히 새로움을 추구하고, 최고의 아름다움을 위해 노력하는 것이라고 생각했다. 대대적인 수정을 통해 새롭게 태어난 작품이 관객들로부터 또 한 번 인정받았지만 그는 아직도 가야 할 길이 멀다고 이야기했다. 손가락 하나하나의 움직임도 더욱 정교하게, 무용수들도 완벽한 조화를 이루기 위해 더욱 노력해야 하며, 전체적인 구성도 새로워져야 한다고 말했다. 그래서 그는 「천수관음」의 창작과 단원들의 연습에 더더욱 심혈을 기울였고, 그의 이런 사랑으로 「천수관음」은 수준 높은 무용 작품으로 재탄생할 수 있었을 뿐만 아니라 뛰어난 기예를 갖춘 훌륭한 예술 단원들을 양성할 수가 있었다. 이러한 그의 장인 정신과 열정 때문에 그는 「천수관음」 단원뿐만 아니라 장애인 예술단 전체 구성원의 존경과 사랑을 받는 인물이 될 수가 있었다. 장지강 그 역시 단원들의 강한 의지와 진취적인 정신에 감동을 받고, 단원들이 각고의 노력을 기울인 덕분에 「천수관음」을 완성시킬 수 있었다고, 공을 단원들에게 돌렸다.

장지강은 2005년 원소절元宵節 : 정월 대보름날 '설 특집 시상 대회'에서 전국 시청자들을 향해 이렇게 말했다.

"선량한 마음과 사랑만 갖고 있다면 두 손을 뻗어 다른 사람을 도울 수 있습니다. 여러분이 착한 마음, 사랑하는 마음을 가지고 있다면 천 개의 손이 여러분을 도울 것입니다."

사랑은 우리 모두의 마음이며 아름다움은 우리 모두가 추구하는 세상인데 장지강은 이 둘을 모두 실현시킨 셈이었다. 타이리화와 그녀의 뒤에 자리한 스무 명의 관음들, 장신톈, 리린, 왕징, 천자후이, 리잉 그리고 장첸이, 뤄장타오, 쑹리, 위안췬 역시 사랑이 충만한 아름다운 세상을 만드는 데 함께했다. 그들 중에서 단 한 명이라도 빠지면 「천수관음」이라고 하는 대자대비한 탑은 일거에 무너져 내리고 말 것이다. 그래서 그들 모두가, 하나같이 소중한 「천수관음」의 초석이다.

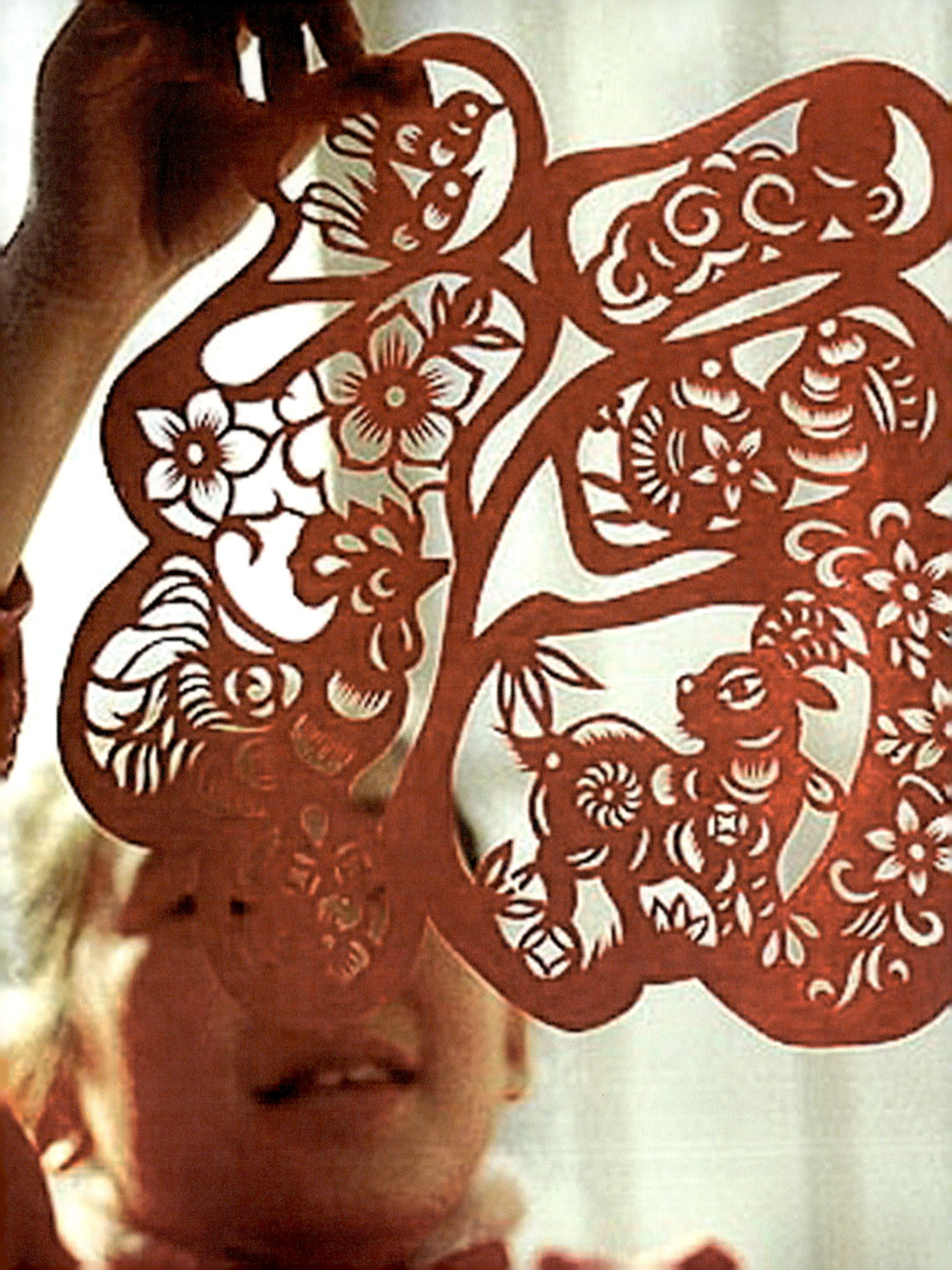

스물한 명의 관음,
스물한 개의 꿈

'설·특집 공연' 무대를 섬뜩소리에 끝마치고 난후, 「천수관음」에 대해 찬사가 끊임없이 쏟아졌

고. 전국적으로 각종 보도가 이어졌다. 신비하고 아름다운 「천수관음」 공연. 황홀한 무대 미

술. 음악에 대한 사람들의 관심은 점차 공연을 직접 선보인 단원들에게 옮겨졌다. 특히 스물

한 명의 농아 단원들이 청각을 상실한 상태에서 이처럼 정교하고 아름다운 공연을 할 수 있었

다는데 경탄을 금치 못했다. 사람들은 또한 이 스물한 명 관음들의 인생역정에 더욱 큰 관심

을 나타냈다. 같은 또래의 비장애인들과 달리 그들은 어떤 길을 걸어왔을까. 대체 어떤 삶속

에서 그들은 오늘과 같은 공연을 무대에 올릴 수 있었을까. 그들 역시 또래의 다른 친구들과 마

찬가지로 꿈과 희망과 이상을 가지고 있다.

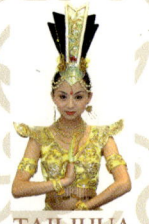

TAILIHUA
타이리화
장애인 자신의 춤을
만들고 싶습니다.

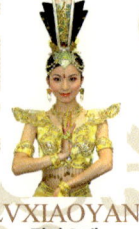

LVXIAOYAN
뤼샤오옌
의사가 되고 싶어요.

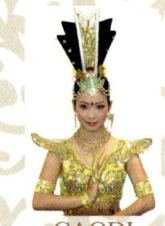

CAODI
차오디
청각장애인을 위해 사랑의
봉사자가 되고 싶어요.

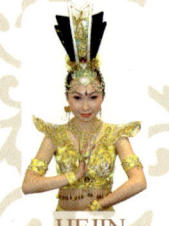

HEJIN
허진
춤을 사랑하는 아이들을
키우고 싶어요.

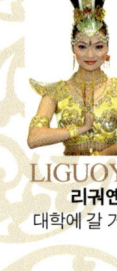

LIGUOYAN
리궈옌
대학에 갈 거예요.

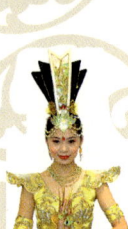

CHENCEN
천천
우수한 단원이 되고 싶어요.

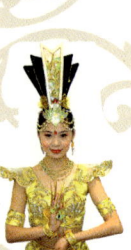

HUNAN
후난
간호사가 꿈이에요.

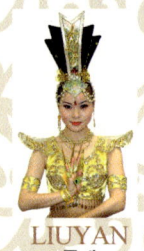

LIUYAN
류옌
청각장애인을 위한 좋은
터를 마련하고 싶어요.

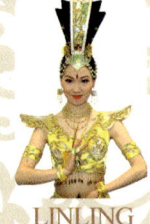

ZHUANGWENJIE
좡원제
우수한 무용단원이
되고 싶어요.

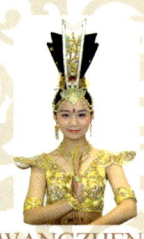

WANGZHENG
왕정
만화가가 될 거예요.

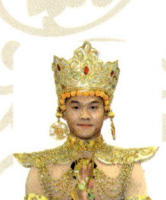

LINLING
린링
선생님이 될 거예요.

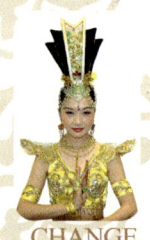

CHANGE
창어
컴퓨터 교사가 되고 싶어요.

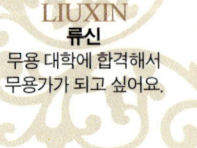

LIUXIN
류신
무용 대학에 합격해서
무용가가 되고 싶어요.

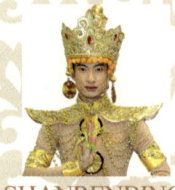

LUYI
루이
무용 코치가 되고 싶어요.

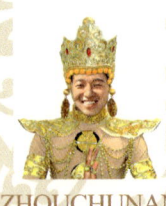

ZHOUCHUNAN
저우춘난
대학을 졸업한 후에
디자이너가 되고 싶어요.

SHANRENBING
산런빙
해방군이나 경찰이
되고 싶어요.

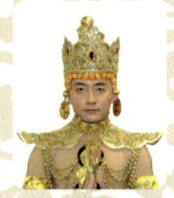

GANWENJIAN
가오원젠
광고디자이너가
되고 싶습니다.

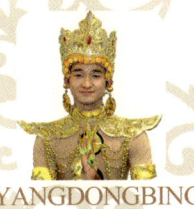

ZHAOLIGANG
자오리강
우수한 무대 설계자가
되고 싶어요.

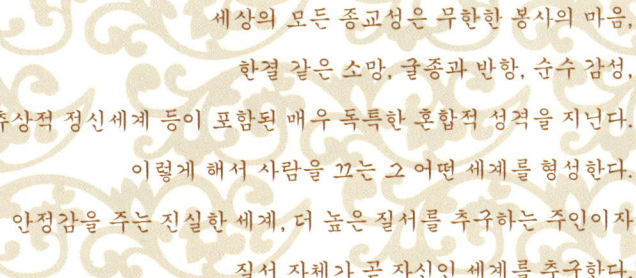

세상의 모든 종교성은 무한한 봉사의 마음,

한결 같은 소망, 굴종과 반항, 순수 감성,

추상적 정신세계 등이 포함된 매우 독특한 혼합적 성격을 지닌다.

이렇게 해서 사람을 끄는 그 어떤 세계를 형성한다.

안정감을 주는 진실한 세계, 더 높은 질서를 추구하는 주인이자

질서 자체가 곧 자신인 세계를 추구한다.

— 게오르그 짐멜Georg Simmel
(1858~1918, 독일의 문예이론가, 사회학자. 짐멜은 『돈의 철학』, 『칸트와 괴테』,
『쇼펜하우어와 니체』, 『사회학』, 『렘브란트』 등 다양한 저서를 남겼다)

YANGDONGBING
양둥빙
우선 대학에 합격해야죠.
선생님이 되고 싶어요.

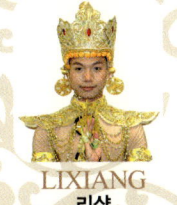

LIXIANG
리샹
과학자가 되고 싶습니다.

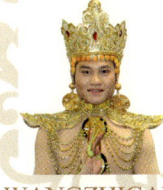

WANGZHIGANG
왕즈강
발명가가 되고 싶어요.

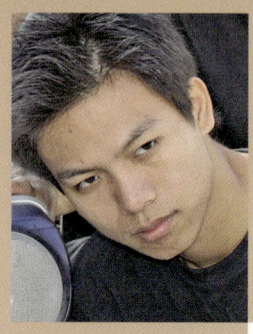

◀◀ 노트북이 있으면 좋겠습니다. 앞으로 수십 년 계속해서 예술단에서 활동하면서 이 특별한 예술의 세계를 전 세계에 전하고 싶습니다.

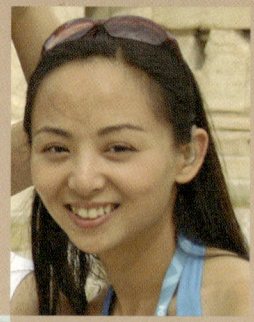

◀◀ 지금 우리가 추는 춤은 비장애인으로부터 배운 것을 전문가가 우리를 위해 재구성한 것입니다. 저는 장애인인 우리 자신의 무용을 만들고 싶어요. 청각장애인들이 볼 수 있고, 농아들이 들을 수 있고, 지체부자유자들이 출 수 있는 춤, 그래서 모든 장애인들이 함께 완벽하게 아름다운 춤의 경지를 느낄 수 있었으면 좋겠습니다.

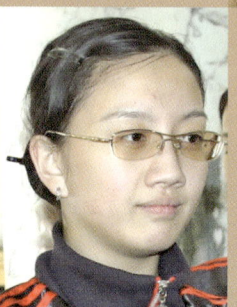

비장애인들처럼 H·O·T의 노래를 들을 수 있다면 얼마나 좋을까요.

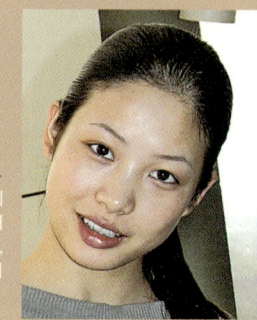

▶▶ 타이리화 언니처럼 내 자신의 노력으로 꿈을 실현하고 싶어요. 그리고 새 소리, 바다 소리, 아름다운 음악을 듣고 싶습니다.

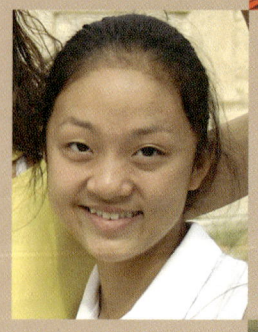

◀◀ 꿈속에서도 춤을 추고 있어요. 정말 음악이 듣고 싶습니다.

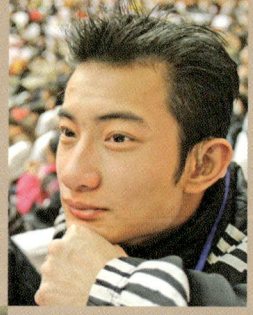

◀◀ 내 자유로운 공간을 갖고 싶고, 전자상가에 갈 기회가 있으면 PSP(휴대용 플레이 스테이션)를 사고 싶어요. 게임기를 정말 좋아합니다. 물론 컴퓨터 게임도요. 그리고 뭐든지 많이 배우고 싶어요. 앞으로 경찰이 되어 노인들을 위해 일하고 싶습니다.

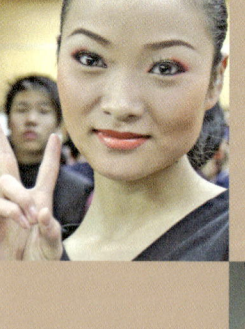

▶▶ 쓸쓸할 때면 인형을 안고 이야기합니다

만약 하느님이 내 소원 하나를 들어준다면 내 분수에 맞는 능력과 자리를 선사받고 싶어요. 그것으로 내 자신 만의 길을 개척할 거예요. 농아로 태어난 지금, 나는 내 능력을 발휘하여 비장애인과 똑같이 사회생활에 참여하고 싶습니다.

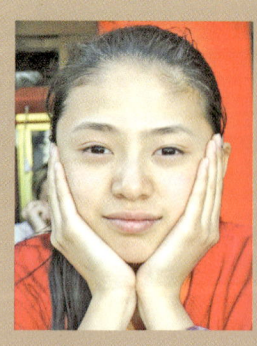

▶▶

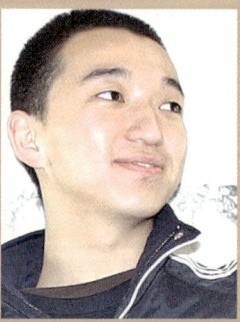

◀◀ 대학을 졸업하고 비장애인과 같이 제 자신에 맞는 일을 찾을 수 있었으면 좋겠어요. 수업하시는 선생님 목소리도 듣고 싶습니다.

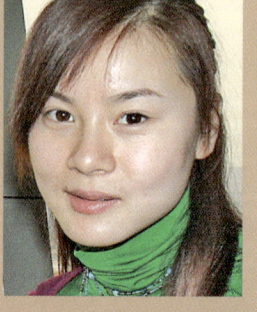

◀◀ 들을 수 있다면 얼마나 좋을까. 진심으로 음악의 아름다운 선율과 매력을 느낄 수 있도록 기도합니다. 물론 불가능하다는 것을 알고 있어요. 그렇기 때문에 이 소원은 영원할 수 있죠. 실현될 수 없는 아름다운 꿈입니다.

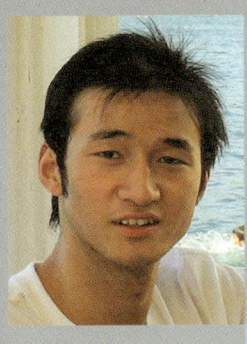

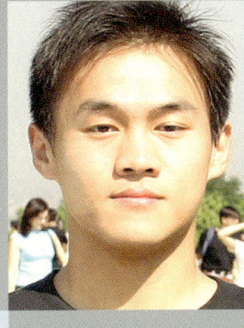

◄◄◄ 내 목표는 2008년 베이징 올림픽 무대에서 공연하는 것입니다. 내 자신을 믿습니다. 또한 예술단을 믿습니다.

◄◄◄ 보청기 없이 소리를 듣고 싶어요. 저는 박자를 맞추며 춤을 추는 꿈을 꿉니다. 눈으로 선생님의 두 손을 바라보지 않고 춤을 추는 모습을요. 두 눈을 감고 이 세상에 귀를 기울이는 꿈을 꿉니다.

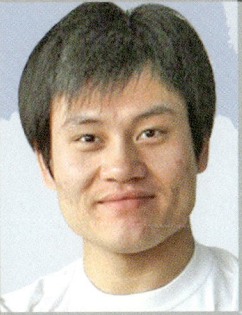

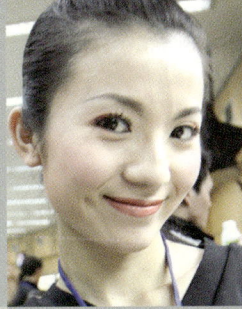

◄◄◄ 여자친구와 선전에서 낭만적인 결혼식을 올리고 영원토록 행복하게 살고 싶습니다. 선전은 아름답고 발달된 도시입니다. 꼭 꿈이 이루어졌으면 좋겠습니다.

◄◄◄ 하느님이 제 소원 하나를 들어주신다면 전 정말 의사가 되고 싶어요. 아픈 사람을 위해 봉사하고 싶어요.

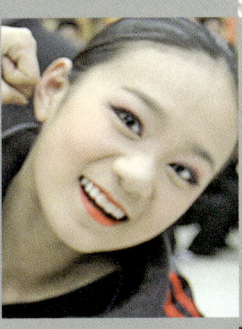

▶▶▶ 춤이야말로 내 삶의 가장 소중한 보물입니다.

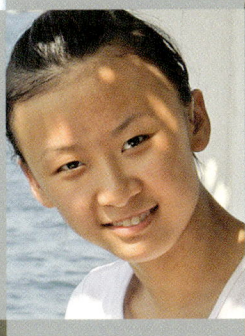

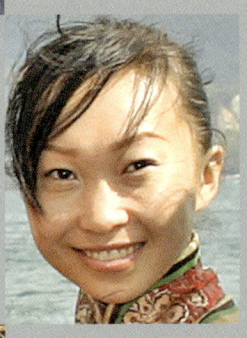

◄◄◄ 설 특집 공연이 성공리에 끝나서 정말 기뻐요.

▶▶▶ 건강한 두 귀로 아름다운 노랫소리와 천수관음 노래를 들을 수 있으면 좋겠어요.

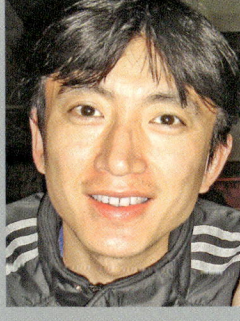

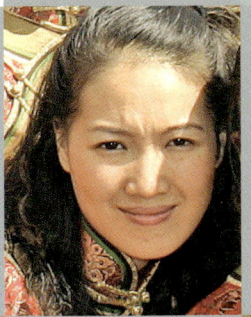

▶▶▶ 장애인과 비장애인이 평등하게 모든 것을 함께 누리는 사회가 되었으면 합니다. 아빠를 부르는 아이들의 목소리가 듣고 싶어요.

◄◄◄ 모든 장애인이 건강해져서 행복하게 생활하고 성공했으면 좋겠어요. 정말 관객들의 박수소리가 듣고 싶어요.

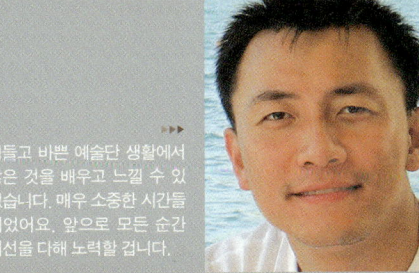

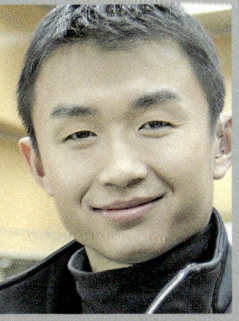

▶▶▶ 힘들고 바쁜 예술단 생활에서 많은 것을 배우고 느낄 수 있었습니다. 매우 소중한 시간들이었어요. 앞으로 모든 순간 최선을 다해 노력할 겁니다.

▶▶▶ 앞으로 돈을 많이 벌어서 내가 좋아하는 노트북을 살 거예요. 컴퓨터 귀재가 되고 싶어요. 컴퓨터야말로 내 인생의 두 번째 기쁨입니다.

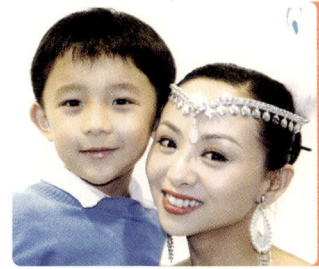

타이리화는 다섯 살 때부터 춤을 배웠다. 열여덟 살에 후베이湖北 미술학교에 입학하여 인테리어를 전공하고 스물여섯 살에 중국 장애인 예술단에 들어와 기둥으로 활약해 왔다. 소리 없는 세상에서 20여 년을 생활한 것이다.

2005년 설, 송구영신의 떠들썩한 분위기 속에 스물한 명의 농아가 공연한 「천수관음」은 소리 없는 세상에 큰 울림이 되어 '설 특집 공연' 가운데 가장 사랑받는 무대가 되었다. 공연을 이끈 '관음 언니' 타이리화는 하룻밤 사이에 전 국민의 사랑을 받는 유명인사가 되었다.

타이리화는 후베이 태생으로 후베이 미술학교에서 학사 학위를 받은 후 우한武漢시 제1농아학교 선생님이 되었다. 대학 생활 4년 내내 교실 맨 앞자리 정 중앙이 그녀의 고정석이었다. 수업 시간에 정신을 집중하여 선생님의 입 모양을 바라보면서 옆 친구의 필기 내용을 읽었다. 모든 학우들이 그녀를 도왔다. 그 덕분에 그녀는 우수한 성적을 얻을 수가 있었다.

1999년 후베이성 장애인 연합회 예술단에 들어간 그녀는 2003년에 정식으로 중국 장애인 예술단으로 배치를 받았다. 전국 장애인 예술합동공연 1등상, 분발奮發 문명 진보상에서 개인 문예상을 수상한 바 있다. 좌우명은 '내가 좋아하는 일이라면 아무리 힘들어도 마음은 즐겁다. 모든 노력이 그만큼 값지기 때문이다' 이다.

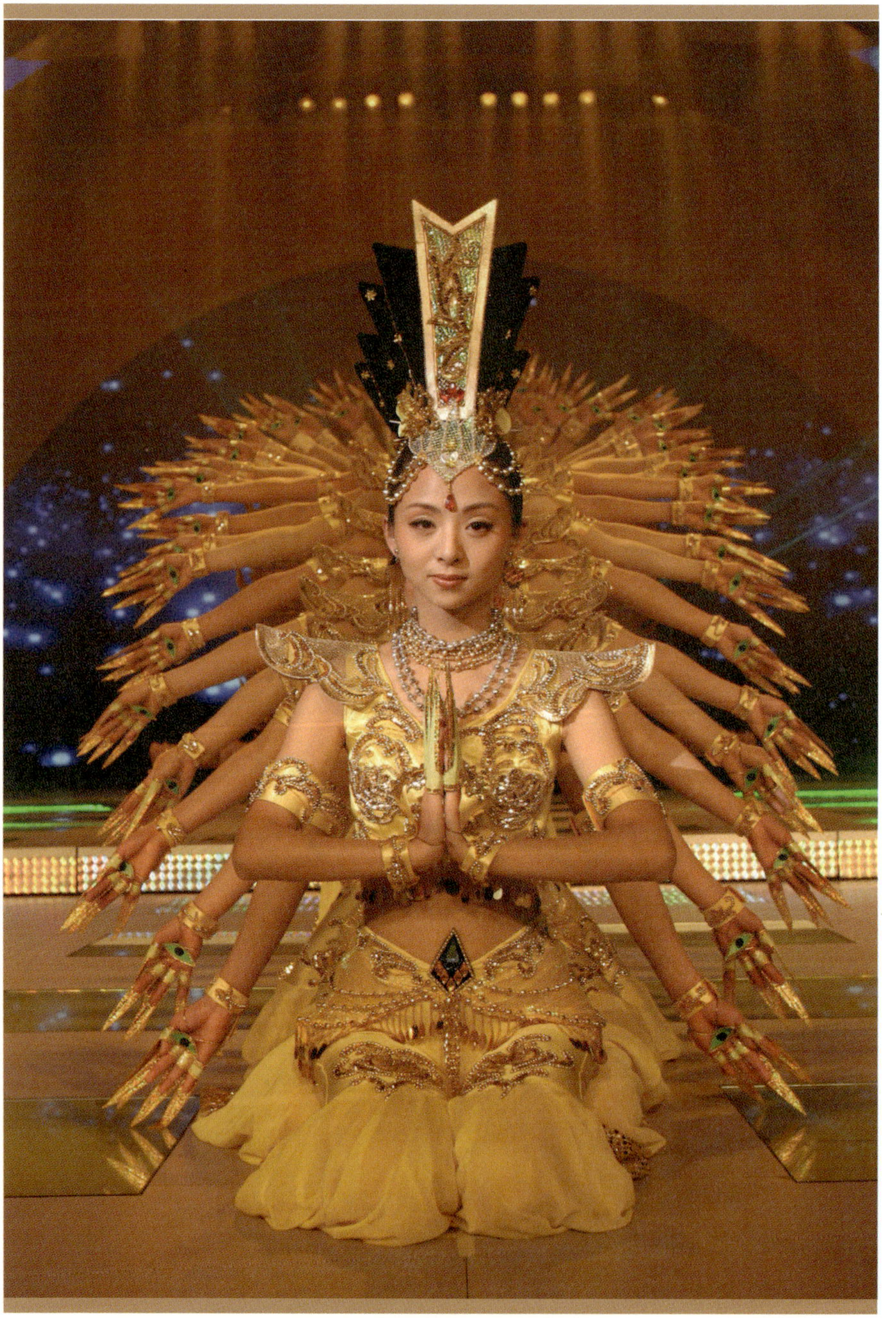

한 번의 수업이 그녀의 인생을 바꾸다

중국 장애인 예술단 단장이며 중국 특수예술협회 부주석을 맡고 있는 타이리화는 후베이 이창宜昌의 한 평범한 가정에서 태어났다. 두 살 때 홍역을 앓아 고열에 시달릴 때 의사가 스트렙토마이신을 과량 주사한 후로 청력을 잃게 되었다. 불행 중 다행이던가. 그녀는 청력을 완전히 상실하지는 않았다. 대략 95데시벨 정도의 소리는 들을 수 있다. 그러나 다른 농아들과 마찬가지로 그녀 역시 말을 하는 데는 한계가 있었다.

그녀는 다섯 살 때 또래 친구들과 '소리로 사람 맞추기' 놀이를 할 때 비로소 자신이 농아라는 사실을 알았다. 다른 친구들은 초등학교에 들어갔지만 자신은 농아학교에 들어갈 수밖에 없었던 현실을 무척 괴로워했다. 소리를 들을 수 없다는 현실 앞에서 인생의 그 어떤 희망도 모두 사라지는 듯했다. 그러나 학교 무용 시간에 비로소 삶의 한 가닥 불씨를 발견하였다.

농아학교에 들어간 지 얼마 되지 않아 무용 시간에 참여했다. 선생님이 나무 바닥 아래 상각고(象脚鼓 : 윈난 성의 소수민족들이 전통 북, 코끼리 다리 모양의 대좌 위에 놓고 사용함)를 두드려 바닥 위에 서 있던 아이들에게 진동을 전달했다. 아이들은 이 진동을 통해 처음으로 리듬이라는 것을 익힐 수가 있었다.

친구들은 발아래로 끊임없이 전해지는 진동을 느끼며 잔뜩 흥분한 모습인 채 수화로 이야기를 나누느라 정신이 없었다. 타이리화는 온몸으로 느껴지는 진동이 그저 신기하기만 했다. 그녀는 온몸으로 진동을 받아들이기 위해 바닥에 엎드렸다. 그리고 자신의 가슴을 가리키며 선생님께 말했다.

"선생님, 너무 좋아요!"

어린 타이리화는 뺨을 스피커에 바짝 대고 다양한 진동을 느꼈다. 춤에 관련

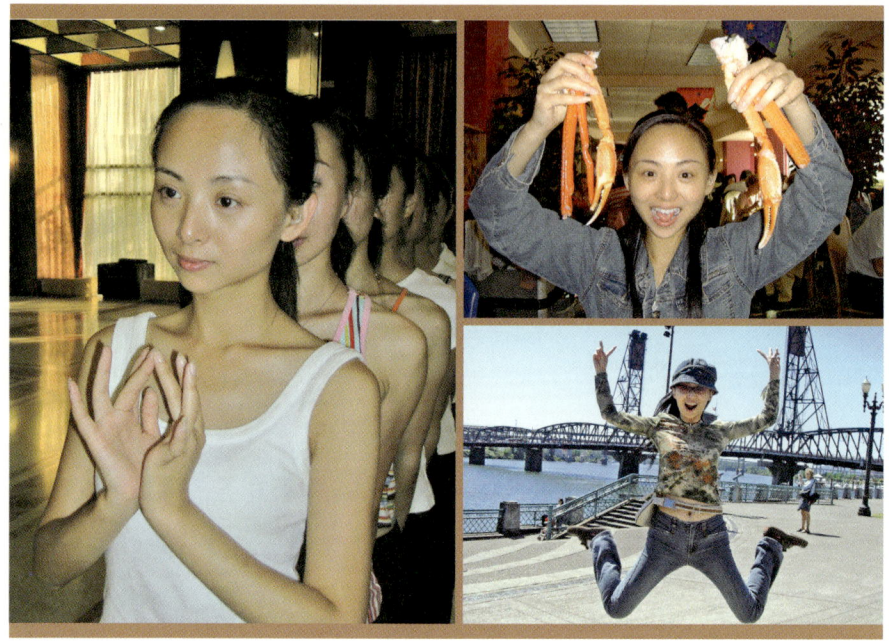

된 TV 프로그램은 더더욱 그녀를 상상의 세계로 인도했다. 타이리화는 춤이야말로 자신의 말과 생명에 대한 느낌을 남김없이 표현하는 언어가 될 수 있을 것이라는 생각이 들었다.

　　후에 농아학교의 한 여교사가 예술에 대한 타이리화의 천부적인 자질을 발견하고 타이리화에게 무용을 가르치기 시작했다. 춤을 좋아하는 타이리화를 보며 그녀의 부모는 무척 기뻐했다. 어느 날 우한에 출장을 간 아빠는 딸에게 하얀색 무용 슈즈를 사다주었다. 아버지가 사준 무용슈즈를 신고 신이 나서 제자리를 빙빙 돌던 그녀는 이 선물이 평생 그녀를 자신이 그토록 사랑하는 춤의 세계로 이어주리라고는 꿈에도 생각하지 못했다.

평생을 함께 하기로 한 무용

당시 일부 전문가들은 무용을 시작하기에는 타이리화의 나이가 너무 많다고
했다. 그러나 고집불통 타이리화는 자신의 꿈을 포기하지 않았다. 부모의 걱정도
그녀의 굳은 결심엔 아무런 장애가 되지 않았다. 열세 살 타이리화는 혼자 우한에
서 학교생활을 시작했다. 비장애인들처럼 혼자 버스를 타고 물건을 사고 사람들을
만났다.

무용수업 시간, 그녀는 매우 고된 훈련을 받았다. 그녀의 몸은 계속되는 연습
으로 이곳저곳이 항상 멍투성이였다. 어느 해 여름, 어머니는 항상 긴 바지만 입는
딸이 치마를 만지작거리며 멍하니 옷장 앞에 서 있는 것을 발견했다. 딸이 잠이 든
틈을 타 어머니는 몰래 딸의 바지를 걷어 올려 보았다. 놀랍게도 두 다리가 울긋불
긋 온갖 상처로 성한 곳이 없었다. 어머니는 마음이 아파서 견딜 수가 없었다. 잠이
깬 타이리화는 활짝 웃는 얼굴로 자신의 가슴을 가리키면서 어머니에게 말했다.

"춤이 정말 좋아요. 전혀 아프지 않아요."

열다섯 살 때, 처음으로 해외 공연에 참여했다. 예술단은 겨울에 단체 훈련을

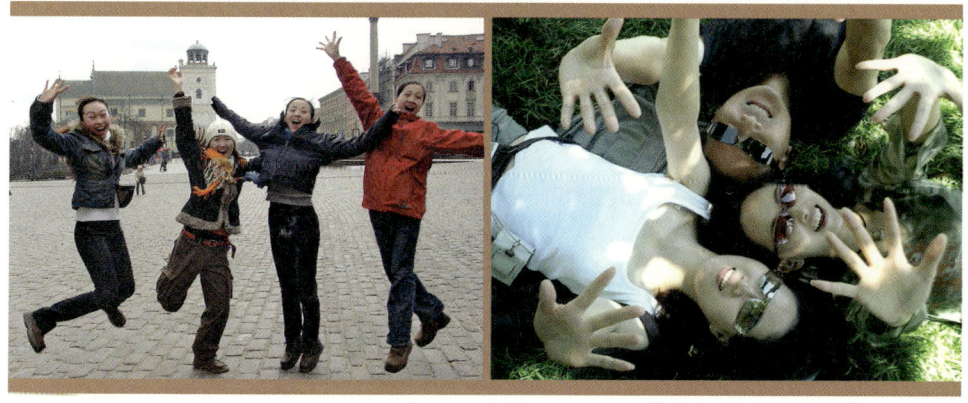

실시했다. 훈련장에 갈 때는 솜옷을 입고 갔지만 훈련을 받을 때는 홑겹만 입고 훈련을 하는데도 등이 온통 땀으로 범벅이 되었다. 까진 무릎에서 피가 흘러도 그녀는 전혀 개의치 않았다. 발이고 다리고 모두 상처 때문에 벌겋게 퉁퉁 부어올랐다. 하지만 그녀는 단 한 번도 불평하지 않았다.

우한가무단 연습장, 선생님은 신입생 타이리화의 오디션 작품으로 「작지령雀之靈」을 선택했다. 다리도, 발동작도 서투르고 손도 어색하기만 한 그녀의 춤을 보고 선생님은 마음이 조급해졌다. 그 후 보름 동안 그녀는 매일 식사와 수면 시간을 제외한 모든 시간을 연습에만 매달렸다. 그리고 불과 보름 만에 그녀를 바라보는 선생님의 시선이 달라지기 시작했다.

장애인 자신들의 무용을 꿈꾸며

무용에 대한 열망으로 타이리화는 고향을 떠나 우한으로, 다시 우한을 떠나 베이징에 왔다. 그녀의 도약은 항상 즐겁지만 힘겨웠다.

중국장애인연합회는 4년에 한 번 각지의 단원들을 모아 공연을 실시한다. 1992년, 타이리화는 후베이성 장애인 예술단을 대표해 전국 공연에 참가했다. 결국 중국 장애인 예술단은 그녀의 작품을 선택했다. 현재 타이리화는 중국 장애인 예술단의 수석 무용수가 되었고, 독무 주자로 활동하고 있다. 언론매체에서는 타이리화가 명성과 학력, 예술적 성취도에 있어 모두 높은 수준을 갖춘 무용수라고 평가한 바 있다. 그러나 정작 예술단 안에서 유명한 것은 바로 배움에 대한 지칠 줄 모르는 열정이다.

새로운 공연을 할 때마다 그녀는 아무리 어려운 동작이라도 작품을 소화하기

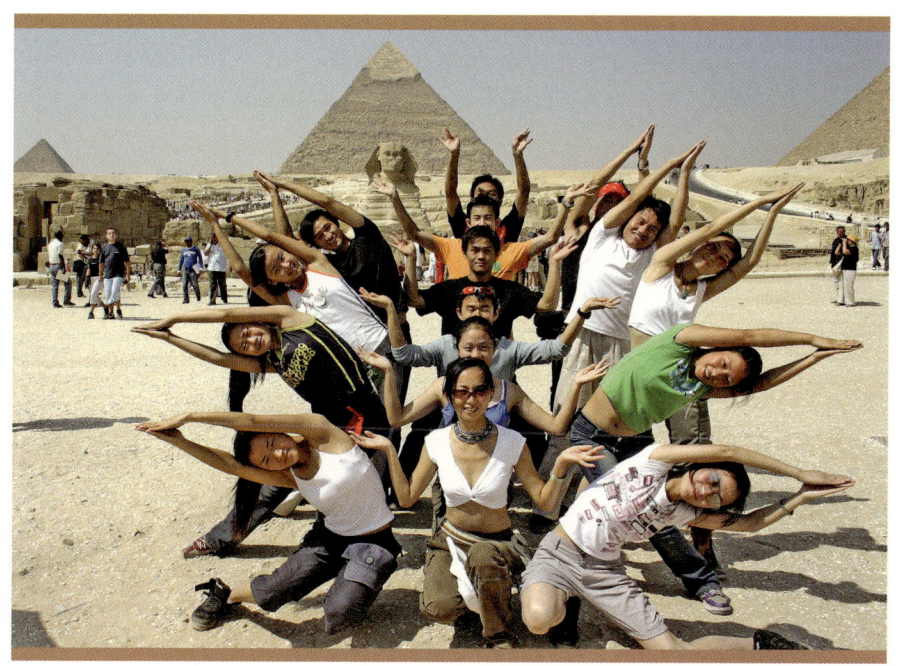

위해 끊임없이 연구한다. 그녀는 최선을 다해 이해하고 이를 표현하고자 노력한다면 어려울 것이 없다고 말한다.

"고되고 힘든 과정을 또 하나의 발전으로 승화시키는 것, 바로 제 삶의 원동력입니다."

연습이 있을 때면 타이리화는 항상 연출자로부터 가장 가까운 곳에 서서 가장 열심히 듣고, 가장 열심히 움직였다. 다른 사람들이 휴식을 취할 때에도 그녀는 마치 신입 단원처럼 언제나 연습에 연습을 반복했다. 공연이 없을 때는 지도 교사로서 무용단을 가르쳤다.

타이리화는 자신의 가장 큰 꿈은 바로 장애인들을 위한 스스로의 춤을 창조하는 것이라고 말한 적이 있다. 누군가 장애인 자신의 춤이 대체 무엇인지 물었다. 그녀는 이렇게 이야기했다.

"지금 우리가 추는 춤은 비장애인으로부터 배운 것을 전문가가 우리를 위해 재구성한 것입니다. 우리는 장애인인 우리 자신의 무용을 만들고 싶어요. 청각장애인들이 볼 수 있고, 농아들이 들을 수 있고, 지체부자유자들이 출 수 있는 춤, 그래서 모든 장애인들이 함께 완벽하게 아름다운 춤의 경지를 느낄 수 있었으면 좋겠습니다."

맨발로 시범을 보인 양리핑

장애인 올림픽의 6분 무대와 '설 특집 공연' 「천수관음」을 통해 타이리화는 '관음 언니'라는 별명을 얻게 되었다. 그러나 타이리화가 유명인사가 된 계기는 사실 「작지령」이란 춤을 통해서이다. 「작지령」은 중국이 자랑하는 무용가 양리핑 楊麗萍의 대표작이다.

타이리화는 이렇게 말했다.

"처음 TV에서 「작지령」을 보고, 그 아름답고 감동적인 동작에 넋이 빠져버렸어요. 무용이란 형식을 통해 저렇게 마음을 표현할 수도 있구나. 그 순간 저는 '내 자신의 느낌을 말로 형용을 할 수가 없었지만 그 무용수처럼 무용을 통해 모두에게 소리 없는 아름다움을 선사할 수는 있겠구나'라는 생각이 들었어요."

그때의 경험은 뛰어난 무용가가 되겠다는 결심을 더욱 강하게 해주었다.

그녀는 이어서 말했다.

"우리 예술단 감독님이신 장지강 선생님이 제가 「작지령」에 푹 빠져있는 것을 알고 일부러 양리핑 선생님을 초청하셨어요. 정말 잊을 수가 없어요. 양 선생님이 떠나실 때까지 전 마치 꿈을 꾸고 있는 것 같았어요. 도무지 믿기지가 않았거든요."

"나중에야 알았어요. 원래 양 선생님은 그저 「작지령」을 추는 아이가 있다고 해서 한번 보러 오신 것뿐이래요. 그런데 제가 춤추는 것을 보시더니 신발을 벗고 맨발로 연습실에서 춤을 보여주셨어요. 그리고 동작 하나하나 제 손의 위치를 잡아주시면서 하신 말씀은 수화 선생님이 통역해 주셨어요. '내가 만약 음악을 듣지 못했다면 과연 너처럼 이렇게 멋있게 출 수 있었을지 자신이 없구나' 라고 말씀하셨다고 해요."

8년의 사랑과 반년의 만남

현재 타이리화는 행복한 가정을 꾸리고 있다. 그녀의 남편 리춘李春은 화중華中 과학기술대학을 졸업한 비장애인이다.

중국 장애인 예술단 단원들은 모두 나이가 어려 결혼한 단원이 별로 없다. 그래서인지 연습이 끝나면 단원들은 타이리화 주위에 모여들어 이런 저런 이야기를 물어본다. 그 중에서도 단원들이 특히 좋아하는 것은 그녀의 연애담이다. 타이리화는 그럴 때마다 "모든 것이 참으로 우연이었어. 정말 인연이란 게 있나봐"라고 말하곤 한다.

1995년 연말, 혼자 집에 있던 리춘은 한 아가씨가 커다란 트렁크를 들고 세단에 서 있는 것을 보았다. 그 아가씨가 바로 타이리화였다. 리춘 옆집에 사는 어머니의 친구를 만나러 온 타이리화는 때마침 어머니의 친구가 집에 계시지 않아 리춘의 집에 잠시 들어가게 되었다. 리춘은 수화를 할 줄 몰랐기 때문에 둘은 글로 이야

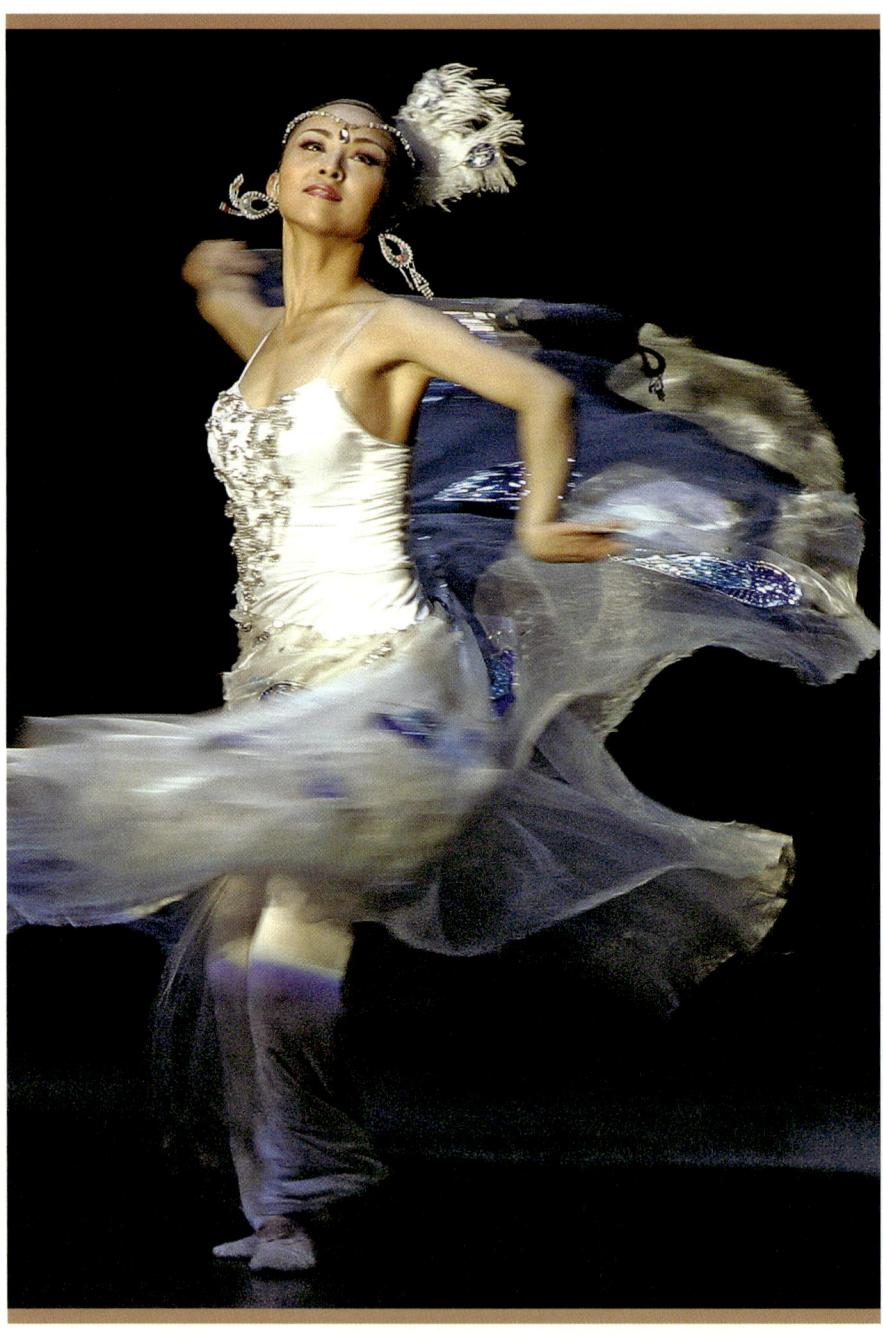

기를 나누었다. 어머니의 친구가 돌아오자 둘은 서로 연락처를 남기고 헤어졌다. 두 사람이 헤어진 그날 저녁, 리춘은 잠을 청할 수가 없었다. 다음 날 그는 타이리화에게 편지를 보냈다. 편지를 받은 타이리화는 친구 한 명과 함께 당시 리춘이 다니고 있던 화중과학기술대학으로 찾아갔다.

"학교가 정말 컸어요. 그래서 지나가는 학생 한 명을 붙잡고 길을 물어봤는데 우연히도 그 학생이 바로 리춘이 다니던 학과 과대표더라구요. 모든 것이 정말 우연이었어요. 그렇게 해서 우리는 친구가 되었어요."

후에 타이리화는 예술단과 함께 홍콩으로 공연을 가게 되었다. 리춘은 홍콩 공연을 끝내고 14일 만에 돌아온 타이리화에게 그간 자신의 감정을 적어 놓은 일기를 보여주었다. 그의 사랑에 감동 받은 타이리화는 정식으로 리춘과 사귀기 시작했다. 7년의 연애 끝에 2003년 3월, 그들은 행복한 결혼식을 올렸다. 그러나 타이리화는 대부분 외지에서 공연을 했고, 리춘은 계속 우한에서 공부를 했기 때문에 연애에서 결혼까지의 8년 동안 그들이 같이 있었던 기간은 반년이 채 되지 않았다.

누군가 타이리화에게 하루에 남편에게 문자메시지를 얼마나 보내는지 물어보았다.

"계산은 안 해봤어요. 아마 50통은 넘을 거예요."

꿈이 시작된 곳으로

타이리화가 외부 세계의 소리를 조금이라도 들을 수 있도록 예술단에서는 그녀에게 가장 좋은 보청기를 선물했다. 그러나 보청기를 잠시 사용해 본 그녀는 별로 달가워하지 않았다.

"보청기를 끼면 너무 시끄러워요. 차라리 아무 것도 들을 수 없는 게 맑고 좋아요."

그 후로도 가끔 소리가 듣고 싶을 때 보청기를 사용해 보기도 하지만 금세 떼어버리기 일쑤이다.

언젠가 친구와 함께 여관에 묵었을 때의 일이다. 옆 공사장에서 들려오는 기계 소음 때문에 친구는 저녁내내 몸을 뒤척이며 잠을 이루지 못했다. 그러자 타이리화가 웃으며 수화로 말했다.

"소리가 들리니까 선잠을 자는 거야. 난 아무 소리도 들리지 않으니 잠이 잘 오는 걸!"

친구는 약이 올라 어쩔 줄을 몰랐다.

"언제나 그런 식이에요. 자신의 장애 때문에 결코 슬픔에 빠져 있지 않아요."

비장애인이 생각하는 것과 달리 장애인들은 비장애인들보다 오히려 더 슬픔을 잘 이겨낸다. 타이리화는 소리를 들을 수 없다고 슬퍼하거나 한스러워해 본 적이 없다. 그녀는 마음으로 소리를 들을 수 있고, 박자로 음악을 이해할 수 있다. 또한 자신이 소리를 들을 수 있었다면 오늘 같은 성공에 이처럼 많은 이들의 관심과 도움을 받지 못했을 것이라고 말했다. 그녀는 바로 이런 이유 때문에 자신은 충분히 행복하다고 생각한다.

타이리화는 장애인들은 감정이 매우 단순하다고 말한다.

"아마도 소리를 느낄 수 없기 때문에 세계가 비교적 단순하게 느껴지는 것 같아요. 나이가 아무리 들어도 마치 덜 자란 아이들 같죠. 그들과 오랫동안 함께 할 기회가 있다면 아름다운 신세계에 있는 것 같은 기분을 느낄 수 있을 거예요."

만약 그녀에게 3일간 소리를 들을 수 있는 시간이 주어진다면 무엇을 하고 싶은지 물어보았더니 그 즉시 이렇게 대답했다.

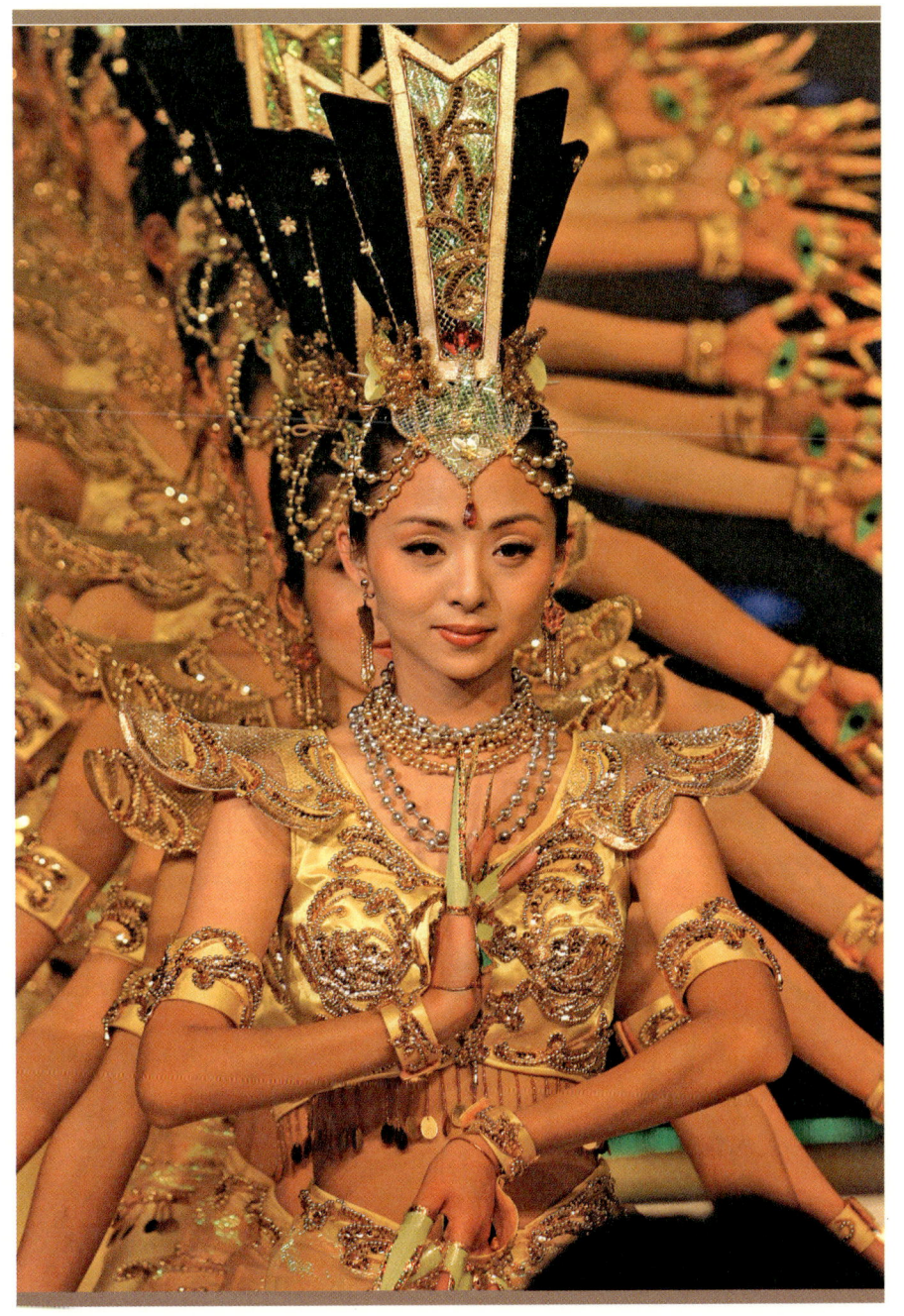

"첫날은 저와 20년을 함께 한 음악을 들어볼 거예요. 둘째 날은 서로 만난 적도 없으면서 저에게 관심을 가져 준 친구들의 말을 들어볼 거고요, 셋째 날은 세상 구석구석의 소리를 들어볼 거예요. 아주 작은 구석에 숨겨진 가장 아름다운 소리를요."

타이리화는 자신의 인생철학을 소박하면서도 매우 확실하게 표현한 적이 있다.

"사실 모든 사람의 인생은 똑같아요. 행복한 순간이 있는가 하면 부족한 것도 많고 기쁠 때도, 슬플 때도 있어요. 어떤 한 느낌만 가질 수 있도록 선택해서 살아갈 수 없습니다. 하지만 인생의 방향은 선택할 수 있어요. 되도록 행복한 것을 많이 보고 즐거운 마음으로 인생의 부족한 부분을 마주하고 채워주면 되지 않을까요? 제가 터득한 인생의 진리에요."

'그들의 세상'으로 다시 돌아오길 기대하며

타이리화는 지금까지 20여 개 국가를 방문, 국내외에서 수백 회의 공연을 가졌다. 2003년 10월 제6회 장애인국제대회가 일본에서 열렸다. 세계 100여 개 국가와 지역에서 온 2천여 명의 장애인 대표들이 중국 장애인 예술단의 공연을 관람했다. 그녀는 '공작처럼' 아름답고 고결하고 상큼한 자태로 세계 각국에서 모인 관중들의 마음을 사로잡았다. 대표들은 그녀에게 '전 세계 6억 장애인의 홍보대사'라는 영예를 안겨주었다. 미국의 뉴욕 카네기홀과 이탈리아 스칼라 극장은 음악가와 무용가에게는 꿈의 전당으로 불리는 곳이다. 외국인들로부터 '공작 선녀'라는 별칭을 얻은 타이리화는 중국에서 유일하게 세계 정상급 무대인 두 곳 모두에서 공연한 인물이 되었다. '설 특집 공연' 이 끝나자마자 타이리화는 TV가 만들어 낸 또 하나의 스타가 되어 있었다.

　　순식간이었다. 닭의 해, 그녀는 전국에서 가장 인기 있는 스타가 되었다. 그녀를 향해 몰려드는 각계각층의 사람들로 그녀는 무용과 춤, 가족이라는 원래 그녀의 생활 테두리 안에서 편안하게 생활을 즐길 수가 없었다. 음력설이 지난 후 타이리화는 부모님과 남편, 그들과 함께 주말을 보내기 위해 금요일 하루 동안 15번의 인터뷰를 가져야 했다. 그러나 이는 시작에 불과했다. 며칠이 지나자 예술단에서도 큰 회의실을 동원해야 그녀를 취재하기 위해 몰려든 수십 명의 기자들을 수용할 수가 있었다. 그로부터 다시 며칠 후, 이번에는 타이리화와 예술단 이야기를 담은 책을 출판하기 위해 출판사 대표들이 몰려들었다.

　　"당연히 제가 해야 될 일이죠."

　　타이리화는 언제나 편안한 모습으로 이렇게 대답했다. 더욱 많은 이들의 주목을 받았다. 그녀는 다른 유명인사들과 달리 언제나 넓고 따뜻한 마음으로 사람들을 대했다. 혼란스러운 공연 준비 중에도 그녀는 언제나 많은 사람들에게 둘러싸여 있다. 밥을 먹을 때도, 휴식을 취할 때도, 화장을 할 때도 계속해서 사인을 하고 사진을 찍고 질문을 받는다. 차마 옆에서 보기가 안타까울 정도이다. 그러나 그녀는 피곤하고 지친 모습은 뒤로 하고 언제나 미소 띤 얼굴로 조용히 그들의 부탁을 다 들어준다.

그러나 이렇게 성격이 좋은 그녀도 화를 낼 때가 있다. 자신에게 연락도 없이 한 TV 프로그램에서 그녀의 가족들을 성가시게 한 것이다. 지나친 언론매체의 스포트라이트는 그녀의 가족들에게 피해를 주기 시작했다. 그들은 타이리화 부모에게 청각을 잃게 된 사연을 묻는가 하면 TV 출연을 원치 않는 리춘도 무대에 세워 부부사이의 감정 등을 캐물었다. 타이리화의 가족들은 예전처럼 평범하고 조용하게 살아가기를 원했다.

타이리화는 요즘은 정말 요란한 시대라고 말한다. 그러나 이 모든 것들은 자신과 무관하다고 했다. '설 특집 공연'을 통해 다시 한 번 사람들로부터 인정을 받았다는 것에 만족할 뿐 그녀와 예술단 단원들은 이런 취재 열기와 인기에 관심을 가져본 적이 없었다. 그들은 그저 온 힘을 다해 춤을 추었고, 마음은 항상 평온하고 고요했다. 그들이 지금 원하는 것은 하루빨리 '그들의 세상'으로 돌아가 차근차근 그들의 꿈을 실현하는 것이다. 물론 그들의 꿈은 변하지 않았다. 꿈은 원래 그 꿈이 시작된 곳에 있기 때문이다.

그들의 삶이 우리에게 가르쳐준 것, 그것은 바로 장애는 결함이 아니며 인류의 다양한 특징이라는 것이다.

장애는 불행이 아니다. 다만 불편할 뿐이다.

장애인의 생명 역시 가치가 있다. 그들은 이 세상에 함께 참여하고, 함께 누리기를 바랄 뿐만 아니라 자신의 지혜와 의지로 다른 모든 사람들과 함께 아름다운 미래를 만들고자 한다.

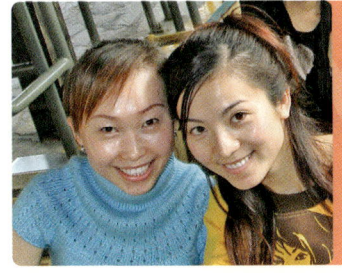

허진과 뤼샤오옌 :

사랑스러운 울보 소녀들

　　강남 아가씨 뤼샤오옌呂曉燕은 마음이 여린 '작은 울보' 아가씨다. 선생님이 눈만 크게 부릅떠도 금세 눈에서 닭똥 같은 눈물이 흘러내린다. 그녀를 보고 있으면 차마 야단을 칠 수가 없다. 항상 그림자처럼 붙어 다니는 간쑤성 아가씨 허진何瑾과 뤼샤오옌은 서로 못할 말이 없는 단짝 친구이다. 서북 출신인 허진의 시원스러운 성격은 여리디 여린 뤼샤오옌과 궁합이 잘 맞는다. 이상한 것은 둘 다 똑같이 엄청난 울보라는 사실이다. 뤼샤오옌이 울면 허진도 덩달아 눈물이 글썽거린다. 그러나 또한 둘은 단원들 가운데 가장 웃음이 많은 소녀들이다. 이들의 웃는 얼굴은 마냥 사랑스럽기만 하다.

　　공연할 때 타이리화의 뒤 두 번째와 세 번째가 그들의 자리이다. 그들은 타이리화와 바짝 붙어 좌우의 양 날개처럼 '관음'의 얼굴을 보여준다. 때로 그들의 작은 실수는 타이리화의 카리스마에 가려 보이지 않을 때가 있다. 그렇다고 그들이 춤을 대충대충 추는 것은 아니다. 그들 역시 자신들에게 매우 엄격한 무용수이다. 그들은 '관음'들이 팔을 뻗을 때 가장 중요한 위치에 있기 때문에 아름다운 관음의 모습을 가장 먼저 보여주는 인물이라고 할 수가 있다. 그들이 손을 정확하게 내밀지 못하면 그 뒤로 계속해서 실수가 이어질 수밖에 없다.

연습을 할 때 제일 먼저 '손목시계' 그림이 그려졌던 단원이 바로 허진이다. 허진은 벌을 받을 당시에는 별반 개의치 않는 모습을 보였지만 사실 숙소로 돌아가서는 혼자 몰래 숨어서 한바탕 눈물을 흘렸다고 한다. 다음 날 항상 환하게 웃는 얼굴을 하고 있는 뤼샤오옌의 얼굴이 딱딱하게 굳어 있었다. 전혀 딴 사람이 된 듯했다. 그날 허진과 뤼샤오옌은 스스로에게 용서를 구하는 듯 사력을 다해 연습에 매진했다.

공교롭게도 그날 장지강 감독이 예술단을 방문했다. 단원들의 연습을 지켜보던 그는 깜짝 놀랐다.

"정말 귀신이 곡할 노릇이군. 너무 잘했어. 불과 며칠 만에 이렇게 잘할 수 있다니 정말 놀랐는걸!"

그는 단원들을 향해 엄지손가락을 올려 보이며 모두에게 칭찬을 아끼지 않았다. 서로를 꼭 껴안은 뤼샤오옌과 허진의 얼굴에 그제야 미소가 번졌다.

그들의 우정은 정말 샘이 날 정도다. 훈련 중, 얼굴에 고양이 수염을 그리는 벌이 있었다. 서로의 얼굴에 그림을 그리게 된 두 사람은 다른 사람들이 상대방의 얼굴을 보지 못하도록 하면서 되도록 예쁘게 조심해서 그림을 그렸다. 차마 함부로 그리지는 못하겠고, 규칙은 따라야 하니 난감해 하는 모습이었다.

두 사람은 아마 너무 오랫동안 붙어 다니다 보니 마음까지 서로 통하는 사이가 되어버린 것 같다. 단원들이 모여 연습을 하고 있을 때였다. 선생님이 한참 열을 내며 연습을 시키고 있을 때 이 두 꼬마 아가씨가 동시에 손을 들더니 문밖으로 사라져 버렸다. 둘 다 화장실에 간 것이다. 모두가 한창 연습에 몰두해 있는데 서로 손짓도 하지 않았던 두 사람이 쌍으로 연습장을 벗어나다니! 선생님 입장에서는 답답할 노릇이었다. 나중에 알고 보니 둘은 눈빛만 봐도 서로의 마음을 알아차리고 행동을 함께 한다고 한다.

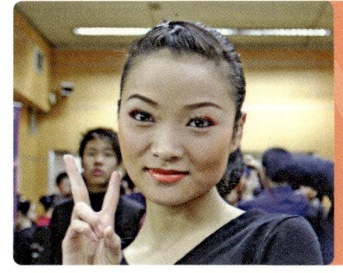

리궈옌 :

따스한 사랑으로 얼음까지 녹이다

여자 단원 팀장인 리궈옌李國岩은 연습을 할 때는 선생님의 조교로, 일상생활에서는 여자 단원들의 기둥 역할을 한다. 언제나 여러 가지 일들을 처리하고 돌보느라 정신없지만 정작 자신에게는 관심이 없다. 그녀는 따스한 사랑으로 모든 것을 감쌀 줄 아는 사람이다.

리궈옌은 매우 철저하게 연습을 하기 때문에 기본기를 잘 갖추고 있다. 제1판 「천수관음」에서부터 지금까지 계속 공연에 참가한 단원은 그녀와 타이리화뿐이다. 엄연히 중견 무용수라 할 만한 자격을 갖추고 있지만 그녀는 여태까지 독무를 춰본 적이 없다.

언젠가 그녀와 이야기를 나누던 나는 제2의 타이리화가 되고 싶은 생각은 없는지 물어보았다. 그러나 그녀의 대답은 예상 밖이었다. 그녀는 한 번도 독무를 출 생각을 하지 않았다는 것이다. 그저 평범한 단원으로 남아 자기 위치에서 맡은 바 동작을 잘 소화하고 싶을 뿐이라고 했다. 때로는 자신이 없을 때도 있을 것이다. 그녀는 아마 자신이 가장 아름답고 춤을 잘 추는 여자라고 생각하지 않을지도 모른다. 그러나 지금 그녀는 독무를 연습하기 시작했다.

신입 단원 가운데 랴오진廖金이란 단원이 있다. 원소절 기간, 랴오진의 어머니는 다섯 살 난 딸을 데리고 충칭重慶을 떠나 베이징에 도착했다. 딸을 두고 가기가 못내 안타까웠지만 맞은 편 침대를 사용하는 리궈옌을 보고 마음을 놓았다고 한다.

리궈옌은 신입 단원들을 데리고 무대용 화장품을 사고, 머리를 자르고, 잡화를 구매하기도 하고, 병이 나면 마치 가족처럼 그들을 돌봐주기도 한다. 그녀의 맑고 순수한 모습에 사람들은 누구나 믿음을 갖게 된다. 안심하고 딸을 맡기고 돌아설 수 있었던 랴오진의 어머니 마음이 이해가 된다. 마음 착한 리궈옌은 항상 먼저 알아서 일을 하는 성격이다. 누구에게나 서슴없이 도움을 주며 때로 그 일이 온당치 못하거나 불공평한 일이라 해도 거리낌이 없다. 그렇기 때문에 오히려 자신은 항상 쓸쓸하고 힘들게 생활한다.

어느 날, 연습하는 모습이 어딘가 얼이 빠진 듯하고 웃는 얼굴이 자연스럽지가 않았다. 선생님으로부터 야단을 맞고 억지로 웃기는 했지만 어딘가 이상했다. 나중에야 사람들은 그녀가 고열에 시달리면서도 연습에 참여했다는 것을 알게 되었다. 억울하게 야단맞고도 변명조차 하지 않은 것은 전체 연습에 차질을 주지 않을까 하는 걱정 때문이었다. 그녀는 언제나 웃음으로 모든 것을 받아들인다. 언제나 그녀의 대답은 한결같다.

"다른 사람에게 폐가 되고 싶지 않아요."

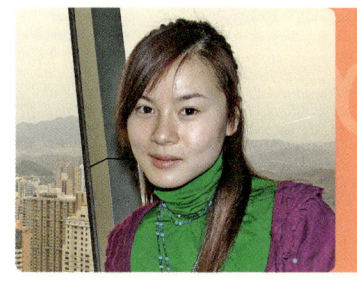

류옌劉艶은 아름다운 상하이 아가씨다. 그녀의 흥미진진한 연애담은 단원들 사이에 매우 유명하다. 그녀의 남자친구는 캐나다 화교이다. 둘은 공연을 계기로 첫눈에 서로 홀딱 반하는 사랑에 빠졌다. 그는 수년 동안 류옌이 성장하길 기다리며 꽃과 전보로 자신의 사랑을 알렸다.

류옌의 생일, 캐나다에서 장미꽃 한 다발이 배달되었다. 다른 단원들의 부러움을 한 몸에 받으며 류옌은 장미를 품에 안고 함박웃음을 지었다. 붉은 장미꽃에 묻힌 그녀의 조그만 얼굴이 더 아름답게 느껴졌다. 나는 류옌에게 모두들 너무 부러워하니 즐거움을 좀 나눠주면 어떻겠느냐고 했다. 그러자 그녀는 고개를 끄덕이더니 작은 새처럼 폴짝폴짝 방을 돌아다니며 아이들에게 장미 한 송이씩을 돌리는 것이었다. 단원들 모두 행복한 모습이었다.

미국 공연을 갔을 때였다. 류옌의 남자친구가 일정에 맞춰 캐나다에서 차를 몰고 그녀를 찾아왔다. 이국 타향에 떨어져 지내는 남자친구에게 더 없이 소중한 시간이었을 것이다. 서너 시간 차를 달려 한달음에 예술단을 찾아온 그는 사랑하는 류옌에게 바칠 꽃다발도 잊지 않고 챙겨왔다.

류옌은 '설 특집 공연' 후 캐나다로 가서 남자친구와 설을 지낼 예정이었다.

단원들은 그를 이제 류엔의 약혼자로 부른다. 남자친구의 가족들은 그녀를 마중하기 위해 캐나다에서 중국으로 오기까지 했다.

그런데 문제가 발생했다. 미처 비자 문제에 신경을 쓰지 못한 것이다. 류엔 역시 출국 수속을 해야 한다는 사실을 깜빡 잊고 있었던 것이다. 늘 외국을 다니긴 했지만 개인적인 일로 출국을 한 적은 없었기 때문이다. 서류에 남자친구와 관련된 내용이 적혀 있었기 때문에 대사관에서 '이민 의도'가 있다는 것을 빌미로 비자를 발급해 주지 않았다. 이 무슨 청천벽력 같은 일인가! 류엔은 공연에 집중할 수가 없었다. CCTV 방송국에 마련된 「천수관음」 연습실에서 류엔은 결국 울음을 터뜨렸다. 비자 문제 때문에 이제 약혼자를 만나러 캐나다로 갈 수 없다고 울먹이는 류엔의 이야기에 단원들 모두 한마음으로 걱정하기 시작했다. 그들은 류엔을 꼭 안아주며 실망하지 말고 다시 한 번 신청을 해보라고 위로했다. 나중에 리린과 리잉이 예술단 자료와 2005년 류엔의 공연 내용을 대사관에 제출하고 나자 비자 문제가 해결되었다. 그날 류엔은 반나절 휴가 신청을 내고 결과를 알아보러 갔다. 예술단으로 들어서는 류엔의 활짝 핀 얼굴을 보고 모두들 비자 문제가 잘 해결된 것을 알 수 있었다.

열흘 후, 류엔이 캐나다에서 선생님들에게 줄 선물을 한 아름 가지고 돌아왔다. 이제 제법 아가씨 티가 배어 있었다. 약혼자 집에서 찍은 사진, 함께 설산雪山으로 여행 갔던 사진들을 보여주었다. 그녀의 낭만적인 사랑이 영원하길 바란다.

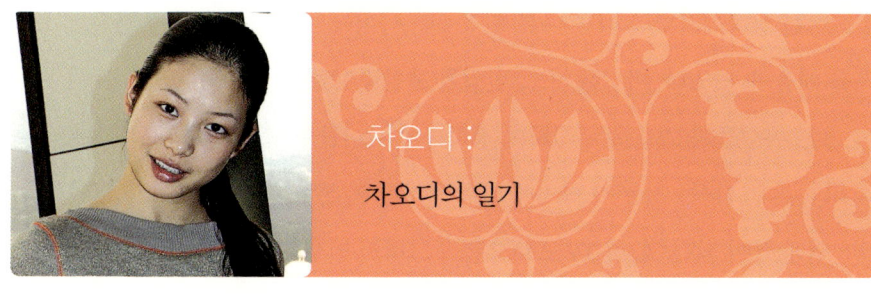

차오디 :

차오디의 일기

　차오디曹萜는 항상 살포시 미소만 지을 뿐 말수가 적은 단원이다. 「천수관음」에서 그녀의 자리는 다섯 번째인데 대형을 바꿀 때만 얼굴을 볼 수가 있다.

　'설 특집 공연' 이 끝난 후, 중국 장애인 예술단은 매일 매일 수많은 취재에 응해야 했는데, 그때마다 매우 특이하고 감동적인 취재 장면이 연출되었다. 단원들 모두 거의 말을 못하기 때문에 취재는 조용한 가운데 필담으로 이루어졌다. 마치 한쪽에서는 시험지를 배포하고 다른 한쪽에서는 답안지를 작성하는 듯했다.

　차오디 역시 타이리화처럼 두 살 때 주사량 과다로 청각을 상실했다. 그러나 차오디의 부모는 그녀를 일반 학교에 보내 비장애인들과 함께 공부시켰다. 그 덕분에 그녀는 말하는 사람의 입술을 보고 뜻을 읽어낼 수가 있었다.

　여섯 살 전까지 그녀는 자신이 다른 사람과 다르다는 것을 인식하지 못했다. 이웃들 앞에서 차오디는 온몸으로 이야기를 나누고, 자신이 개발한 이런저런 동작을 선보였다고 한다. 이런 차오디를 보며 어른들은 칭찬을 아끼지 않았다. 그러나 엄마가 차오디를 무용학원에 입학시킨 첫날, 그녀는 울음을 터뜨리고 말았다. 자꾸만 박자를 놓치는 차오디에게 아이들은 손가락질을 했던 것이다. 그제야 차오디는 자신이 '다른 아이들과 다르다' 는 것을 인식하게 되었다.

이런 상황에서도 그녀는 다른 비장애인 아이들과 함께 6년 동안 계속해서 무용을 배울 수 있었다. 비결은 바로, 민첩한 순발력이었다. 그녀는 음악을 듣지 못하자 다른 아이들의 스텝을 주시하며 정확하게 아이들의 동작을 따라했다. 그 덕분에 6년 내내 그녀는 첫 번째 박자에 맞춰 동작을 해 본 적이 단 한 번도 없었다.

열네 살이 되던 해, 한 TV 프로그램이 그녀의 인생을 바꿔놓았다. 여름방학 오후, 그녀는 집에서 한가로이 TV를 보고 있었다. TV에서 어느 무용가의 인터뷰 장면이 나왔는데, 그녀 역시 소리를 들을 수 없는 청각장애인이었지만 정말 아름답게 춤을 추는 것이었다. 방송이 끝나고 나서도 차오디의 머리에서는 그녀의 이름이 지워지질 않았다. 바로 타이리화였다.

"꼭 베이징에 가서 장애인 예술단에 들어가야겠다고 마음먹었어요."

차오디는 탁자에 엎드려, 당시의 열망을 이렇게 적었다.

"훗날, 예술단에 들어와 타이리화 언니를 만났어요. 제 마음속의 우상이었죠. 전 지금껏 류더화劉德華 같은 스타들을 추종해 본 적이 없어요. 제게는 오직 타이리화 선생님이 진정한 우상이에요. 선생님이 「천수관음」을 몇 동작 보여준 후 저에게 따라해 보라고 하셨어요. 제 기본기를 봐 주신다구요. 그렇게 면접시험이 끝났어요. 선생님은 좋은 평가를 내려주셨고, 다만 약간 뚱뚱한 것이 흠이라고 말씀하셨어요."

사실 차오디 같은 생각을 하는 아이가 전국에 한 둘이 아니다. 장애인 예술단에서 춤을 배우는 아이들은 거의 모두가 아름다운 춤사위, 성공, 명성, 행복한 가정 등 모든 면에서 완벽한 타이리화의 모습을 좇고 있었다. 타이리화는 이미 그들에게 삶의 멘토와 같은 존재가 되어 있다. 다음은 차오디가 쓴 일기의 일부이다.

2003년 3월 12일

마침내 베이징이다. 난생 처음으로 이렇게 멀리 집을 떠났다. 어제 기차에 오를 때 이상하게도 나는 눈물이 나오지 않았다. 하지만 엄마는 눈이 벌겋게 달아올라 있었다. 금방이라도 눈물이 쏟아질 것 같았다. 아빠는 차마 역에 나오지 못하셨다. 헤어질 때 눈물이 나올까봐 자리를 피하셨나보다.

2004년 2월 17일

하루 종일 연습만 했다. 22일 해외 공연을 위해 출국해야 하기 때문에 모두 정신이 없다. 나는 아직 잘 모르겠다. 신입 단원인데 급할 것도 없지. 오늘 엄마가 '자연스럽게 기회를 기다려'라는 문자메시지를 보내셨다. 기회는 얼마든지 있다고 하시면서. 설사 「작지무」를 출 기회는 주어지지 않는다 해도 타이리화 선생님처럼 아름답게 춤을 출 수 있을 때까지 계속 노력할 거다.

2004년 9월 30일

그저께 그리스 아테네 장애인 올림픽 폐막식에 참가했다. 나뿐만이 아니라 우리 모두에게 지금까지 그처럼 큰 무대는 처음이었다. 대기실에서 차례를 기다리며 우리는 행여 동작을 잊지나 않을까 하고 잔뜩 긴장한 채 계속해서 박자를 익히고 연습을 계속했다. 드디어 공연 시간, 모두 손을 꼭 잡고 파이팅을 외쳤나. 군인들처럼 나란히 무대에 올랐다. 선생님들은 우리가 동작을 잊을까봐 입장할 때 선수들과 사진 촬영을 못하게 했다.

정말 큰 무대였다. 주위에 빽빽하게 관중들이 들어차 있었고, 선수들이 무대 아래에서 사진기를 들고 연신 플래시를 터뜨렸다. 하마터면 플래시 불빛 때문에 수화 선생님들을 못 볼 뻔했다. 분주하게 주변을 왔다 갔다 하는 사람들만 눈에 들어왔다. 평소에는 리듬을 조금은 들을 수 있었는데 어제는 아무 것도 들리지 않았다. 우리는 모두 꼭 붙어 서 있었기 때문에 숨을 쉬기도 곤란할 정도였다. 내 자신에게 다짐했다. 마음을 진정하고 절대 실수가 있어선 안 돼. 관중들이 계속 우리에게 박수를 보내는 것을 바라보니 정말 기분이 좋았다.

2005년 2월 6일

이제 이틀 후면 '설 특집 공연'이다. 절대로, 절대로 실수가 있어선 안 된다.

며칠 전 연습을 할 때 동작 하나를 틀렸다. 원래 오른 손을 내밀어야 하는데 왼손을 냈다. 나도 모르게 갑자기 바짝 긴장이 되면서 내 손을 내 맘대로 할 수가 없었다. 나는 그만 울음을 터뜨렸다. 선생님이 위로해 주셨지만 마음이 괴로웠다. 만약 진짜 무대에 올라갔을 때 실수를 하면 어쩌지?

… 아빠, 엄마, 친한 친구들, 모두 내가 '설 특집 공연' 무대에 오른다는 것을 알고 있다. 다섯 번째 줄, 절대 틀리면 안 돼.

아테네 폐막식에 이어 '설 특집 공연' 무대까지, 정말 난 행운아이다. '설 특집 공연' 무대는 아테네 공연보다 더 중요하다. 아테네 공연은 나라를 대표하여 외국인에게 보여주는 공연이지만 '설 특집 공연' 무대는 전국 시청자들이 보는 무대이다.

이번 달 우리는 매일 끊임없이 연습을 했다. 밤 12시를 넘기기 일쑤였다. 장지강 선생님이 계속해서 작품을 수정한 덕분에 우리 공연은 점점 더 완벽한 모습을 갖추어 갔다. 설 특집 공연으로 인해 우리 모두는 초긴장 상태였다. 아무리 피곤해도 어쩌다 5분 쯤 휴식을 취하는 게 전부고, 이내 다시 연습에 몰입하여 완벽하지 못한 동작이나 표정을 찾아내 끊임없이 반복 연습을 했다. 요 며칠은 너무 지쳐서 일기를 쓸 수도 없었다.

지난달 22일, 처음으로 CCTV 방송국 제1스튜디오에 갔다. 스물한 명의 단원들이 모두 똑같은 의상을 입고 캐리어 가방을 들고 방송국에 가서 마치 군인처럼 나란히 연습에 임했다.

무대 바닥이 유리였기 때문에 무척 미끄러웠다. 우리는 서로 넘어지지 않도록 조심했다. 5분 54초 무대가 끝나자 공연 내내 참석한 PD들과 다른 공연자들이 박수를 치며 환호를 보냈다.

첫 번째 방송국 무대 리허설이었다. 그리고 다음 날, 그 다음 날 이렇게 7일까지 합동 리허설이 이어졌다. 매번 리허설 때마다 다른 팀들은 계속 연습을 했다. 수화 선생님은 그들 동작이나 표정이 완벽하지 못하기 때문에 계속 반복해서 연습을 한다고 말해주었다. 우리 공연만 단 한 번으로 성공이었다.

매번 리허설을 하고 우리가 무대에서 내려올 때마다 자리에 있던 공연자들과 관중들의 찬사가 쏟아졌다. 어떤 이들은 '환영'을 나타내는 수화를 배우기도 했다. 우리들은 그럴 때마다 웃는 얼굴로 '감사합니다'라고 답했다.

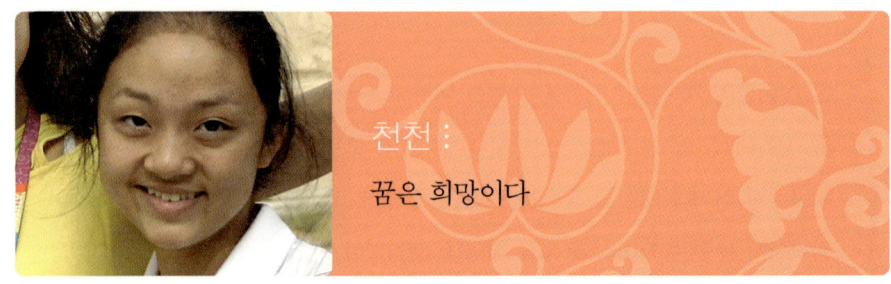

천천 :

꿈은 희망이다

천천陳쑥은 타이리화와 동향 사람이다. 그녀를 보면 절로 그녀의 고향 생각이 난다. 그곳 사람들은 천부적으로 아름답고 뛰어난 사람들이 아닌가라는 생각이 든다.

지금 그녀의 아름다운 모습을 보면 어렸을 때는 얼마나 사랑스러운 아이였을 지 짐작이 간다. 천천은 불행하게도 태어난 지 3개월이 되었을 때, 어머니는 그녀 가 소리에 전혀 반응이 없다는 것을 알아차렸다. 어머니는 그녀를 데리고 우한으 로 진찰을 갔다. 천천의 병명은 신경성 중도이농重度耳聾이었다. 의사는 치료가 거 의 불가능하다고 말했다. 청천벽력과 같았다.

천천은 소리를 잃은 청각장애인이었지만 다행스럽게도 매우 재치 있고 명랑하 게 성장했다. 그녀는 아름다운 것, 그중에서도 그림 그리는 것을 매우 좋아했다. 그 녀가 그린 여러 가지 작은 동물들은 금방이라도 종이에서 튀어나올 것만 같다.

타이리화처럼 다섯 살 때 농아학교에 들어간 그녀 역시 그녀의 일생을 바꿔놓 을 율동 수업을 받게 되었다. 그녀는 사병士兵들은 이런 율동을 통해 가지런하게 발을 맞추고 무용가들은 아름답고 우아한 춤을 출 수 있다고 생각했다. 심지어 그 녀는 그림을 그릴 때도 이런 율동의 세계가 있기 때문에 새나 물고기, 벌레들의 생동적인 모습을 표현할 수 있다고 생각했다. 자연은 그야말로 신기하기 그지없는 곳이다. 살아있는 것들은 모두 자기들만의 리듬과 박자를 가지고 있었다.

　수업이 끝나면 천천은 언제나 스피커에 뺨을 대고 온몸으로 다양한 진동을 느껴보았다. 진동을 따라 작고 여린 몸을 흔들며…. 특히 TV 무용 프로그램은 천천을 더욱 큰 상상의 세계로 이끌었다. 반드시 춤을 배워 자신을 표현하는 또 다른 언어로 만들겠다고 다짐했다. 춤이야말로 삶에 대한 그녀의 느낌을 그대로 표현할 수 있는 유일한 언어라는 생각이 들었다. 그 후로 천천은 춤과 한없는 사랑에 빠지게 되었다.

　열 살이 되던 해, 그녀는 전국 장애인 예술공연단에 선발되었다. 귀여운 외모에 생기발랄한 춤 솜씨는 많은 심사위원들의 관심을 끌었다. 이어진 전국대회에서도 그녀는 항상 수석무용수 역할을 했고, 대회마다 상을 휩쓸었다. 그녀가 하늘하늘한 치마를 입고 회전을 하는 모습을 보면 금방이라도 하늘로 날아오를 것만 같다. 그녀의 가볍고 경쾌한 몸짓은 마치 바람을 보는 것 같다. 유연하고 가뿐한 모습은 하늘의 구름을 연상케 한다. 그녀의 표정 하나하나, 동작 하나하나가 사람들을 황홀하게 했다.

　천천은 장애로 인해 일찍부터 여러 가지 험난한 인생 역정을 이겨내면서 매우 진취적이고 강인한 정신을 갖게 되었다. 춤 때문에 학업을 게을리 하는 적이 없었고, 덕분에 성적은 항상 상위권을 유지했다. 2004년 4월, 뛰어난 기예로 중국 장애인 예술단에 선발되어 아테네 장애인 올림픽 폐막식과 '설 특집 공연' 무대에 올랐다. 학습이나 개인생활 그리고 춤, 그 모든 것에 있어서 그녀는 언제나 즐거운 마음으로 노력을 게을리 하지 않았다.

　'생명은 언제나 꿈이 있기 마련이다. 꿈이 있으면 희망도 있다.' 끝없는 노력으로 길러진 기예로 천천은 그녀의 꿈을 실현하였다. 농아 무용수의 꿈, 그 아름답고 진실한 꿈을!

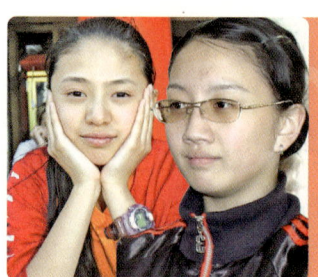

후난 :
맵지만 온화한 작은 고추

창어 :
세상은 살만한 곳

　　두 소녀를 함께 소개하는 이유는 둘의 이름 때문이다. 후난胡楠이란 이름은 후 난湖南의 사납고 앙칼진 여자를 생각나게 한다. 그러나 후난의 얼굴을 보면 그런 생각이 조금도 들지 않는다. 낯선 사람을 보면 금세 얼굴이 붉어지는 수줍음 많고 연약한 후난은 우리가 일반적으로 생각하는 대담하고 사나운 후난 아가씨와는 전 혀 다른 모습이다.

　　후난은 가정 형편이 넉넉한 집에서 태어나 부모의 사랑을 듬뿍 받고 자라난 만큼 성격이 온화하다. 보면 볼수록 이 후난 아가씨는 정말 다정다감하다. 마음이 여리고 정이 많은 그녀는 친구들이 도움을 필요로 할 때마다 항상 세심하게 그들 을 배려한다. 친구들의 좋은 말벗이 되어 그들과 오순도순 정답게 이야기하는 장 면을 자주 목격할 수 있다. 이름이 아름다운 창어常娥는 빙청冰城: 하얼빈이 고향이 다. 매우 조용하고 내성적이고 예민한 성격을 가진 창어가 독무를 추는 모습은 흩 날리는 넓은 소맷자락 아래로 어딘가 모르게 쓸쓸한 여운을 남긴다.

　　사실 창어는 어렸을 때 부모의 이혼으로 결손 가정에서 자랐다. 그래서인지 그녀는 쉽게 상처를 받고 다른 사람에 대해 의심이 많다. 선천적으로 세심한 성격 을 타고 난 후난은 이런 창어의 가장 좋은 '상담 선생님' 이 되었다. 한 명은 온화하고 다른 한 명은 성격이 불같은 두 사람이 조화를 이루어 이제는 서로를 아껴주는 둘도 없는 친구가 되었다.

사랑이 있기에 그 차디 찬 얼음을 녹일 수 있지 않았을까.

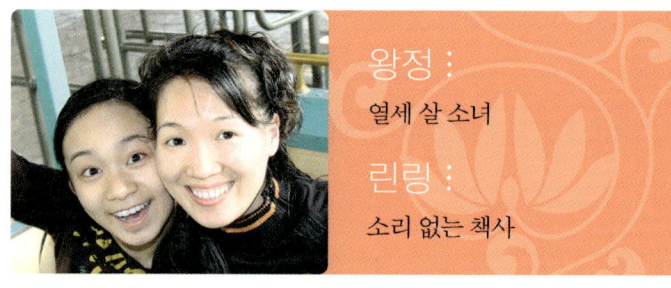

왕정 :
열세 살 소녀

린링 :
소리 없는 책사

열세 살이면 한참 군것질이나 하며 친구들과 어울려 마냥 놀 나이다. 하지만 왕정王峥은 작은 보따리를 들쳐 메고 혼자 베이징에 도착해 인재들이 모인 예술단에 참가, 「천수관음」 가운데 가장 어린 두 손이 되었다.

선생님들은 연습을 할 때 나이가 어리다고 해서 특별히 신경을 쓴다거나 봐주는 법이 없다. 왕정 역시 다른 언니, 오빠들과 똑같이 힘들게 연습했다. 그 조그맣고 가녀린 몸에도 불구하고 의지가 가득한 두 눈에서는 '절대 질 수 없다'라는 신념이 반짝인다.

천수관음의 손동작을 연습하고 선생님의 설명을 들을 때면 왕정은 항상 두 눈을 크게 뜨고 선생님을 바라본다. 그러나 아무리 열심히 한들 그 어린 나이에 관음의 몸짓에 담긴 세상 이치를 다 이해할 수 있겠는가? 명확하게 이해하지는 못했어도 언니들의 도움으로 아테네와 '설 특집 공연'을 향해 조금씩 나아갈 수가 있었다. TV 앞에 앉은 또래 어린이들이 사탕이나 물고 '설 특집 공연'을 보고 있을 때 그녀의 몸짓은 하룻밤 사이에 전국을 떠들썩하게 만들었다.

너무 어린 나이에 성공을 한 왕정이지만, 사실 그 의미조차 아직 잘 이해하지 못한다. 성공에 대한 질문에 왕정은 그저 귀여운 얼굴로 헤헤거리며 혀를 쏙 내민다. 모든 사람들의 사랑을 받는 왕정은 관음 언니 오빠들에게도 영원한 귀염둥이이다. 비록 부모님 곁을 떠나 있는 왕정이지만 앞으로도 이처럼 따스하고 커다란 가정에서 행복하게 성장할 수 있을 것이다.

단원들 사이에 떠도는 우스갯소리가 있다. 타이리화 대장의 책사를 맡은 군사軍師 한 사람이 있다는 것이다. 바로 린링林凌이다.

말이 나온 김에 린링에 관한 비밀 이야기 하나를 털어놓기로 하자. 그녀는 타이리화의 둘도 없는 친구로서 일상생활에서는 물론이거니와 공연을 할 때도 언제나 그림자처럼 타이리화의 곁을 붙어 다닌다. 무대에서 타이리화는 당당한 '큰 언니'이지만 일상생활로 돌아오면 오히려 린링이 타이리화의 언니 같은 모습이다. 대부분 타이리화가 린링의 보살핌을 받는다고 보면 된다.

두 사람 모두 일찍 결혼을 했기 때문에 둘의 대화는 대부분 여러 가지 잡다한 가족 이야기다. 현모양처의 기질이 다분한 두 사람은 생활의 소소한 부분까지 매우 세심하게 살피면서 함부로 낭비하는 법이 없어 후배들에게 좋은 모범이 되고 있다.

린링은 주변 사람들에게 많은 관심을 기울이고 있어 후배 단원들이 어려운 일이 생기면 일을 해결해 주기 위해 많은 신경을 쓴다. 특히 기분이 울적한 사람에게 린링이 보여주는 관심은 특효약이다. 타이리화는 팀장이자 무대 위의 주역으로서 매우 막중한 책임을 지고 있다. 그렇기 때문에 가끔 여러 가지 문제가 일어나곤 하는데, 그때마다 린링은 함께 문제를 분석하고 해결책을 찾아준다.

유명해진 타이리화를 보면서 가장 즐거워하는 사람도 바로 린링이다.

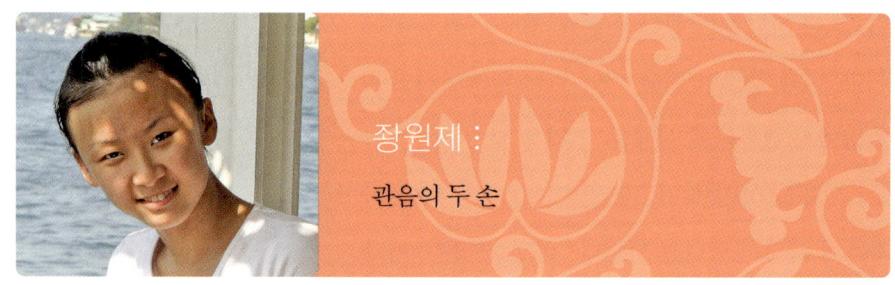

좡원제 :

관음의 두 손

"제가 열두 번째 관음입니다."

그녀는 열두 번째 관음으로 대형의 중간에 선다. 타이리화가 용의 머리라면 그녀는 용의 허리이자 '관음'의 심장이라고 할 수 있다. 수화로 이 말을 하는 좡원제莊文潔의 모습이 의기양양해 보인다.

좡원제는 언제나 환하게 웃는 얼굴이다. 마치 인생 전체가 근심걱정이 없는 행복의 순간들로 가득 채워져 있는 사람처럼 보인다. 그러나 그녀의 마음속 깊은 곳, 밝은 웃음 뒤에는 고달프고 콧등 시큰한 여러 가지 이야기가 숨어 있다.

좡원제는 광둥 산터우汕頭 사람이다. 차오산潮山하면 사람들은 보통 연해 지역의 풍족한 삶을 떠올리지만 그녀는 빈곤한 가정에서 태어났다.

미국 공연을 갔을 때였다. 좡원제는 몸에 잘 맞지도 않는 낡은 옷을 걸치고 있었다. 화려한 기예를 선보이는 단원들 눈에 정말이지 어색한 옷차림이었다. 그러나 알고 보니 그 옷은 좡원제의 집에 3대째 내려오는 '가보 같은 옷'이었다. 할아버지가 입다가 아버지에게, 아버지가 입고 다시 남동생에게 물려 준 옷이다. 그 지역 사람들 관습에 의하면 아이들이 태어나 먼 곳에 가게 되면 가장 좋은 옷을 입혀 보낸다고 한다. 그러나 좡원제의 집에서는 옷장을 아무리 뒤져봐도 좡원제에게 입혀 보낼 옷이 이 옷 밖에 없었던 것이다.

　　광둥 지역의 가정에서는 일반적으로 신령을 숭배하기 때문에 어려서부터 할아버지는 그녀에게 관음보살처럼 선량하고 자애로워 모든 사람과 화합을 이루어야 한다고 가르쳤다. 그래서인지 좡원제는 정말 우애가 깊다. 마음씨가 착한 그녀는 누군가 고맙다는 인사를 하면 언제나 혀를 내밀며 장난스러운 모습으로 그 자리를 피해 버린다. 그래서 그녀에게 '혓바닥 원제' 라는 별명이 붙었다.

　　그녀는 항상 고향에 있는 가족들 생각이 간절하다. 예쁜 옷이 있어도 차마 손이 가지 않는 그녀는 일상적인 개인 지출 외에 거의 모든 수입을 집으로 부친다. 그녀는 가족 모두가 매일 예쁜 옷을 입었으면 좋겠다고 기도한다.

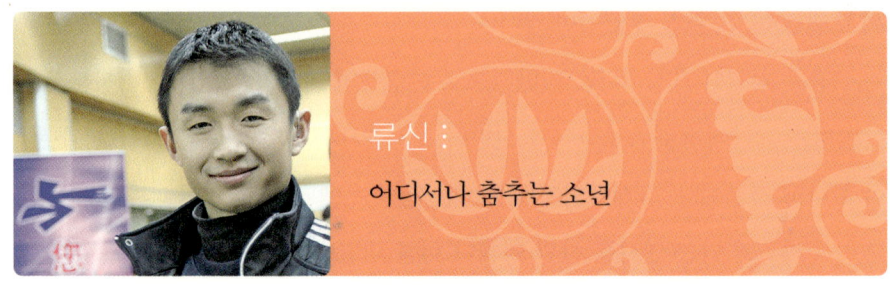

류신 :

어디서나 춤추는 소년

침대 위에서도 춤을 추고 신이 나있는 남자 아이, 보청기를 끼고 혼자 손짓을 하는 모습이 황홀경에 빠져 있는 것 같은 소년, 그가 바로 류신劉鑫이다.

류신은 비천飛天의 고향인 둔황敦煌에서 태어났다. 둔황 벽화의 느릿한 가락과 우아한 춤사위가 그에게 천성적인 예술적 영감을 주었기 때문일까. 하늘은 그에게 완벽한 청각을 선사하진 않았지만 타고 난 춤꾼의 몸을 선물한 것 같다. 부모님은 어려서부터 리듬감과 신체 표현력이 뛰어났던 그에게 선천적인 재능을 살릴 수 있도록 체계적인 무용 훈련을 받도록 했다.

그는 뛰어난 기본기와 고된 훈련 끝에 예술단의 일원이 되었다. 열세 번째 '관음'으로 남녀 단원들의 경계 역할을 하고 있다.

일반적으로 무용에서는 남녀의 특징이 서로 다르다. 하지만 「천수관음」은 통일성이 강조되어 모든 것이 일치되어야 한다. 류신이 이런 음양陰陽의 임계점 역할을 훌륭하게 소화해냄으로써 관객들은 '관음'이 사방으로 흩어질 때가 되어서야 뒷부분에 남자 단원이 있다는 사실을 알아챌 수가 있다.

훈련도 열심히 하지만 그의 춤은 그만의 독특한 특성을 가지고 있다. 그는 장 감독이 연출한 「태양조太陽鳥」도 훌륭하게 표현하였다. 이 공연은 난이도가 매우 높은 동작을 소화해야 하기 때문에 비장애인 무용수에게도 결코 녹록치 않은 춤이다. 그럼에도 류신은 완벽하게 춤으로 해외 공연에서 높은 찬사를 받았었다.

류신에게 춤은 생명과도 같다. 그는 무대에서뿐만 아니라 길을 갈 때도, 식사를 할 때도, 차 안에서도 영감이 떠오르기만 하면 그의 마음 깊은 곳에서 끓어오르는 희열을 '몸의 예술'인 춤으로 표현한다.

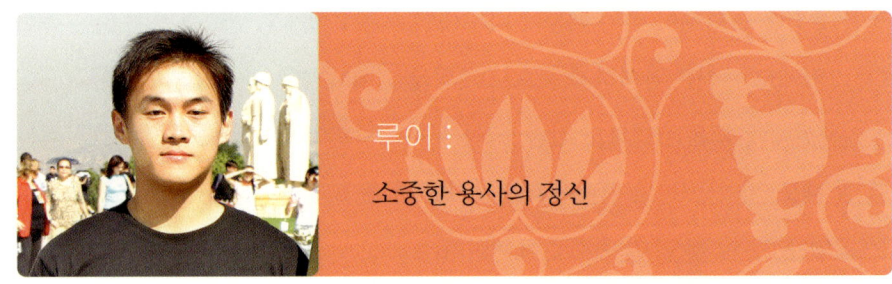

루이 :
소중한 용사의 정신

루이陸懿는 상하이 청년으로 그 세심한 성격에는 모두가 혀를 내두른다. 어느 날 그가 실과 바늘을 가지고 다른 단원들을 위해 반짝이 장식을 달고 옷을 기워주는 것을 본 적이 있다. 그런 반면 어떤 때는 북방 남자의 대담하고 화끈한 모습도 보여준다. 온몸이 활력으로 가득한 그는 연습실이나 숙소, 복도 어디서나 환한 웃음과 함께 약동하는 청춘의 열기를 선사한다.

2005년 1월 10일, '설 특집 공연' 무대를 준비하면서 아침 조깅 훈련을 시작하던 날이었다. 밖에는 커다란 눈송이가 쏟아지고 있었다. 날은 아직 어두컴컴했다. 모두들 아직은 어둑어둑한 밖으로 나가는 것이 왠지 서글프기만 한지 성큼 발을 떼어놓지 못하고 있었다. 그때 갑자기 건장한 체구를 가진 단원 하나가 흩뿌리는 눈길 속으로 돌진하였다. 바로 루이였다.

춤에 있어서는 루이의 실력이 아주 모자라는 편은 아니다. 그런데 체격이 너무 건장해 손이 두껍고 팔이 짧은 것이 문제였다. 그는 언제나 연습실 중앙으로 불려나갔다. 그 이유는 이렇다.

첫째, 단시간 내에 팔을 가늘게 만들어야 했다. 둘째, 고된 훈련을 두려워하지 않고 강인한 정신력으로 공연 성공을 갈망하는 모습이 매우 모범적이었다. 과연

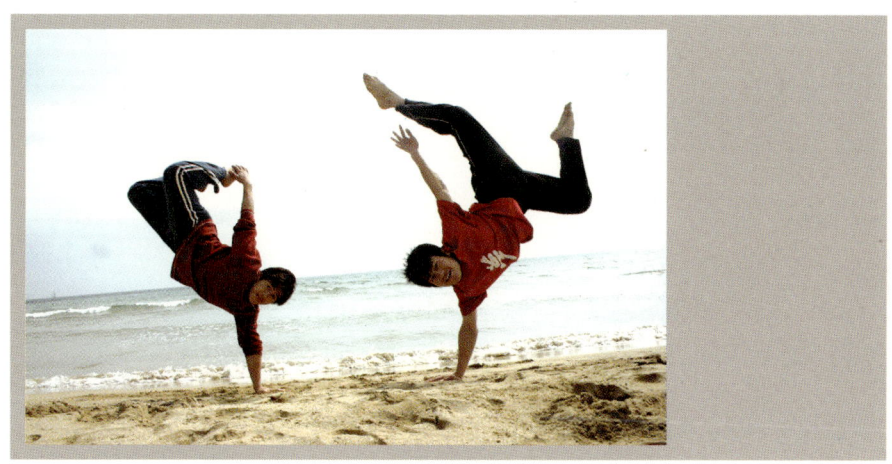

훈련이 시작되자 그는 모두의 본보기가 되었다. 바닥을 구르거나 개구리 뛰기를 하거나 원숭이걸음을 연습할 때, 다리를 차고, 찢고, 손목을 구부릴 때 그는 항상 열심이었다. 다른 사람이 수십 번을 하는 동안 그는 몇 배의 노력을 더 기울였다. 그런 노력 끝에 결국 두꺼운 손을 불과 얼마 안 되는 기간에 여자 손처럼 가늘게 만들어 '난화지'를 만들었다.

루이는 평소 장난이 심하다. 종종 여자 단원들 목에 입김을 불고, 다른 사람이 손을 내밀어야 할 때 자신이 먼저 손을 내밀고는 했다. 선생님도 겉으로는 화를 내며 질서를 무너뜨린다고 야단을 쳤지만 고되고 힘든 훈련 속에 그의 소소한 장난이 분위기를 띄워주는 청량제 역할을 한다는 것을 알고 있었다.

연습을 하면서 잘못된 동작을 바로잡을 효과적인 방법을 고심하던 중 루이가 손목에 시계를 그려 넣는 방법을 생각해냈다. 하루가 지나자 거의 모든 단원들의 손목에 '손목시계'가 그려졌다. 나중에 단원들은 이 손목시계 표시가 너무 창피했다고 말했다.

하루하루 시간이 갈수록 모두들 마음이 조급해져 갔다. 게다가 여전히 실수가 많은 루이의 팔에는 '손목시계'가 다른 단원보다 훨씬 많이 그려졌다. 1월 25일까지도 그의 실수는 끊이질 않았고, 다급해진 감독님과 지도 선생님은 손에 그리던 것을 얼굴에 그리기 시작했다. 저녁 11시가 넘어 훈련이 끝나갈 무렵이면 연습실에 얼룩 고양이 한 마리가 나타났다. 바로 루이였다.

그날 저녁 베이징에 함박눈이 내리기 시작했다. 연습실의 분위기는 차갑게 얼어붙어 있었다. 모두가 잔뜩 긴장한 가운데 얼룩 고양이 얼굴을 하고 서 있는 루이의 얼굴을 보니 기가 막혔다. 나는 그를 심하게 꾸짖기 시작했다. 그 어느 때보다도 혹독하게 야단을 쳤다. 그러자 루이는 울면서 바닥에 무릎을 꿇고는 수화로 모두에게 잘못을 빌었다. 친구들의 연습을 그르쳐서 미안하다고, 한 번만 기회를 더 달라면서 내일은 기필코 얼룩 고양이가 되지 않겠다고 맹세했다. 단원들 모두 그를 에워싸고 눈물을 흘렸다.

새벽 1시, 단원들의 방을 돌던 나는 평생 잊지 못할 광경을 목격했다. 남자 단원들 모두 자신의 두 팔을 묶어놓은 것이 아닌가. 춤을 출 때 남자 단원들은 뒷자리 높은 위치에 서기 때문에 손을 오랫동안 고정된 위치에서 들고 있어야 한다. 그들은 행여 실수로 손이 내려올 것을 걱정한 것이다. 결국 팔의 각도를 무의식적으로 기억할 수 있도록 각도에 맞게 묶어둔 것이다. 나는 뒤로 돌아서서 눈물을 훔쳤다. 방문을 나서며 두 팔을 그들처럼 들어 올려 보았다. 채 1분이 안 돼 어깨가 시큰거리며 딱딱하게 굳어져 말을 듣지 않았다. 다시 눈물이 흘러 내렸다. 용사勇士의 정신으로 임하는 단원들을 생각하니 마음을 진정시킬 수가 없었다.

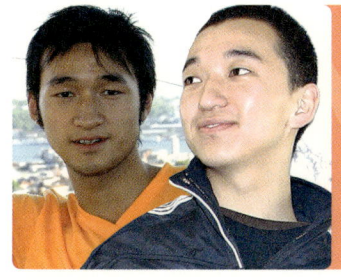

저우추난과 양둥빙 :

영원한 묵계

　폴란드의 발트해와 지중해 해안에서 추난이 노트북을 들고 있고 둥빙이 그 앞에 포즈를 잡고 서 있던 기억이 난다. 여행객들이 가던 발길을 멈추고 그들을 바라본다. 대체 뭘 하고 있는 거지?

　저우추난周楚南은 윈난雲南 대학 학생이고, 양둥빙楊冬兵은 그 대학생에게 공부를 배우고 있는 학생이다. 둘은 이렇게 짝이 되었다. 그들은 정말 공부를 좋아한다. 한 사람은 읽고, 한 사람은 외우고, 다시 한 사람은 프로그램을 설계하고, 한 사람은 손짓을 하는 모습을 보면서 그야말로 '이론과 실천이 어우러진 현장을 보여주고 있구나' 라는 생각이 들었다.

　저우추난은 공예 미술을 전공하는 매우 재미있고 개성이 넘치는 청년이다. 평소 그의 옷차림이나 분위기에서 예술적 감각을 흠씬 느낄 수 있다. 넘치는 예술적 끼는 길거리에서도 주목을 받곤 했다.

　양둥빙은 저우추난의 실습 작품이라고 할 수 있다. 그는 항상 '저우추난의 모델이 된다. 양둥빙의 모습이 새로워지는 것을 볼 때마다 우리는 저우추난이 뭔가 또 기발한 생각을 했구나' 라는 것을 알 수가 있다.

　무대에서 서로 앞뒤에 자리한 그들은 최고의 '남성 콤비 관음' 이라고 할 수 있다. 예술적인 면이나 일상생활 모두에서 그들은 서로 이렇게 조화를 이루고 있다.

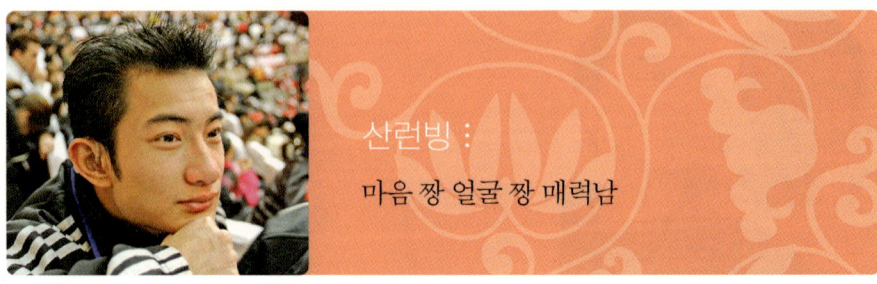

산런빙 :
마음 짱 얼굴 짱 매력남

산런빙畢仁冰을 처음 만났을 때었다. 나는 활짝 웃고 있는 그의 모습 때문에 갑자기 눈앞이 환하게 밝아지는 것을 느꼈다. 시원스럽고 매력적인 모습 때문에 그의 주위에는 항상 열혈 아가씨들이 끊이질 않는다. 이처럼 멋진 청년이 단지 '관음'의 하나로 공연에서 그저 손만 내밀 뿐, 그 환한 얼굴을 보여줄 수 없다는 것이 때로는 안타까울 때도 있다.

경극 작품으로 기본기를 단련한 그는 상하이 동향 출신인 루이와 함께 경극「삼차구三岔口」에서 호흡을 맞춘 바 있다. 이런 경력은 무용 작품을 소화하는 데 든든한 바탕이 되었다.

산런빙은 남자 단원 팀장으로, 나이가 가장 많은 것은 아니지만 팀 전체의 '맏형' 역할을 하고 있다. 때로는 '아버지 같은 맏형'의 모습을 보여주기도 한다. 사심 없이 모두를 위해 봉사하는 모습에 단원들 역시 그의 말에 따라 주어진 일을 차질 없이 수행한다.

그는 여자 팀장인 리궈옌과 단원들에 대한 여러 가지 일로 밤 늦게까지 이야기를 나누기도 한다. 비록 입이 바짝 마를 때까지 이야기를 하는 상황은 아니지만 계속 수화를 해야 하기 때문에 두 팔이 시큰거리기 일쑤였다. 크게는 해외 공연에서 작게는 단원들의 일상생활, 가족과의 연락까지 모두가 팀장들이 챙겨야 할 부분이다. 리린과 왕징 두 선생님의 뛰어난 비서라고도 할 수 있는 이 두 사람이 있기에 예술단 전체가 순조롭게 운영되고 있다.

산런빙은 인간관계도 뛰어나고 일처리도 능숙하며, 자신의 전공 분야에서도 실력을 갖추고 있는 청년 인재다. 팀장 임무를 맡은 그는 절대로 손짓만으로 단원들에게 지시를 내리는 일이 없다. 언제나 솔선수범하여 자신이 먼저 팔을 걷어붙이고 일을 하며, 전공 공부에 있어서는 더욱 노력을 게을리 하지 않는다.

한 팀의 팀장이 된다는 것은 다른 사람들보다 할 일이 늘어나고 자신에 대한 투자는 소홀해 진다는 것을 의미한다. 그러나 그는 전공에 대해서도 남에게 뒤지지 않기 위해 몰래 시간을 내어 따로 연습을 한다. 그는 모두가 진심으로 따르는 팀장이 되기 위해서는 말과 행동이 일치해야 한다고 생각한다.

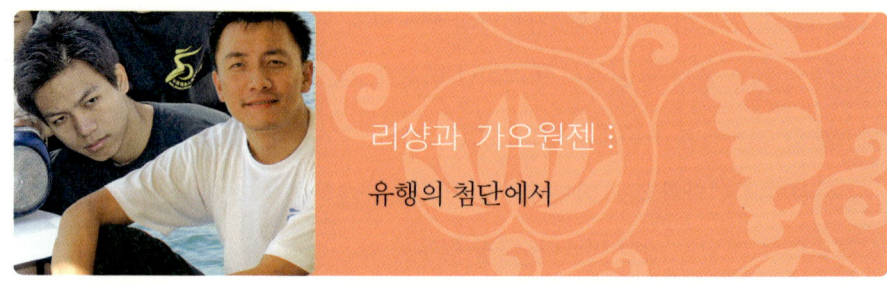

리샹과 가오원젠 :
유행의 첨단에서

　'관음'과 힙합·보디빌딩이 공통분모를 지닐 수 있는 것일까? 어딘가 이치에 맞지 않는 질문인 듯하다. 그러나 두 사람의 취미를 알고 나면 정말 뜻밖이라는 생각이 들 것이다.

　단원 전체가 자축 모임을 가질 때면 리샹李響과 가오원젠高文健은 반드시 단체의 맨 앞장에 선다. 리샹은 힙합, 원젠은 보디빌딩 광으로 이 둘은 기가 막히게 조화를 이룬다. 리샹의 힙합에서는 최첨단의 유행을 느낄 수 있고, 원젠의 건장한 몸매에서 우러나오는 힘과 아름다움이 어우러진 보디빌딩이 곁들여지면 멋진 현대적 무대가 펼쳐진다.

　'관음'의 무대와 힙합, 보디빌딩은 큰 차이가 있다. 날쌘 동작으로 춤을 추던 두 청년은 다소곳이 정적인 관음을 연출하기 위해서는 아마도 관음의 동작을 익히는 것보다 정신 수양을 하는 것이 훨씬 힘들 것이다. 그들은 매일 아침 일찍 일어나 1시간 정도 다리를 찢고 손목을 누르는 동작을 꾸준히 연습했다. 둘은 서로의 선생님이 되어 흐트러짐 없이 정지 동작을 만들어 갔다. 그 고생은 이루 말할 수 없을 정도였다.

　하늘은 스스로 돕는 자를 돕는다고 했던가. 두 사람의 합동 노력 끝에 단원들과 더불어 그들은 신인합일神人合一의 최고 경지에 도달할 수가 있었다. 관음의 연화대에서 내려와 관음의 의상을 벗으면, 둘은 티셔츠로 갈아입고 다시 그들의 춤을 추기 시작한다.

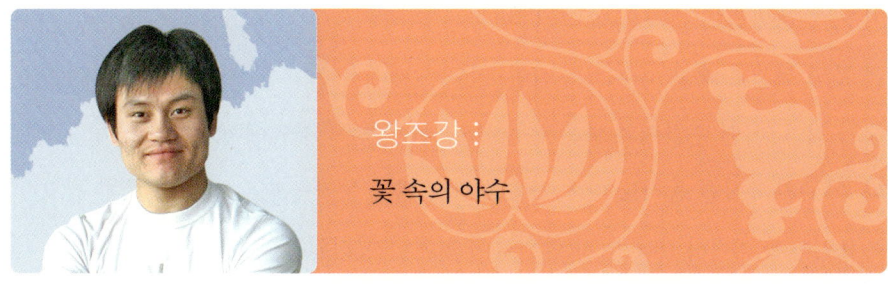

왕즈강王志剛은 무섭게 생긴 외모와는 달리 수줍음이 많은 청년으로 현재 베이징연합대학 특수교육학과에서 사무자동화를 공부하고 있다.

개학 첫날 왕즈강을 찾아 온 예술단 지도자들은 농아가 대학에 다닌다는 것이 쉬운 기회가 아니니 연습 후 모든 시간을 학업에 전념해서 예술단 이미지에 폐가 되는 일이 없도록 당부했다. 왕즈강 역시 이를 모르는 바가 아니었으나 연습을 하고 나면 남는 시간이 별로 없었다. 특히 「천수관음」 '설 특집 공연' 무대를 준비하는 기간 동안 그는 전공 공부를 할 시간이 거의 없었다. 첫 학기 기말고사 성적이 발표되었을 때, 두 과목이나 과락을 받고는 눈앞이 캄캄했다.

원소절 시상식이 끝나고 난 어느 날 저녁, 나는 학교로 왕즈강을 찾아갔다. 그는 나의 갑작스런 방문에 놀라면서도 기분이 무척 좋은 모양이었다. 그는 나에게 남학생 기숙사를 안내하며 음력설 기간 동안 집에서 열심히 공부해 과락이었던 두 과목의 재시험을 모두 통과했다고 알려주었다. 나는 너무나 기뻐서 그를 데리고 밥을 먹으러 갔다. 밥이고 술이고 눈 깜짝할 사이에 후다닥 한 그릇을 해치우는 그를 보면서 '정말 이제 다 컸구나' 라는 생각이 들었다.

컴퓨터를 좋아하는 왕즈강은 예술단 내에서 소문난 '컴퓨터 신동' 이다. 순발력이 뛰어난 그는 별로 힘들이지 않고 복잡한 컴퓨터 프로그램을 만들어 낸다. 그가 가장 좋아하는 온라인 게임인 '반공정영反恐精英 : counter-strike'을 할 때면 재빠른 두뇌 회전과 빠른 마우스 움직임, 키보드 제어로 번번이 승리를 거두는 것을 볼 수가 있다. 이런 순발력과 빠른 손놀림은 「천수관음」 공연에서도 그대로 발휘되었다. 아무리 복잡한 동작도 마치 암호를 해독 하듯 동작을 빠르게 파악한 후 쉽고 일목요연하게 재현하였다. 남자 단원들이 그처럼 어려워하던 '난화지' 역시 그는 매우 자연스럽게 소화했다.

누구에게나 고된 훈련이었지만 그는 자신만의 독특한 생각을 가져 훈련 때가 가장 행복하다고 생각했다. 「천수관음」을 연습하면서 한결같이 미색이 뛰어난 꽃들 사이에 있으니 이것이야말로 꽃밭이 아니고 무엇이겠는가. 건장한 왕즈강은 이런 꽃밭 한 가운데 자리한 '야수'가 되었다.

사실 왕즈강은 여자들과 농담이나 주고받는 그런 청년은 아니다. 연습 중간에 여자 단원들이 모여서 수다를 떨고 있을 때, 그는 언제나 멀리 떨어져 있다. 때로 여자 단원들과 수줍게 웃으며 수화로 몇 마디 이야기를 건네기도 하지만 대부분의 시간을 남자 단원들과 '천수'를 표현하는 요령과 방법에 대해 이야기를 나누며 보낸다. 그럴 때마다 그의 손은 언제나 '난화지'를 만들고 있다.

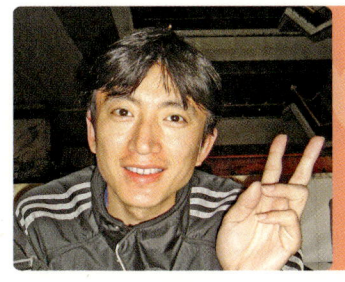

자오리강趙立綱은 「천수관음」 공연에서 마지막 관음이다. 우리는 그를 '용꼬리' 라고 부른다. 무대에서 그는 매우 노련한 무용수이다.

맨 앞의 타이리화와 서로 호흡을 주고받으며 무대를 압도하는 그는 연습 때에도 타이리화와 함께 단원들의 동작을 지도한다. 남자 단원들은 연습을 할 때 자오리강만 있으면 마음을 놓는다. 그가 수석무용수로 공연한 군무 「황토지黃土地」는 이전에 수없이 이 작품을 관람한 사람들도 눈물을 흘리며 찬사를 아끼지 않을 정도로 그의 춤은 정말 훌륭하다. 자오리강이야말로 명실상부한 남자 단원들의 정신적 지주라고 할 수 있다.

그는 공연뿐만 아니라 무대 기사 역할도 톡톡히 해내고 있다. 매번 공연이 있기 전 리허설이 있을 때 그의 허리춤에는 주머니가 많이 달린 만능 가방이 걸려 있다. 그 안에는 형광색, 광택이 있는 것, 녹색 테두리가 있는 것 등등의 다양한 스티커가 들어 있다. 단원들과 소품, 배경의 위치를 확정한 후 표시를 남길 때 필요한 도구들이다.

또한 그는 무대를 설치하고 철거할 때도 큰 몫을 해낸다. 철거든 설치든 그는 모든 작업을 능수능란하게 처리한다. 다른 사람은 아예 손을 대지 못할 정도다. 평소 그는 모든 작업에 대해 학습을 게을리 하지 않는다. 무대 뒤에서 이루어지는 일에 대해서도 그는 끊임없이 연구하고 공부한다. 조명 분야에 대해서도 일가견이 있고, 가장 놀라운 것은 음향 기사 작업 또한 비교적 정확하게 파악하고 있다는 것이다.

농아가 어떻게 음향 기사가 될 수 있단 말인가! 말도 되지 않는 이야기다. 그러나 자오리강이라면 가능한 일이다. 그는 예술단의 모든 공연 음악을 각종 기기 데이터에 기록해 두었다. 그는 나에게 자신의 꿈에 대해 이야기를 한 적이 있다. 예술단 무대 기사가 되는 게 자신의 꿈이고, 만약 춤을 추지 않는다면 예술과 관련된 일을 하고 싶다고 했다.

자오리강을 잘 모르는 사람들은 그가 사교성이 뛰어난 사람이 아니라고 평가한다. 낯선 사람과 이야기하는 것을 별로 좋아하지 않아 서로 얼굴이 마주치면 그저 고개를 끄덕이며 웃는 정도이기 때문이다. 그러나 일단 안면을 트고 나면 그의 태도는 달라진다. 세심한 성격의 그는 단원들에게는 신뢰감을 주는 좋은 형이며, 선생님들에게는 이해가 빠른 뛰어난 조교이다.

천수관음, 꿈이 어찌 하나뿐이겠는가

개성을 중요하게 생각하는 미디어 시대에 「천수관음」에 쏟아지는 한결같은 찬사는 거의 기적에 가깝다고 할 수 있다. 이제 「천수관음」은 단순히 뛰어난 무용 작품을 넘어, 하나의 사회 집단을 대변하는 목소리가 되었다. 단원들은 신체적 장애로 인해 상대적으로 사회적 경쟁에서 도태되기 쉬운 '사회적 약자' 들이었고, 우리들은 무의식중에 그들의 존재를 잊고 살아왔다. 그러나 그들 역시 우리와 마찬가지로 각자 꿈을 가지고 있으며 자신의 삶 속에서 성장을 시도하고 있다.

우리가 볼 수 있는 무대 밖에는 타이리화와 비슷한 운명을 가진 수많은 여자 아이들이 있다. 이제 막 시작된 그들 역시 꿈이 있을 것이고, 그들은 점점 더 찬란한 꿈을 꾸게 될 것이다.

중국 장애인 예술단은 현재 30여 명의 정식 배우와 견습생을 보유하고 있다. 예술단에서는 주로 중국장애인연합회에서 4년에 한 번 개최하는 전국 장애인 문예공연을 통해, 그리고 예술단 선생님들이 각지의 장애인 예술단을 돌며 기예가 가장 우수한 단원들을 선발한다. 훈련은 베이징의 장애인 예술지도 센터에서 이루어진다.

최근 3년 동안 중국 장애인 예술단은 공연 시장을 계속 확대하여 국내외에서 공연이 이어지고 있다. 또한 예술단 내 장애인 단원들은 과거의 계획 경제 아래 보잘 것 없는 수입에 의존하던 시대와 달리 상당히 높은 급여와 보너스를 받는다. 예술단을 그만 둔 후에도 예술단 입단 전의 기관으로 돌아갈 수 있다. 또한 별도로 퇴직자를 위한 기금이 마련되어 있어 무대 생활이 끝난 후에도 안정적인 생활을 유지할 수 있다.

중국에는 모두 6천만 명의 장애인이 있다. 정부와 민간에서 조직한 각종 장애인 예술단은 중국장애인연합회에서조차 정확한 숫자를 파악하지 못할 정도로 많다. 이 단체들은 대부분 아마추어 성격으로 활동하고 있으며 이들 단원들은 다른 직업을 가지고 있다. 그렇기 때문에 보수는 대부분 낮은 편이다.

중국 장애인 예술단의 영향력이 확대됨에 따라 점점 특수 예술 사업에 뛰어들고자 하는 장애인들이 여러 가지 형식을 통해 예술단에 참여하고자 한다. 많은 부모들이 희망에 부풀어 장애 자녀들의 손을 이끌고 불원천리를 마다않고 베이징으로 찾아와 성공을 위한 소망을 기탁하고 있다. 하지만 성공의 가능성은 무척이나 희박하다. 밀려드는 사람들에 비해 예술단 정원은 턱없이 모자라기 때문이다. 선생님들은 그저 완곡한 말로 이들을 돌려보내는 데 애를 먹는다.

전에 한 아버지가 농아 딸을 데리고 예술단을 찾아온 적이 있었다. 기본기가 부족한 데다 나이가 많은 편이라 모질게 이를 거절할 수밖에 없었다. 아이의 아버지는 사무실에서 꼬박 하루를 버티고 앉아 있었다. 이같은 일은 끊임이 없다. 심지어 일상적인 훈련에 방해가 될 정도이다. 예술단에서는 그들을 동정하면서도 달리 뾰족한 수가 없다. 이런 일을 겪을 때마다 마음만 괴롭다. 물론 모든 단원들을 예술단에 입단시켜 훈련을 시키고 싶은 생각이 간절하지만 그저 희망에 불과할 뿐이다.

「천수관음」의 성공은 장애인들의 불굴의 의지를 보여주는 본보기가 되었다. 그렇다고 해서 모든 장애인이 예술의 길을 걸어가야 하는 것은 아니다. 더 많은 장애인들이 자신에게 맞는, 앞으로 발전할 수 있는 유리한 길을 선택하길 바란다.

Thousand-hand
BODHISATTVA

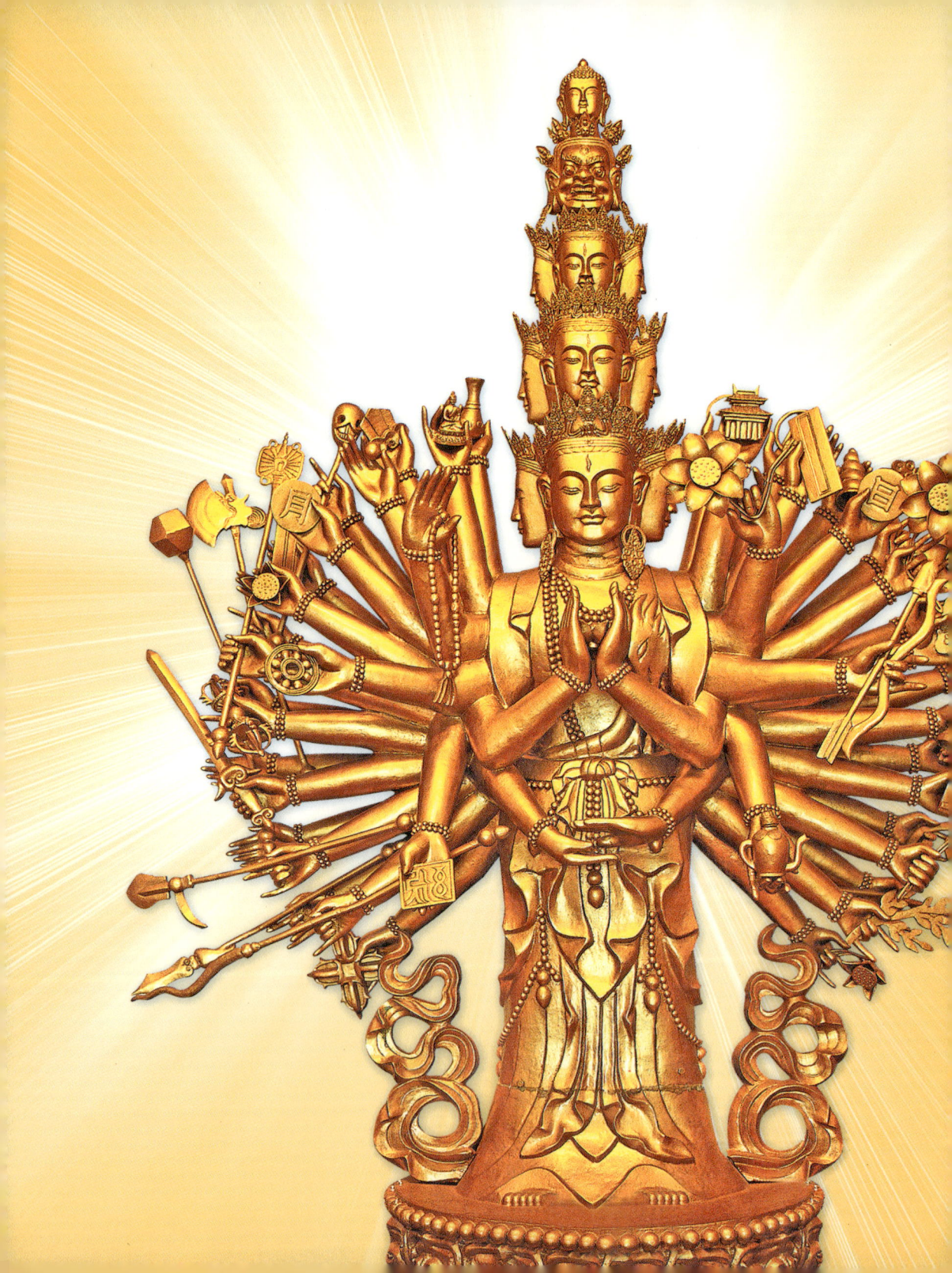

빛나는 땀방울

중국 장애인 예술단에서 아빠라고 불리는 잔샤오난, 그는 중국 장애인 예술단의 예술감독으로써 단원들의 확실한 지지를 받고 있다. 어릴 때부터 '만족을 모르며 늘 최선을 다해온 그'이지만 언제나 스포트라이트는 무대에 서는 예술단원들의 몫이다. 그와의 인터뷰를 통해 무대 밖에서의 잔샤오난의 진솔한 모습과 그의 말 속에 묻어나는 장애인과 사회적인 약자들의 관심까지, 훨씬 인간적인 잔샤오난의 모습을 느낄 수 있었다.

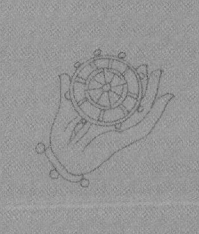

잔샤오난 - 찬란한 공연 뒤의 하이라이트

내가 만난 '인터뷰이interviewee' 잔샤오난詹曉南과 「천수관음」은 도무지 쉽게 연결이 되지 않는다. 꼼꼼하고 세심한 「천수관음」 공연을 생각하면 잔샤오난의 나이는 너무 젊다. 그러면 뭔가 조금 더 낭만적이고 자유로운 공연이 어울리지 않을까라는 생각이 들기도 한다.

1959년에 태어난 그는 가족의 영향으로 예술가의 길을 가게 되었다. 매일 4~5시간 정도 잠을 자는 사람이라고는 믿기지 않을 정도로 항상 활기가 넘친다. 건강을 중히 여겨 매일 아침 무슨 일이 있어도 7시 반이면 침대에서 일어나 운동을 한다. 빠르고 거침없는 말솜씨로 매력적인 인상을 주는 그는 「천수관음」 무대 밖에서도 여전히 멋있는 인물이다.

사실 이 정도의 소개로 잔샤오난의 진짜 모습을 상상하기는 어렵다. 그는 매우 겸손하고 점잖고 멋진 사람이다. 그의 모습에는 수년 동안 예술계에 몸담은 이력이 고스란히 담겨져 있다. 3시간에 걸쳐 인터뷰를 하는 동안 우리는 가끔 그가 수절수절 늘어놓는 여러 가지 밀들이 징애인과 사회적인 약지들에 대한 관심에서 비롯된 것임을 알 수 있었다. 이로 인해 나는 잔샤오난의 훨씬 더 인간적인 모습을 느낄 수 있었다.

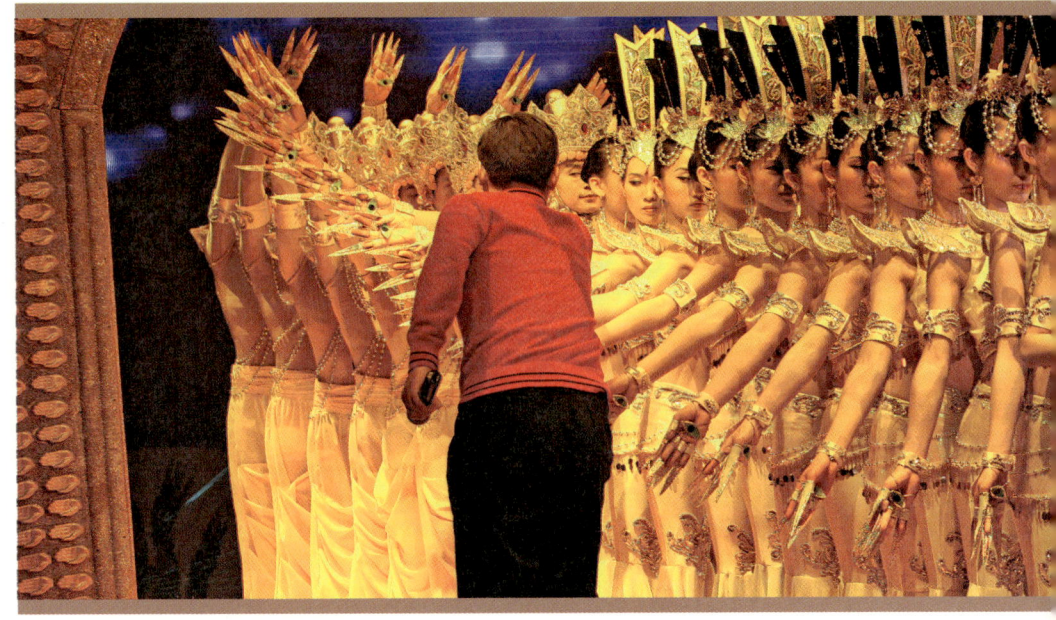

베이징무용학교의 '만족을 모르는' 학생회장

잔샤오난은 이미 오래 전에 남과는 다른 길을 선택했다. 열네 살 때 예술학교에서 춤을 배운 후 장쑤성江蘇省 난퉁南通시 가무단에 들어가 장쑤성을 대표하여 전국 무용대회에 참가했다. 그러나 잔샤오난은 어느 날 무용 단원이 되기에는 자질이 부족하다는 것을 깨닫고 안무가의 길을 가기로 결심했다.

부지런히 노력한 끝에 꿈을 이룰 수 있는 기회가 드디어 마련되었다. 1987년 안무가의 꿈을 이룰 베이징무용학교에 당당히 합격한 것이다. 교련 시간에 그는 탁월한 조직 능력으로 학생회장에 선출되었고, 천성이 활발한 타고난 자질로 늘 사람들을 이끌고 각종 행사를 조직, 주최했다.

그가 '만족을 모르는' 성격임을 잘 알려주는 일화가 있다. 어느 해 추석, 모두

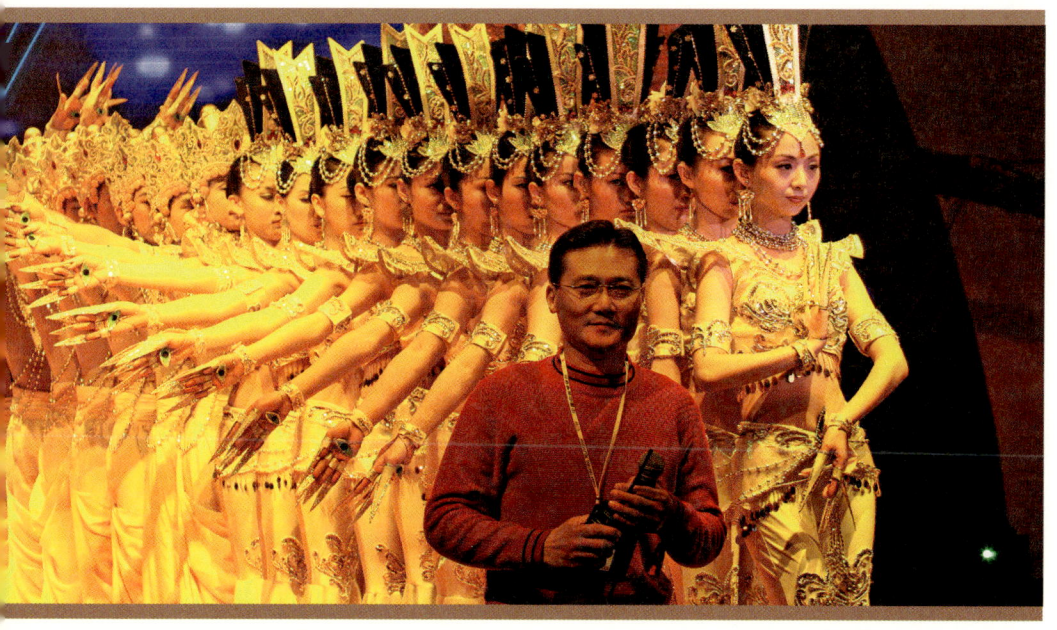

의 찬사 속에 성공적인 추석 행사가 마무리 되었다. 행사가 끝난 후 한창 신이 오른
그는 친구들과 함께 위안밍위안(圓明園 : 베이징 서쪽 교외에 있는 별장)까지 걸어가
느라 밤을 꼬박 새우고 아침이 되어서야 기숙사로 돌아왔다. 그런데 학교 당국이
이 일을 알아 버렸다. 큰일이었다. 학교 당국은 학생회장 잔샤오난이 학생들을 외
진 곳까지 데리고 간 독단적 행동을 비판했다. 그는 전교 회의에서 공개적으로 비
판을 받았다.

　하지만 잔샤오난을 탓할 일이 아니었다. 당시 그는 과 전체 학생을 동원해 전교
학생들을 경호한 사실이 밝혀졌다. 이후 학교의 분위기는 훨씬 활기차고 밝아졌다.

　1989년 당시 그들의 안무를 맡고 있던 외국인 선생님은 당시 미국의 4대 안무
가 중 하나인 스티븐슨이었다. 그는 스티븐슨의 '교향편무법(交響編舞法 : 교향악의
사유 논리를 빌려 무용 특유의 규칙을 위주로 음악과 무용의 통일을 추구하는 안무 방식)'

에 관심을 가져 스티븐슨의 주선으로 미국으로 건너가 공부를 계속 하게 되었다. 가족과 친구, 선생님들의 반대와 경제적 이유로 하마터면 기회를 놓칠 뻔했지만 강한 의지로 포기하지 않았다.

"당시 전 매우 진취적이었어요. 항상 좀 튀는 성격이기도 했고요. 전 세계적인 정보, 좀 더 수준 높은 춤의 세계를 실현하기 위해 세계적인 시야를 가지고 관찰을 하고 싶었어요. 시야가 넓혀지면 생각도 넓어지고, 그렇게 작품을 연출해야 더 훌륭한 무용 작품이 나올 수 있으니까요."

잔샤오난은 자신이 나아가야 할 방향을 정확하게 파악하고 있었다. 그는 자신의 미래와 현재 자신이 해야 할 일에 대해 주저해 본 적이 없다고 했다.

그는 사고로 뼈에 손상을 입고 요추가 비뚤어지는 일이 없었다면 여전히 이국 타향에서 생활하고 있을지도 몰랐다. 그러나 조국으로 돌아와야 할 운명이었는지 부상이 심각해 요양 차 광저우로 돌아와야 했다. 당시를 회상하며 그는 이렇게 말했다.

"다행히도 제가 젊었기 때문에 3개월 정도 요양을 하고 나니 몸이 좋아졌어요. 하지만 지금도 궂은 날이면 허리가 아파요."

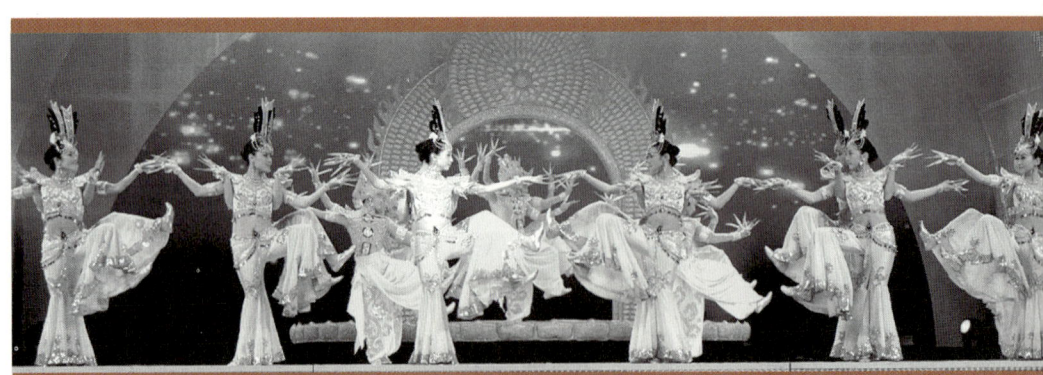

가장 '박력 있는' 무용 연출가

1990년, 잔샤오난과 그의 동료는 '선전의 미래는 우리들의 것'이란 꿈을 안고 선전에 도착했다. 1990년 초 선전의 가라오케 등 유흥 시설에는 홍콩, 타이완의 빠르고 강력한 리듬이 상륙하고 있었다.

그러나 이처럼 통속적이고 민족적 색채를 담지 않은 리듬은 언제나 한때 유행으로 겉돌다가 자취를 감출 뿐이다. 정규 교육을 받은 두 사람은 이런 노래와 춤에 예술적이며 민족적인 부분을 더해 선전의 유흥 시설을 조금씩 변화시키는 한편, 유흥업소 조직을 모아 선전 가무청歌舞廳 연합회를 조직하였다. 누군가 잔샤오난의 매력은 '전문적인 능력'과 '추진력'에 있다고 말한 적이 있다. 그는 매우 짧은 시간 안에 체계적으로 정리하고 계획에 맞게 일을 추진하는 능력이 있다.

"사실 우리 일이라는 것이 연출하고, 말하고, 시범보이고 그리고 각 분야를 조합하는 겁니다. 특히 대형 행사를 할 때는 조명, 무대 등 맞춰나가야 할 부분이 아주 많지요.

그러나 좋아하는 일이니 아무리 힘들어도 그만한 가치가 있어요. 무용 연출을

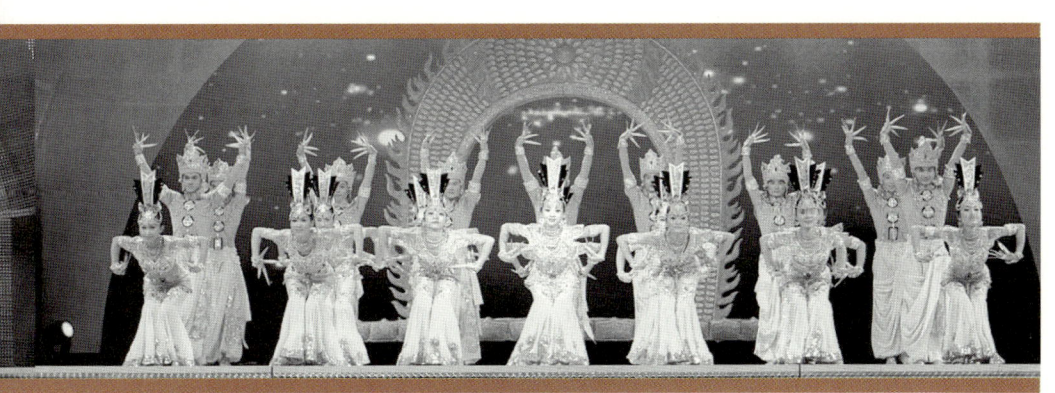

할 때는 항상 자신이 먼저 정확하게 파악할 필요가 있어요. 7, 8분 정도의 춤이라면 반드시 자기가 먼저 춤을 춰봐야 해요. 개인 독무뿐만 아니라 무용 전체, 몇 조의 춤을 모두 말이에요.

가운데 무용수의 동작, 옆·뒤·앞 사람 할 것 없이 모든 동작을 정확하게 고려해야 돼요. 마치 교향악 연주와도 같이 말입니다. 전체 무용의 구도가 머리에 입체적으로 떠오를 수 있어야 해요. 완벽한 동영상이 머릿속에 그려져야 하는 거죠."

1990년, 잔샤오난은 선전에서 3대 예술행사에 참가했다. 제1회 국제 예술제에서 무대 감독을 맡았고, 선전 대극장에서 열린 개인 무용 발표회의 공연을 기획했다.

또한 특구 10주년 경축 문화의 밤 행사에 참가했다. 그는 또한 「개척자」라는 무용을 연출하여 장쩌민 주석으로부터 찬사를 받았고, 국내외 대회에서도 많은 상을 받았다. 그 후 푸텐구 문화관으로 자리를 옮겨 특구 건설 15주년 대형 행사, 20주년 대형 행사, 창당 80주년 문화의 밤 행사, 건국 50주년 행사 및 「청춘 중화」 중국 청년 문화 주간 개막식 및 선전시 제5회 운동회 총감독, 광둥성 제11회 운동회 개막식 대형 문화체육 공연 「광둥이여 끝없이 약진하라」는 작품의 부감독을 맡았다.

"지금까지 전 특구에서 많은 기회를 얻었어요. 제 재능을 펼칠 수 있는 무대를 가졌었던 거지요."

잔샤오난은 선전이라는 도시를 특히 매우 고맙게 생각했다.

"제 신념은 바로 '오늘도 고생, 내일도 고생을 해야 모레가 아름다울 수 있다' 라는 겁니다. 바로 제 자신에 대한 요구이자, 단원들에 대한 요구이기도 합니다. 저는 장애인들에게도 이렇게 요구합니다.

'여러분은 오늘은 물론이고 내일은 더더욱 많은 노력을 해야 합니다. 그래야 지만 모레 여러분은 찬란한 태양을 볼 수 있습니다.'

'모레'는 아주 먼 미래가 될 수도 있고 바로 내일이 될 수도 있어요. 그러나 분명한 것은 반드시 노력의 과정이 있어야 성공의 희열을 맛볼 수 있다는 겁니다."

장애인 예술단의 아빠

2002년, 잔샤오난의 대학 친구인 장지강이 그를 데리고 중국장애인연합회 부주석의 집을 찾았다. 특수 예술에 대한 류 부주석의 강한 집념에 잔샤오난은 큰 감동을 받았을 뿐만 아니라 처음으로 장애인 예술이 갖는 특별한 성격을 이해할 수 있었다. 그는 그 순간 반드시 예술단을 위해 일을 하겠다는 결심을 하게 되었다.

"장지강은 나를 가장 잘 이해하는 친구예요. 대학 다닐 때 내가 한 번도 화를 내는 것을 본적이 없었던 것을 생각한 거죠. 그는 장애인 예술단에서는 절대 화를 내서는 안 된다고 했어요."

잔샤오난은 그가 장애인 예술단과 인연이 닿게 된 이유를 이렇게 설명했다.

"여러 가지 이유로 완전히 직장을 옮길 수는 없지만 자원봉사로라도 계속 일을 하려고 합니다."

예술단에서 잔샤오난에게 주어진 역할은 단원들의 생각을 바로잡아 주고, 춤을 연습시키고, 공연이 있을 때 무대 설치와 철거, 조명, 무대 미술, 사회자 멘트, 공연의 총체적인 조율 등이다. 총정 가무단의 단장인 장지강이 바쁜 업무 때문에 계속 연습장을 시킬 수가 없으므로 일단 중요한 부분을 결정하고 나면 잔샤오난과 동료들이 그의 결정에 따라 동작 하나하나를 다듬어주었다.

따라서 중요한 공연 전날이면 잔샤오난은 베이징으로 가서 단원들의 연습을 지휘했다. 언젠가는 한 달 동안 베이징과 선전을 6번이나 왕래한 적도 있었다.

2003년 중국 장애인 대회 전국 공연, 상하이 국제 예술제, 2004년 아테네 장애인 올림픽 폐막식 공연, 2005년 CCTV '설 특집 공연' 무대 등은 모두 그가 직접 단원들을 인솔해야 했던 행사였다.

장애인 예술단과의 인연이 벌써 3년이 돼 가는데 그간 어떻게 그들과 의사소통을 했을까? 그의 말이다.

"반드시 수화를 배워야 합니다. 처음에는 단원들과 '잡담' 정도를 나누었어요. 수화를 모를 때, 내가 글로 쓰면 단원들이 그에 해당하는 수화를 알려주었어요. 한 1주일 정도 지나니 의사소통을 하겠더군요. 단원들은 내 입술 모양, 동작을 보고 내 뜻을 이해했어요. 좀 깊이 있는 이야기라 이해를 못하는 경우는 제가 칠판에 글을 써서 의사소통을 했습니다.

일반적으로 장애인들은 비장애인들을 처음 대할 때 다소 경계를 하게 됩니다. 행여 무시를 당하지나 않을까 해서죠. 행동은 예의바르게 하지만 결코 살갑게 굴진 않습니다. 저 역시 처음에는 서먹서먹하다가 수화를 배운 후에야 친해지게 됐지요."

잔샤오난은 심적으로 많은 위안을 얻고 있을 것이다. 나이가 좀 많은 단원들을 빼놓고 거의 모두가 그를 '아빠'라고 부르기 때문이다. 물론 그 역시 단원들을 친자식처럼 대한다. 그는 예술단 활동에 있어서는 엄격하지만 일상생활에서는 그 누구보다도 정이 많은 사람이다.

장애인의 영원한 서포터

지난 2, 3년간 잔샤오난은 평생 가장 의미 있는 시간을 보냈다. 무엇보다도 많은 경력과 수확을 얻을 수 있었다는 것이 가장 의미 있었다. 역시 최대의 수확은 진정한 마음의 희열이었다.

"이처럼 특별한 집단과 함께 생활하고, 일하고, 공부할 수 있다는 것, 그건 아무나 얻을 수 있는 기회가 아니지요. 그들 때문에 저는 정말 많은 기쁨을 얻었어요. 무엇보다 제가 얻은 심리적인 만족은 뭐라 말로 표현할 수 없을 정도입니다."

둘째로 큰 수확은 장애인 관련 단체들로부터 업무 능력을 높이 평가받은 점이다. 또한 순수 예술 작품 공연에 참가할 수 있었던 것도 큰 수확이었다. 이 정도의 성과라면 누구나 만족할 만한 정도지만 잔샤오난은 여기서 그치지 않았다.

"선전에 장애인 예술기지를 만들려고 준비하고 있습니다. 제가 자원봉사자로 일하면서 더 많은 사람들이 장애인을 위한 행사에 참가하도록 하고 싶어요. 장지강이 '설 특집 공연' 시상식에서 '선량하고 사랑하는 마음만 있다면 두 손을 뻗어 다른 사람을 도울 수 있습니다. 당신 마음이 선량하고 마음속에 사랑이 자리하고 있다면 천 개의 손이 당신을 도울 것입니다'라고 말한 것처럼 말이지요.

이처럼 좋은 환경, 좋은 조건을 가지고 있는 바로 우리가 더 많은 정성과 노력으로 다른 사람을 도와야 합니다. 그럼 사회 전체의 화합이 이뤄질 거예요."

잔샤오난의 『천수관음 공연 이야기』가 출간됐고, 고료 전액은 스물한 명의 단원들이 꿈을 실현할 수 있도록 장애인 시설에 특수 예술 창작 기금으로 기증할 것이다. 3년 동안 묵묵히 자원봉사로 일을 해온 잔샤오난은 자신을 드러내고자 하지 않았다.

"사실 「천수관음」을 성공으로 이끈 사람은 창작을 맡은 장지강과 스물한 명의 단원들입니다. 전 그 속에서 약간의 활력소가 되었을 뿐이죠. 앞으로도 영원히 중국 장애인들을 위한 일을 하고 싶습니다."

—인터뷰어Interviewer 미궈가 쓰다

1 = D 4/4

中速 真诚地祈愿

3·2 2 3 5 - | 6·1 1 5 3 - | 2 3 2 6 1 2 3· | 6 5 5 - - | 5 5 5 6 1 6 |
轻 轻 扬 起 奇 幻 的 手， 牵 来 一 片 祥 和 的 云 天， 愿 世 上 所 有
慢 慢 睁 开 禅 定 的 眼， 升 起 众 生 挚 爱 的 风 帆， 愿 天 下 所 有

【1.】
2 3 2 6 1 2· | 3 2 2 5 3 2 6 | 3 2 2 2 - :‖
善 良 的 祈 祷， 都 能 拥 有 圆 满 的 答 案。
跋 涉 的 身 影，

【2.】
3 2 2 6 3 3 2 |
都 能 体 味 雨 露 的

2 5 5 5 - | 5 - - - ‖: 5 6 i 6 i· 6 | 5 i 6 5 5 - | 6 3 3 6 5 2 1 |
甘 甜。 一 千 只 手， 一 千 只 眼， 点 亮 千 万 个 祝 福
一 千 只 手， 一 千 只 眼， 点 亮 千 万 个 祝 福

【1.】
6 1 2 3 2 - | 2 3 5 3 5· 3 | 2 5 3 1 6 - |
普 照 人 间； 大 千 世 界， 大 爱 无 边， 只 要 心 灵 相 通，
普 照 人 间； 千 万 只 手， 千 万 颗 心，

【1.】
2 3 2 6 3 2 1 |
【2.】
6 1 1 2 3 6 5 | 5 - - - :‖ 2 3 2 6 3 2 3 | 2 - 5 6 1 | 1 - - - ‖
无 须 太 多 语 言。 心 手 相 连 爱 到 永 远。

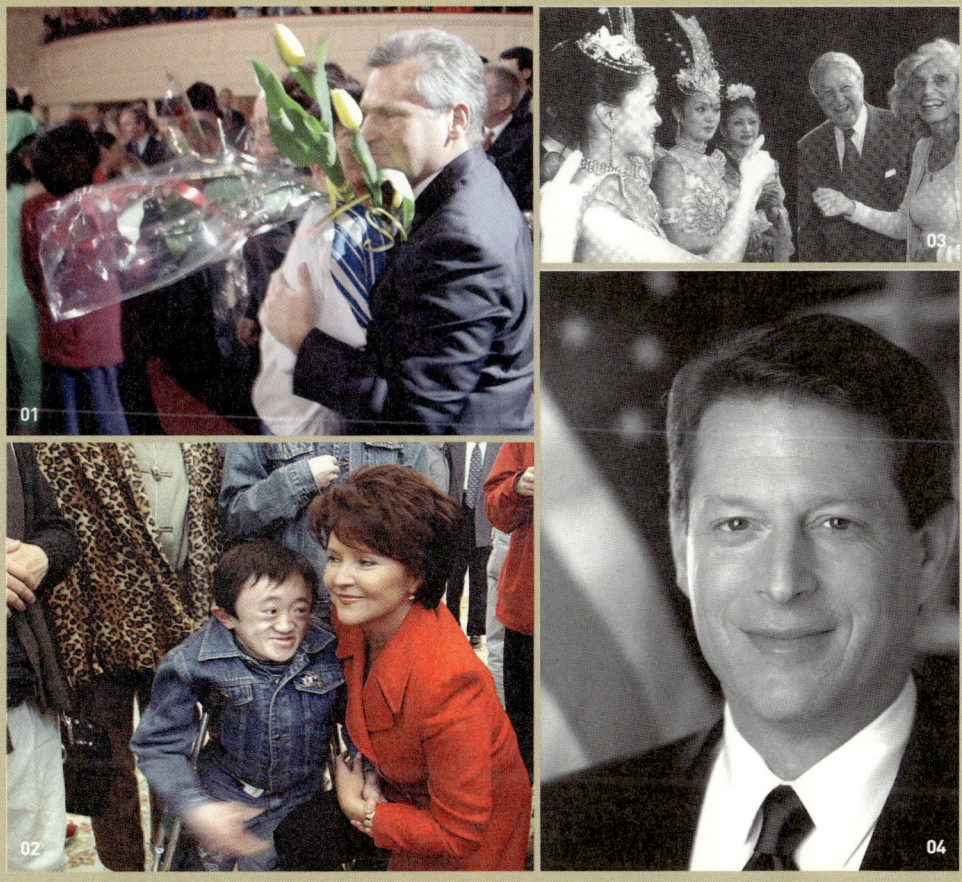

01 | 정말 감동적이고 환상적인 밤이었어요. 우리들의 꿈을 실현시킬 수 있는 밤입니다. 폴란드 국민들은 이 공연을 통해 많은 깨달음을 얻었습니다. — **크바시니예프스키 폴란드 전 대통령**

02 | 내 꿈을 폴란드에서 실현하고 싶었는데 바로 오늘 그 꿈이 실현되었어요. — **폴란드 대통령 부인**

03 | 제 평생 가장 훌륭한 공연이었습니다. 공연 장소인 미국 국립극장은 제 오빠인 케네디 대통령이 계획하고 기금을 얻어 건설한 곳입니다. 만약 오빠가 오늘의 이 아름다운 중국 장애인 예술단을 봤다면 정말 뿌듯해 했을 겁니다. — **유니스 케네디 슈라이버**

04 | 중국 장애인 예술단 공연 장소로 워싱턴 케네디 예술센터(The John F. Kennedy Center for the Performing Arts)는 최적입니다. 이곳의 석벽에는 케네디 대통령의 말이 새겨져 있습니다.

"나는 믿는다. 우리 도시의 오래된 먼지를 씻어 내려, 국민들이 전쟁이나 정치적 투쟁에서 승리를 거둔 우리가 아니라 인류를 위해 정신적 공헌을 한 우리로 기억할 수 있다는 것을 믿는다."

이번 공연에 참가한 단원들은 모두 위대한 정신의 소유자들입니다. 그들의 예술 정신이 수억의 중국 국민들에게 희망을 줄 것입니다. 그들은 오늘 그 희망을 미국 땅에서 실현했습니다. — **앨 고어 미국 전 부통령**

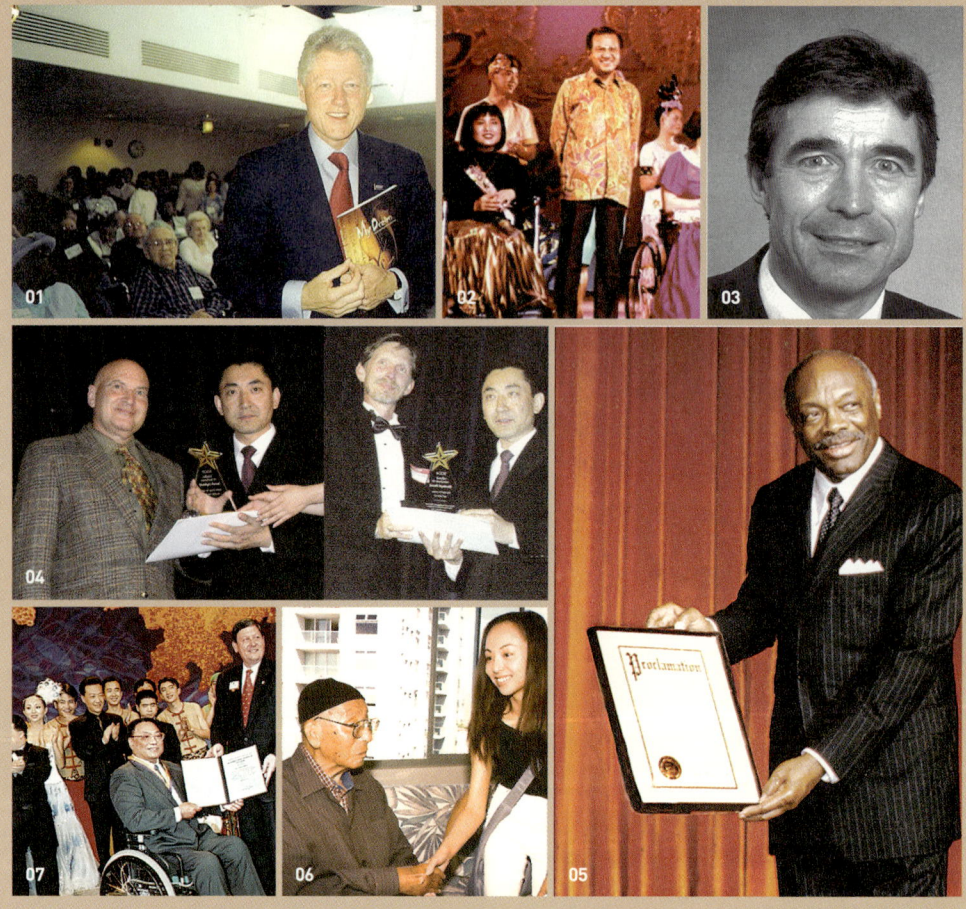

01 | 장애인 예술단이 양국 국민의 우의와 두 나라 관계의 폭을 넓히고 이해를 증진시키는 데 큰 공헌을 했습니다. 감사합니다.
   — 빌 클린턴 미국 전 대통령

02 | 중국 장애인 예술단의 독특한 예술 세계를 통해 인류의 다양한 모습을 더욱 더 잘 이해할 수가 있었고, 우리 공동의 목표와
   가치를 더욱 소중히 여기게 되는 계기가 되었습니다. **—세리 마하티르 빈 모하마드 말레이시아 전 수상**

03 | 제 꿈이 나라의 경계도, 장애인들의 장애도 초월할 수 있길 희망합니다. 여러분이 보여주신 수준 높은 예술 세계에 감사드
   립니다. **—포울 뉘루프 라스무센 덴마크 수상**

04 | 중국 장애인 예술단은 제1회 할리우드 국제영화 텔레비전 시상식에서 '최우수 TV 예술부문상' 과 '최우수 TV 특집상' 을
   수여했다.

05 | 중국 장애인 예술단의 공헌을 기리기 위해 캘리포니아 시는 2000년 9월 23일을 '캘리포니아 중국 장애인의 날' 로 지정했다.

06 | 장쉐량張學良, 하와이 거처에서 장애인 예술단의 위문 공연을 관람했다.

07 | 세계 최대 NGO 조직인 국제라이온스클럽은 중국 장애인 예술단에게 '우수 예술 공헌상' 을 수여하고 명예단장인 덩푸팡
   鄧朴方에게 훈장을 수여했다.

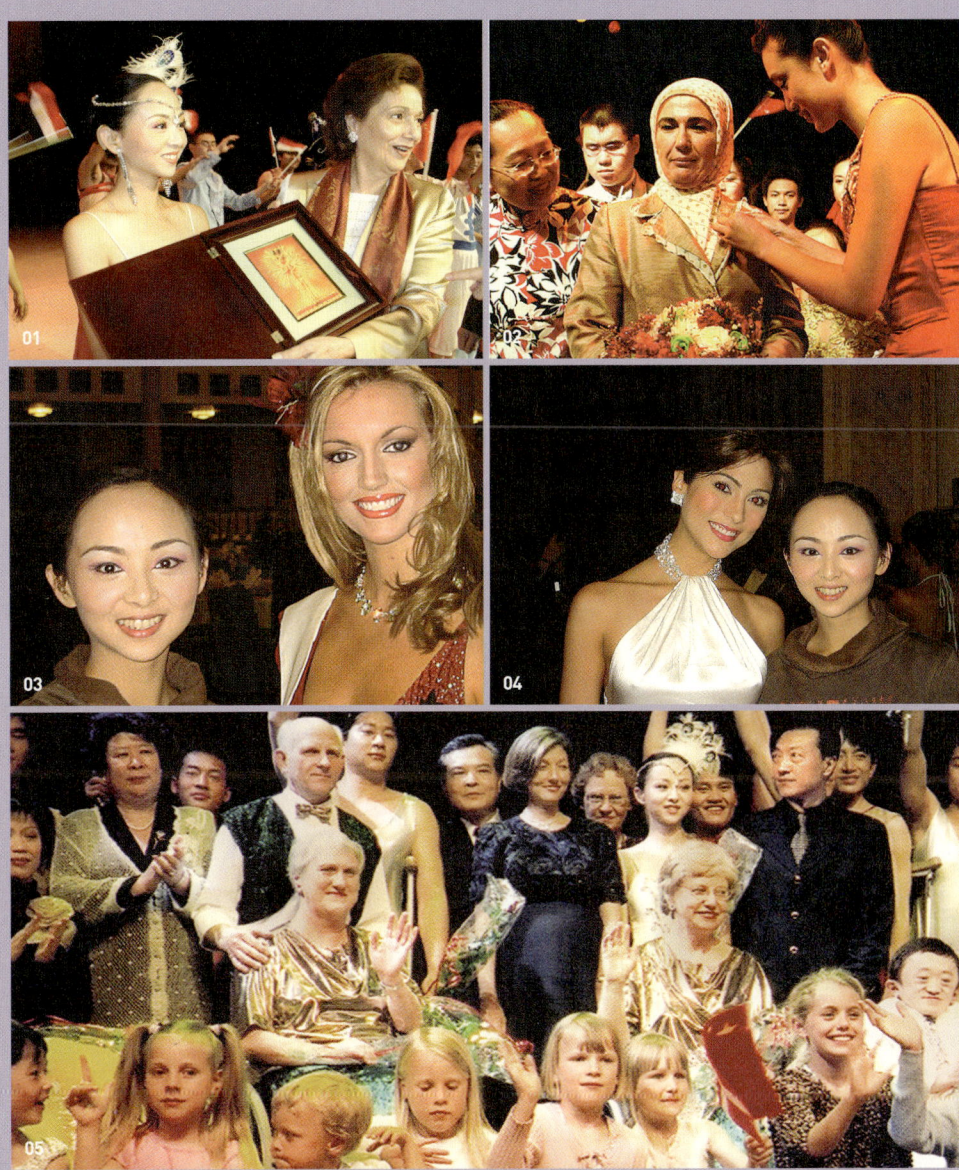

01 | 내 평생 가장 훌륭한 공연이었어요. 정말 감사합니다. — **이집트 대통령 부인**

02 | 정말 감동적입니다. 알라가 여러분을 지켜주시길 기원합니다. — **터키 총통 부인**

03 | 미스 아일랜드 로잔나 데이비슨과 타이리화. 15일 후 미스 아일랜드는 2003 미스 월드에 선발되었다.

04 | 미스 월드 베이징 만찬회에서 '아름다운 눈으로 중국을 봅니다'라고 말한 어느 미녀와 함께 한 타이리화.

05 | 단원들과 덴마크 왕비의 기념 촬영 사진

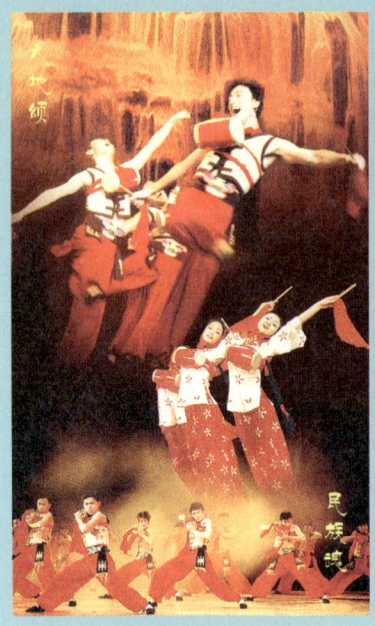

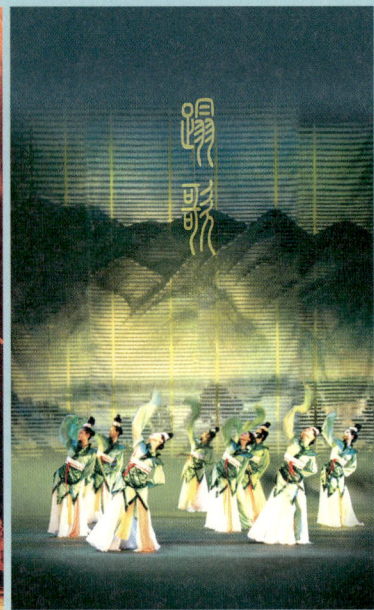

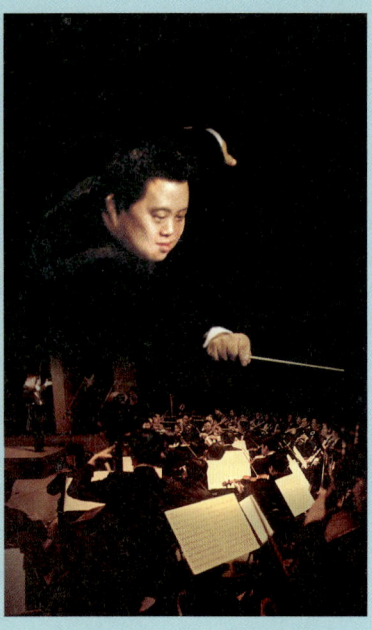

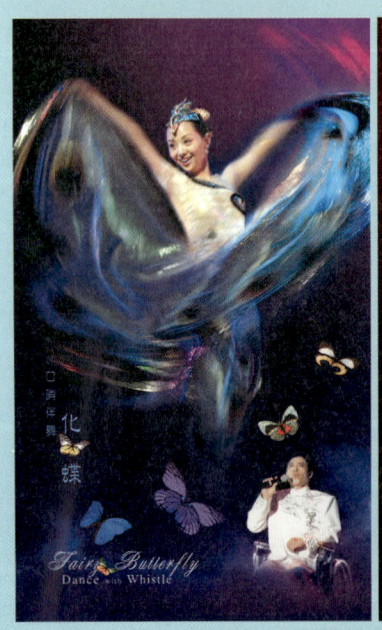

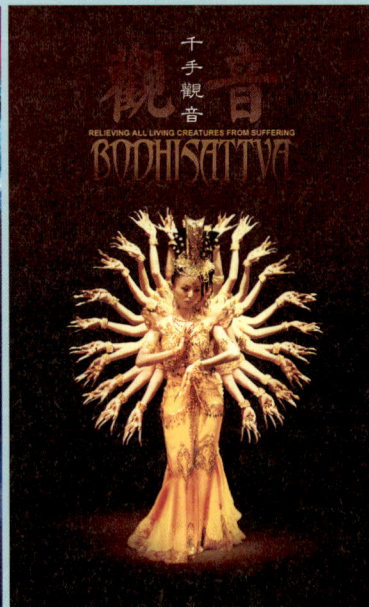

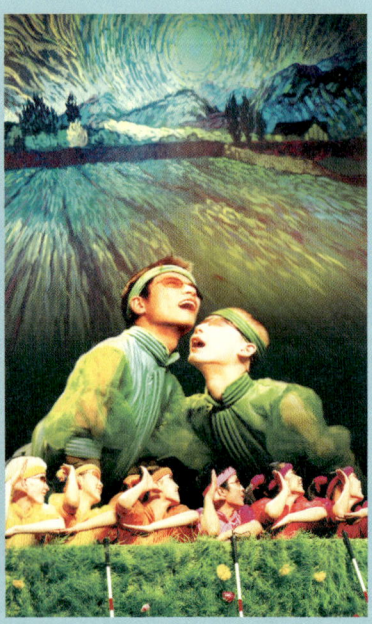

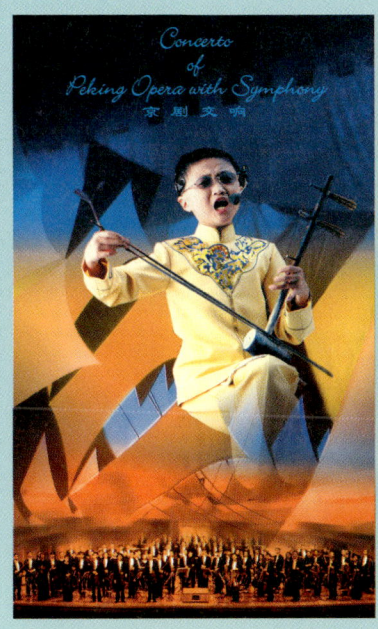

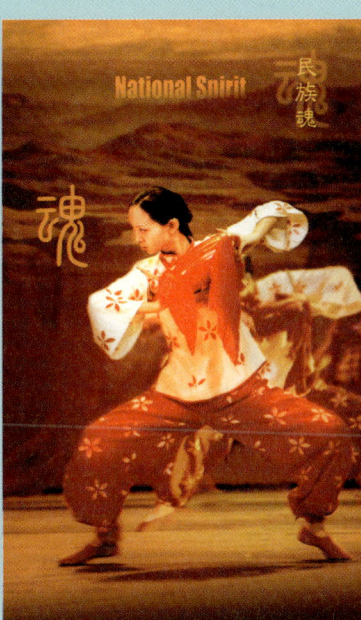

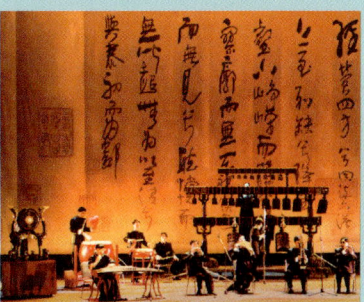

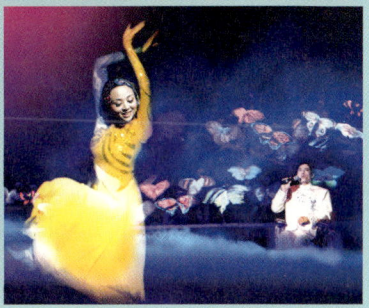

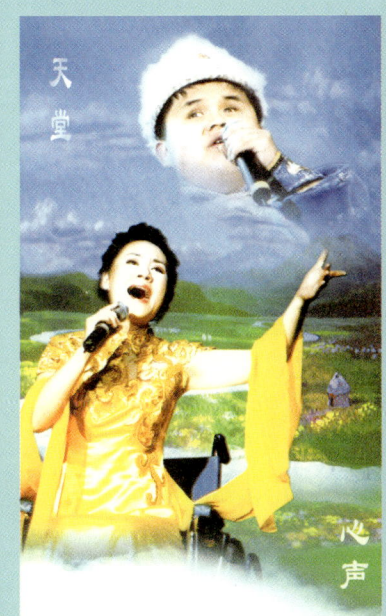

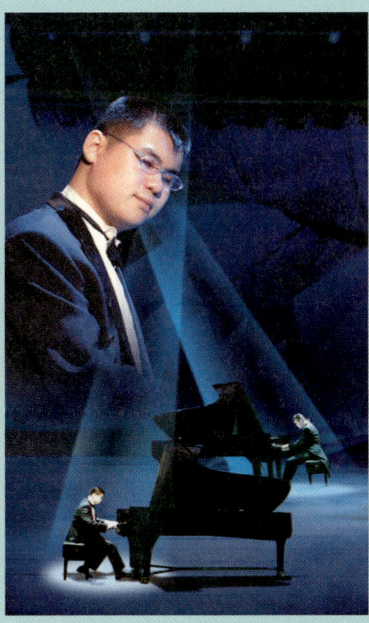

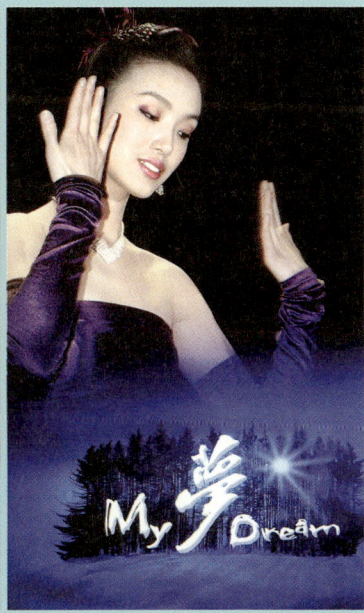

옮긴이의 글

중국 서안西安을 여행하면서 낯선 거리에서 우연히 당무唐舞를 공연한다는 극
장식 레스토랑에 들른 적이 있다. 안내문에 실린 화려한 무희들의 모습과 독특한
당대 음식이라는 데에 매혹되었기 때문인데, 막상 보고난 후에는 뭔가 다르다는
느낌만 가득할 뿐 마음을 온통 울렁이게 하는 감동을 받을 수는 없었다.

은근하고 눅진하게, 때로 엇박자로 이어지거나 하염없는 선으로 흐르는 우리
춤에 길들여진 탓일까? 아니 어쩌면 그저 낯설다는 이유로 지레 마음을 터놓지 못
했기 때문일지도 모른다.

사실 「천수관음千手觀音」이란 제목의 책, 그리고 장애인 예술단이란 말을 들었
을 때도 마찬가지였다. 천수관음이라고 하면 불교가 떠오르는 것은 당연지사일 것
이고, 장애인이라고 하면 목발이나 검은 안경이 먼저 떠오르지 않던가.

하여 하마터면 무슨 예술이냐는 말이 튀어나올 듯하다. 그러나 이 또한 내 마
음을 터놓지 못한 때문이니, 이 또한 장애가 아니고 무엇이란 말인가?

그래서 「천수관음」의 예술 감독 장지강은 이렇게 말하고 있다. 중국 장애인 예
술단의 공연이 관중들에게 그처럼 큰 감동을 주고 사랑을 받을 수 있었던 것은 무
엇보다 최고의 예술 무대를 보여주었기 때문이라고.

물론 그들이 여느 전문 예술가들과 달리 청각장애인이라는 점이 감동을 배가시킨 것은 사실이나, 단지 그것만이 결코 아니라는 뜻이었다. 다시 말해 「천수관음」에 대한 관객들의 사랑이 장애인에 대한 동정에서 비롯된 것이 아니라 그 뛰어난 창작성과 예술성 덕분이며, 이를 위해 일반인들은 상상도 하지 못할 단원들의 피나는 노력의 결과라는 뜻이다.

장지강의 표현을 빌리자면, 장애인 예술단의 단원들은 「천수관음」을 통해 '잡질雜質'이 섞이지 않은 순수한 예술의 세계로 우리를 인도하여, 변화무쌍한 천수관음의 손길처럼 마음에 사랑을 간직한 선량한 사람이라면 절로 다른 이들에게 도움의 손길을 뻗을 것이라는 메시지를 전하고 있다. 「천수관음」이 아테네 장애인 올림픽 폐막식 공연에서 유일한 공연 작품으로 상연된 것은 바로 이런 이유로 말미암은 것일 터이다.

『천수관음』의 주요 내용은 중국 '설 특집 공연'으로 중국 장애인 예술단 공연이 확정되기 전후부터 시작하여 여러 가지 준비와 연습 과정, 연출 및 감독의 구상과 계획, 그리고 아테네 장애인 올림픽 폐막식 공연과 '설 특집 공연'에 대한 이야기들이다. 그리고 그 속에서 온갖 난관에도 불구하고 끝내 예술적 절정에 이른 스물한 명의 천수관음보살이 우리의 삶의 모습을, 우리가 나아가야 할 삶의 자세를 보여주고 있다. 5분 54초의 공연을 올리기 위해 그들이 겪어야만 했던 일이나 갈망과 격정의 느낌들이 절로 와 닿는 것은 바로 그것이 우리의 모습을 투영하고 있기 때문일 것이다.

들은 바에 따르면, 몇 년 전에도 중국 장애인 예술단이 한국을 방문하여 공연을 한 적이 있었는데, 예상외로 일반 관중들이 거의 전무한 상태로 쓸쓸하게 막을 내렸다고 한다. 직접 본 것이 아니기 때문에 무엇이라 말할 수는 없지만, 정말 아쉬운 일이 아닐 수 없다. 그러나 「천수관음」에 관한 이야기가 영화로도 제작될 예정이라고 하니, 그들이 우리에게 전하고자 하는 몸짓과 마음을 통해 깊은 감동을 선사받을 수 있을 것이라는 생각이 든다.

    귀한 책을 찾아 세상에 내놓게 해준 일빛 출판사 이성우 대표에게 감사의 말씀을 전하며 이 작은 책이 우리 마음의 오래되고 낡은 장애를 없애고 진정으로, 장애를 장애로 여기지 않는 세상을 만드는 데 도움이 되기를 바란다.

제주에서 유소영이 쓰다

천수관음

2008년 9월 8일 초판 1쇄 인쇄
2008년 9월 16일 초판 1쇄 발행

지은이 | 잔샤오난
옮긴이 | 유소영

펴낸이 | 이성우
편집주간 | 손일수
책임편집 | 홍지연
본문디자인 | 이수경
마케팅 | 정재영·황혜영

펴낸곳 | 도서출판 일빛
등록번호 | 제10-1424호(1990년 4월 6일)
주소 | 121-837 서울시 마포구 서교동 339-4 가나빌딩 2층
전화 | 02) 3142-1703   5
팩스 | 02) 3142-1706
E-mail ilbit@naver.com

값 15,000원
ISBN 978-89-5645-131-2 (03040)

Thousand-hand
BODHISATTVA